バートランド・ラッセル 反核の論理学者

私は如何にして水爆を愛するのをやめたか

Miura Toshihiko
三浦俊彦

学芸みらい社
GAKUGEI MIRAISHA

1961年2月18日、核兵器撤廃のための「百人委員会」（Committee of 100）によるイギリス国防省前坐り込みデモにおけるラッセル（88歳）。

［写真提供：Mario Geo/Toronto Star/gettyimages］

改造社が招聘したラッセル（49歳）一行（1921年7月）。前列向かって左から、Japan Chronicle主筆ロバート・ヤング、経済史家アイリーン・パワー、バートランド・ラッセル、愛人ドーラ・ブラック、山本実彦改造社社主。二列目向かって右端に大杉栄、後列中央に桑木彧雄。

1961年10月29日、トラファルガー広場で開催された市民不服従運動の公開討論会で挨拶するラッセル（89歳）。

［写真提供：Keystone-France/Gamma-Keystone/gettyimages］

バートランド・ラッセル 反核の論理学者

私は如何にして水爆を愛するのをやめたか

Miura Toshihiko
三浦俊彦

目次

学芸みらい社
GAKUGEI MIRAISHA

扉・目次写真提供：Keystone / Huton Archive / gettyimages

まえがき

イギリスの哲学者バートランド・ラッセル(一八七二―一九七〇)はいま、世にあふれています。表層の空気と深層の大地に。

ラッセルの表層の姿は、名言の引用元という形で遍在しています。「不幸な人間は、いつも自分が不幸であることを自慢するものだ」。「困るのは、愚か者や狂信者はいつも自信満々だが、賢い人たちは疑念だらけで自信がないということだ」。「愛国者は常に祖国のために死ぬことを口にするが、祖国のために殺すことについては決して語らない」……。ネットに、書物に、折々のスピーチに、「20世紀の知性」「20世紀の良心」の声があふれています。

深層のラッセルはどういうものでしょうか。一九〇二年に「ラッセルのパラドクス」で数学の基礎を破壊したあと、数学の再建をラッセル自らが主導しましたが、その武器となったラッセル創案の「タイプ理論」は、現在、プログラミング言語の「型システム」の基礎となっています。インターネット文明の基盤は、数理論理の破壊者かつ再建者として君臨したラッセルの知恵に支えられているのでした。

バートランド・ラッセルはこのように、現代人の生活の最も意識的なチャット部分と意識されざる論理的基盤とをともに形作る、枠組そのものと言えるでしょう。

このような、可視的〈コンテンツ〉・不可視的〈メディア〉の両極レベルで現代世界をたえず再生産しつつあるラッセルですが、本書で扱うラッセルは、〈中間に位置するラッセル〉と言えます。生身の人間としてのラッセル。反戦・反核運動家としてのラッセル。「ラッセル・アインシュタイン宣言」を書いて読み上げたラッセルです。

反核とか平和とかは、国際的な危機が起こるたびに私たちの意識に浮上はするものの、ふだんは生活から切り離して考えられがちです。「戦争反対」はあまりに当り前で常識的であるため、反戦運動が意識されることはかえって稀だ、とも言えるでしょう。

その稀だけれど容易に思い描ける中間層に、人間ラッセルの肉声がいまだに反響し続けて、ときおり私たちをまどろみから覚醒させます。核戦争で人類が滅亡したら、表層と深層の両方にわたる自らの業績も意義を失う。そんなことは許せない。……鬼気迫るラッセルの反戦反核運動の原動力はそれでした。

『プリンキピア・マテマティカ』の論理記号の呪文めいた洪水を堪能しながら、性道徳や幼児教育をめぐる論説にツッコミを入れつつ、嵐のような反戦メッセージにしみじみと耳を傾ける……我が身辺を振り返る……、そんな味わい方のできる哲学者といえば、歴史上まさにあのバートランド・ラッセルという人物ただ一人でしょう。

大正時代に日本に招かれた壮年ラッセルから始めて、戦後に広島・長崎と連帯した老闘士ラッセルまで……、戦略的に偏らせた語り口においてこそ見えてくる人物像、あのバートランド・ラッセルという稀代の〈出来事〉を、どうぞお楽しみください。

凡例

一、本文および注におけるラッセルの著作は［出版年、必要に応じ頁数］により指示し、その他の文献は「著者名、出版年、必要に応じ頁数」により指示して、巻末の文献表に対応させた。

二、ラッセルの著作タイトルは、文脈に応じて、邦訳書ではなく原書のタイトルの直訳によって示すことがある。

三、日本語文献からの引用は、旧漢字は新漢字に改め、かなはそのままにしてある。

四、邦訳書を引用または指示した場合、出版年は原書のそれを、頁数は訳書のそれを表記している。

序章　美的アプローチ宣言

1．対象の性質

一九五〇年、その名声の絶頂にあった年、バートランド・ラッセルは講演旅行先のオーストラリアで、次のように言って聴衆を驚かせた。

問題の根本は、きわめて単純な、古風なことなのです——あまり単純なので、賢明な皮肉屋たちが私の言葉を冷笑をもって迎えはしないかという懸念から、それを口にすることすら恥ずかしいほどなのです。私が言いたいことというのは、どうかこういうことを口にすることを許してください、愛なのです——キリスト教的な愛ないし惻隠の情なのです。〔1952a: 114〕

ラッセルが恥ずかしがったのはなぜなのか。それは微妙な個人心理の問題ではあるが、一応の事情を理解するのは難しいことではない。かつて多くの著作の中でキリスト教ひいては宗教一般のもたらす知的・道徳的弊害を提示して宗教有害論を展開し、そのためアメリカではキリスト教関係者から反撃を喰らって法廷闘争にまでもつれ込み、失職を余儀なくされたという経歴をもつラッセル。その当人が結局、人類の苦悩を前にしてのの自己のヒューマニズムについて、根底ではキリスト教教義の本質と通じていることを、老年に至って告白しなければならないということは、これは一貫せるべき思想家として確かにいささかばつの悪い、恥ずかしいことであったろう。

だが、ここでの恥ずかしさ (I am almost ashamed) の真の含みは、もう少し深いところにあったはずだ。なぜなら、『自由人の信仰』〔1902〕、『社会改造の諸原理』〔1916〕など、ラッセルの早い頃の代表作と言うべき著述においてすでに、愛の源としての宗教・創造の源としての宗教ということが言われており、第一次大戦時の反戦活動では現に宗教者たちと協力もしているといったことからわかるように、彼は宗教を全的に忌避する者だったことは決してなかったからである。そして一方では、一九二七年の有名なロンドン講演「私はなぜキリスト教徒でないか」を冒頭に誂《あつら》え題名もそれを用いた反宗教的論文集が刊行されたのはオーストラリア講演の七年後なのだった。ラッセルは、一貫して存在する自らの宗教へのアンビバレンツを合理的なものとして十分意識し続けていたに相違なく、実際、宗教のどこに反対しどこを賞揚するのかがきわめて明瞭であったことが諸著作からも窺われるのである。よって、自己の宗教に対する構えのことで、彼がとくにこのときに戸惑ってみせる必然性はなかった。事態はもっと一般的であるはずだった――そう、問題はキリスト教よりもむしろ「愛」にあったと思われる。

オーストラリアのエドワード・ダイヤソン信託基金からラッセルが招待されたのは、もちろん、著名な哲学者としてだった。そして、ラッセルが哲学者としてそもそも名をなしたのは論理分析によってであり、とっくに第一線を退いているとはいえ、『プリンキピア・マテマティカ』〔1910, 1912b, 1913〕を書いた抽象的数理科学の化身の面影は残っていた。論理哲学流に世界を対象化し突き離して眺める彼のこの天性こそが、『プリンキピア』前後の多くの哲学的業績ばかりでなく、例の宗教や伝統的慣習への嘲笑となって現われていたのだろう。

ここでわれわれは、ラッセルのあの奇妙な恥じらいの本当の意味がわかるような気がする。荒々しい機知を備えた冷血の分析家が「愛」とか「惻隠の情」とかを口にする、これはひどく恥ずかしいことなのである。ラッセルの「恥ずかしさ」の実体は、このように、自らの人格そのものへの戸惑い、そして、論理的知性と温かい人間的情緒との共存および整合性に対する確信のなさ、不安定感に由来するものと言えるだろう。聴衆の「驚き」がほとんど、「無神論者ラッセルがあのようなことを」といった、宗教に関する思想上の錯綜への不可解の念から発していたのだとしてもである。ラッセル宗教思想の両面性は、彼の全人格的矛盾から自然に派生してくる一特殊例、それも比較的理にかなった現われ方をした一事例にすぎない。

ラッセルの衝動は分裂している。ラッセルの優れた伝記［Wood, 1957］を書いたアラン・ウッドは、その伝記の副題を『情熱の懐疑家』（The Passionate Sceptic）とした[1]。当代随一のウィッティでシニカルな疑い深い哲学者は、また同時に、第一次大戦でヒューマニスティックな反戦活動に走り、第二次大戦を経て五〇年代の水爆時代に至るや、世界の苦しみに感情移入し一体化した激しい怒気を、凄まじい反戦反核運動として迸《ほとばし》らせる行動人でもあったのである。

オーストラリアでラッセルが覚えた恥ずかしさは、もちろん、不快な恥ずかしさではない。本国イギリスで終始人道にもとづいて行動し、ロシアで、中国で、アメリカで愛の原理を説いてまわった全生涯において、確かに彼は、矛盾の両極ともが強靱に膨れあがった自己の本性への一種訝《いぶか》りの念、微かな内的違和感を抱きつづけていたには違いない。しかし、往年の反逆児が第二次大戦中反ナチス陣営に与してようやく周囲の世界と調和し始め、水爆が現われて恐怖と怒りのどん底に落ち込むまでの、珍しく平穏な時期、世界的名士として遠い未知の国で歓待を受けた刹那、積年の内的ジレンマがふっと素直に、「恥ずかしさ」として微笑とともに解放されたのが、あのオーストラリアでのエピソードだったわけだろう。オーストラリア訪問は、メリット勲章を授かった直後、ノーベル賞受賞の報の直前に当たっている。

だが、世界に没入する燃える情熱と世界を突き離す冷たい懐疑的精神という二側面の矛盾は、依然としてわれわれを当惑させる。ラッセル自身にとっても、このジレンマは、羞恥などという幸せな感情では到底片づかない重苦しい桎梏《しっこく》を時としてもたらすものであったということは、本論において見るだろう。感情に敵対するラッセルの非人称的哲学、とくに価値中立的相対主義倫理学と、情念をむき出しにした実践活動とは、いかにして一つの人格の中に統合されえたのだろうか？

ラッセルには、他にもさまざまな矛盾の対が見出される。たとえば、視野の広い博愛精神と、ケネディやマクミランを史上最悪の人間と罵ったような個人への軽蔑的憎しみ。あるいは、前述二つの賞に象徴される最高の栄誉と、投獄二回・教職剝奪二回という受難。常識《コモンセンス》を訴える非常識な言動。寛容を説く不寛容な態度。高度に専門的な仕事と通俗的なおびただしい著述。それと表裏一体か、尊大な貴族意識と大衆への合一感の希求。分析と神秘。抵抗と統制。猜疑と無垢。また彼の思想そのものも、先に見た宗教に関わる部分に限らず、数理・認識論・外界問題から世界平和を実現する手段の構想に至るまであらゆる分野において、彼自身の生命の躍動に従うように千変万化し、真のラッセル哲学とは何かを言うのは不可能なほどになっている。

しかし、中でも最も重要であり他の諸矛盾を統括すると思われるのは、最初に挙げたあの根本的な全人格レベルでの矛盾、他者を冷厳に突き離す理知と、他者の現実的苦悩に一体化してしまう情熱との間の齟齬、言うなれば機知と怒りの逆説——もともとの例に即して言えば、論理と愛の逆説——なのである。

2. 問題と方法

しかし、本書は、こういった人格の矛盾や思想上の転変について、人間学的・合理的解明を目論むものではない。われわれの目的は、ラッセルの精神分析でもなければ歴史的社会学的な説明でもなく（ましてやラッセル思想の批判的統一づけでもなく）、言うなれば、ラッセルという一個の世界内現象のまわりに漂う雰囲気を意識的に味わうこと、すなわち、美的アプローチを試みることなのである。

あえて美的と言う理由は、三つある。第一に、大きな矛盾に貫かれたラッセルの人生は、それだけに巨大な精神力と複雑な性格の存在を示しており、近代自然主義の劇作品か大河小説を思わせる、ということである。ラッセル自身、『自叙伝』第二巻［1968］冒頭においてこう言っている。

> 私の人生は、一九一〇年の前と一九一四年の後とでは、はっきり違っていた。それは、メフィストフェレスに会う前と会った後のファウストの人生と同じであった……

なにもファウストばかりではない。後に示唆するように、ラッセルの長い人生（一八七二・五・一八―一九七〇・二・二）は、文学上の人物になぞらえようとすればいくらでも可能となる特殊な拡がりを示している。本書の中心テーマとなる晩年の平和運動を見ても、それはむなしい努力であるために、崇高でありながらむしろ悲壮であり、また滑稽でもある。ここで論点は完全に、美的判断の範疇に入っているのである。

美的アプローチをとる第二の理由は、もう少し深くまで進む。いったい、西欧文明のゆきついた果ての核戦略の時代に、西欧内部からラッセルのような人物が世界に号令したということは、世界史のいわば美的必然ではなかっただろうか。確かに、あの華々しい大演説や坐り込みデモ、ラッセル法廷さえも、所詮は何の効果もない儀式あるいはお祭りにすぎず、また彼自身、古きビクトリア時代の世界観をひきずった貴族であり、数学と哲学の風景を一変させた華々しい業績も過去のものと扱われがちな〈乗り越えられた哲学者〉であり、他のいかなる著名人よりも年をとった老人であり、つまるところ一切の象徴的意義を担った西欧精神のアレゴリーであった。このような、実質的な力というより象徴的な力を集めた存在を扱うにあたって、最も有効な方法が美的解釈の方法であることは、論を俟たないであろう。

右にとび交った美的（美的必然、美的解釈、美的判断……）という語で、そもそも何が意味されているのかという問題がおそらく生ずることになる。この語は、ある問題意識にもとづく欲求を漠然と表わしていて、私自身、正確には何を指そうと努めているのかはっきりしていないということを告白しなければならない。ただ言えることは、本書の発想・題材と手段が、通常注目される歴史的影響や因果的重要性を尺度にして選択されるのではなく、むしろ人間的性質の現われの方に基準が置かれる、そういう姿勢を「美的」という語で表現しているつもりだということである。

そうした「美的」アプローチをとるもう一つの、第三の理由があるが、意味論的《セマンティック》な前二者とは異なって、実はこれは、本書執筆の語用論《プラグマティクス》に関わっている。

日本でたとえば大江健三郎のような人は、核時代の危機状況への託宣を、つねに、あるフランスの哲学者に求めた。しかし、「知識人」の発言の内容それ自体（語るもの）が有効な託宣となりうるほど、現代は、俗な語で言ってしまえば、甘い時代であろうか？　むしろ「知識人」の発言や行動の一種むなしさ、その姿の周りにまつわりつくもの（示すもの）にこそ、現代を把握するためにわれわれが真に感じとらねばならないことが含まれているのではないのか。知識人の発言・思想を直接に受けとめるより、その雰囲気と言うべきものから間接的に想像力を刺激されることが意義深いのではないか。

核時代に生きるわれわれが想像力の裡から消し去ってはならないはずの、人類全滅の可能性に、最も人間的に、過剰なほどに敏感に反応した知識人、そして発言と行動のむなしさを最も強烈に印象づけることによって逆に人々を刺激しえた知識人は、おそらく、バートランド・ラッセルである。そして、その現象に応じた人間らしい想像力を喚起し生き生きと保つのに最も親近な方法、それは美的解釈の方法であるに違いない。

つまるところ本書は、ラッセルの、核時代に対応する晩年を中心とした生涯を一つの文学的テキストになぞらえて読解する、という姿勢で書かれることになる。見方を変えると、この仕事は、ラッセル自叙伝や伝記作品への間接的な文芸批評だということになる。その際、マクロの構造《ストラクチャー》は意味情報を、ミクロの肌理《テクスチャー》が美的情報を示すという美学上の教え［川野 1972］にもとづき、波瀾万丈のラッセルの生涯で一見とるに足らない小エピソードに多くの考察を充てる、ということにもなるだろう(このやり方は、冒頭ですでに着手されている。オーストラリアである単語を言いしぶったという一挿話が、ラッセルとその周辺世界にとって、意味的因果的にはいかほどの重要性を持ちうるだろうか?)。

このことに則って、われわれは、論者自身が日本人であるという立場を利用したいと思う。すなわち、ラッセルの一九二一年(四九歳)夏の日本滞在という小エピソードを論ずることから始めたいと思うのである。ラッセルの来日は、長期的展望に照らして確かに、ラッセルにとっても日本にとっても、重大な出来事ではなかった。それゆえにこそ、ラッセル現象の反復的肌理《テクスチャー》を典型的にそこで探れるだろうということが言えるわけである。もちろん、双方にとって相手との邂逅がなぜ歴史的に重要でなかったかを見究めることもまた重要なのであり、それは第1章で実際に行われるであろう。対象を十全に理解しようとする限り、「美的」方法をいかに標榜するとはいえ見かけ上「学的」方法とそう変わるはずのものでもなく、本書の中盤ないし後半に至るまでは、方法の美的なるゆえんは表立ってはほとんど表われはしないだろう。あるいは前半の五つの章は、後半五つの章のための準備的記述・考察の意味を持つと言ってもよい。

ラッセルと日本との関係には、戦後核問題の(美的)象徴という共通の意味を介して最終章で再び立ち戻ることになるが、このようなウロボロス的対応によって、私は、本書のパースペクティブの原点は終始日本にあるということを、形式で示したつもりである。

われわれは、こうして、ラッセル研究としては特殊な視座にたつことにより、評伝の体裁は保とうとしながらもラッセルの生涯にひしめく数々の大事件・著しい起伏(ペンブロークロッジの幼年時代の経験、理論哲学、恋愛事件、実験学校ビーコンヒル・スクールの経営、B・ラッセル事件、その他)をおおかた省略するが、これには、ラッセルという人が世界的にあまりに著名であり情報が多すぎるという事実も関係しないではない。「美的」方法ということに殊更に多言を費やしたけれども、原理はともかく実際上われわれの方法論により大きく関係してくるのは、むしろこちらの事実の方であるかもしれない。この点での本書の心構えは、次の文章によって最もよく言い表わされているかと思う。

……われわれはラッセルについてあまりに多くのことを知っている。歴史家の第一の必要条件は、無知ということだ。無知は、最高の技術によっても及ばぬ完成度でもって物事を単純化し明瞭化し、選択し省略するものである。故ラッセルについて、われわれの父・祖父の代の人々は莫大な数の情報を流し蓄積してきたのであって、その量たるやランケの精力も呑みつぶされてしまいギボンの洞察力もおじけづくほどのものだろう。過去への探険家がこの独特なる人物を描出できるとしたら、それは詳細な記述報告という正統的《ダイレクト》な方法によってではない。賢い探険家ならば（中略）予期せぬ場所から攻撃し、側面あるいは背後から襲撃するだろう。そして、それまで推測もされなかった薄暗い隅っこにいきなりサーチライトの光をあてるだろう。資料の大海へ乗り出していってここかしこに小さなバケツを下ろし、注意深く好奇心をもって調べるにふさわしいような特殊な事例を白日のもとへと引き上げるであろう。（中略）ラッセルに関する真実を要約して述べようと望んでも不毛であったろう、なぜなら彼についての最も短い要約ですら何冊もの本を費やさねばなるまいから。（中略）私は、手近にあって興味を惹いたいくつかの事実の断片を調査し解析せんとしたわけである……

これは、ラッセルの友人であったリットン・ストレイチーの著作でラッセルも愛読した『ビクトリア朝の名士たち』［Strachey 1918］の序文の一部を、「ビクトリア時代」を「ラッセル」と変えて訳出してみたものである（ストレイチーのこの本に関するエピソードは後出。第3章第2節）。ラッセルは、自らが称したように「死せる時代（ビクトリア時代）の最後の生き残り」［1950: 223］でもあった。

第1部

大正日本とラッセル

第1章　日本思想界のラッセル

1. 概観

バートランド・ラッセルは、一九二一年七月一七日午前一一時半に、二二歳年下の愛人ドーラ・ブラックを伴って神戸に着き、同月三〇日正午に横浜をたった。彼の来日は改造社の招聘《しょうへい》によるもので、当年創刊二年目の総合雑誌『改造』の宣伝という意味合いが強いが、当時のジャーナリズムの啓蒙的役割を考える上で注目すべきであり、実際、創業まもない一民間雑誌の事業としては画期的なものであったと言ってよい。

しかし、序章に私は、歴史的に見てこのラッセル来日は重要な事件ではなかったと述べた。実際のところ、完全に理解できる専門家がまだ稀であった新興学問たる数理哲学と、学的裏付けの乏しい直感的な社会宣伝とに両極分裂を呈したラッセル思想が、当時の日本の哲学界に浸透し永続的な刻印を残すということは起こらなかった。それでも、ラッセルの滞在した大正一〇年とは、資本主義の独占化と国家主義への傾斜とが強まる中、デモクラシー運動がそれらに対立する形で高揚していた時期だけのことはあり、賀川豊彦らを指導者とする労働運動が、ラッセルの社会主義思想――一種のギルドソシアリズム――に敏感に反応した。[2] また、大正デモクラシーの思想的支柱のひとりであった経済学者福田徳三は自らを〈日本のベルトランド・ラッセル〉と称し、その著述にラッセルからの影響を明示的に広告したりしたのであった［福田徳三 1919］。

『改造』一九二一年一月号にラッセルが特別寄稿した「愛国心の功過」以下の諸論文について、改造社社長の山本実彦《さねひこ》が後年「我国の論壇をひつくりかへすほどの騒ぎをさせたのであつた」と述懐しているが［山本 1934: 192］、これも実際に当時の新聞・雑誌を見るに、あながち手前味噌の誇張ではないことがわかる。ラッセルの愛国心批判は、ただちに倫理学者・吉田静致《せいち》の反発［吉田 1921］などを惹起し、論壇をにぎわした。山本の述懐は次のようである。

彼は愛国心が近代人を動かす力は、宗教が、前世紀の人を動かした以上であることを、劈頭に説いて、社会主義と、愛国心との争闘を叙し、愛国心の倫理学上の理論としての価値、今日の世界における愛国心の実際的結果等につき鋭く解剖したので、賛否の論は、新聞の社説において、あらゆる会合、演説会において、囂々《ごうごう》たるものであつた。（中略）

その後約二ヶ年間、精鋭な彼の所論は、「改造」に連載されたのであつたが、我国の思想界はこの間、まつたく彼を中心とした動きであつた。［山本 1934: 192–193］(3)

確かに、（当時の新聞の表現を借りれば）「哲学界の新星」バートランド・ラッセルの衝撃は、速効的で華やかなものであった。だが、それだけのことである。急速に右傾化していった日本では、まもなくラッセルの思想は潰え去った。のみならずラッセルが一世を風靡した短い時期においてさえ、前年北京大学の招聘で一〇ヵ月滞在した中国、国情が真にラッセルの助言を必要としていた五・四文化革命直後の中国の場合とは比べものにならぬくらい、日本への影響は表面的であった。ラッセルと日本との接触が真に意義深かったのは、今の時点から振り返ってみるに、日本思想史（あるいはラッセル個人史）上の何らかの結節点をなすがゆえではなくして、日本という国の（ラッセルという人間の）性格組織の肌理を最も典型的に垣間見させてくれたということにある。第一次大戦後西欧文明への懐疑に目ざめた西欧人ラッセルと、西欧知性の精神的指導に渇《かつ》えたヤング・チャイナとの出会いが「一つの詩」［新島 1970: 340］あるいはドラマであったとすれば、あわただしく西欧化をなし遂げたのち近代国家として一応独自の成熟をみた壮年日本とラッセルとの出会いは、タイミングの一段ずれた一つのコメディとも称すべきものだった。

実際、わずか二週間の短い期間に、もともと身辺に常時事件に事欠かぬ彼だとはいえ、ラッセルは驚くほど多彩なエピソードを残している。それらは全体として、相互違和感と体質的不一致を如実に表わしていて、大変落ち着かない感じを与える。しかしこの脱線のような一四日間が、図らずも当時の日本・ラッセル双方の本質を顕わにしていることがわかるのである。

さまざまなエピソードの実際に当たる前に、この章では、来日前後においてラッセルが、当時の日本の思想家たちにどう受けとめられていたかを概観しておくことが必須であろう。ラッセルが日本をどう見たかは比較的容易に知ることができるが、単一人格ならぬ日本がラッセルをいかに見ていたかはなかなか把捉しがたい問題だからである。

ラッセルの名前は、数理哲学者および「新理知論・新実在論の代表的主張者」〔高橋里美 1973: 14〕として大正初年頃から知られていたが、その著作の邦訳は、一九一九年一一月『社会改造の諸原理』（高橋五郎訳）が文志堂から出版されたのが最初である。その後一年半ののちのラッセル来日までに、この同じ著書の訳が他に一種類、『哲学の諸問題』、『戦時下の正義』二種類、『政治理想』三種類、『自由への道』三種類が相次いで翻訳出版され、一九二一年七月ラッセル滞在中には、世界の社会主義者に物議をかもした『ボルシェビズムの実践と理論』が訳出された。また七月—一一月に、一年後のやはり改造社招聘によるアインシュタイン来日時のアインシュタイン全集のように、『ラッセル叢書』七冊（日本評論社）が刊行されている（ただし「叢書」と銘打ちながら『神秘主義と論理』（一九一八）原本一冊の全訳を七分冊にしたものにすぎない）。つまり、第一次大戦の衝撃で象牙の塔を降りてきたラッセルが大衆向けの社会評論を書き始めるや、日本の出版界はただちにそれらの紹介にとりかかったことになる。ラッセル離日後も、彼の著作は大半が原著出版後一、二年を経ずして邦訳されている。(4)

こうしたラッセル旋風を、当時の日本の指導的知識人はどのように受けとめていただろうか。大正時代にラッセルの著作で最も論じられることが多かったのは『社会改造の諸原理』であった。これは、ラッセルが生まれてから肉体の一部のように抱いてきた楽天的進歩史観に、西欧の内乱と言うべき大戦によって釘を刺されたことから産み落とされた警世の書である。この本の中で彼は、人間の衝動を、他者の衝動を阻害することなしには満足しえない所有衝動と、他者の同じような衝動と共存できる創造衝動とに大別し、もっぱら前者のみによって発展してきたヨーロッパ文明に対して強い反省を促した。英国の超上流階級出身である最も西欧的な人間による西欧批判の思想として、この書が、西欧の危機を静観していた日本人の興味を惹きその著者への人間的関心を――とくに彼は戦時中、英国政府により投獄されている――掻き立てたことは想像に難くない。

しかし、状況の上では西欧の危機を傍観したとはいえ、西欧資本主義原理に則って歩んできた近代日本にとって、西欧の自滅が単に見世物的な他人事に終わるはずはなかった。とくにロシア共産主義の出現は、日本の知識人にとっても大きな脅威であるとともにまた劣らず大きな希望であった。日本でラッセルが注目されたもう一つの理由は、ラッセルが革命直後のロシアをいちはやく視察した西欧人であるということだったのである。

2. 社会主義者の批判

われわれはここで、大正日本の思想界によるラッセル評を大ざっぱに分類しておいてから、しかるべき順序でそれぞれの解釈にとりかかることにしたい。

第一に注目すべきは、ロシア革命政権に対するラッセルの態度をとりあげて、そこに「革新主義者」ラッセルの限界を見た手厳しい批判的評価であろう。これは当然、社会主義者を公称する人々の間から端的に現われた。典型的な例として、堺利彦の文章「お上品学者ラッセル」(『社会主義』一九二〇年一一、一二月号)を見よう。その冒頭はこうである。

> 革命的大混乱の四辻に立つて、『自由への道《ロード・ツー・フリーダム》』はあちらだよと、柔和忍辱のお姿を以て無事平和の大道を衆生に指さして下さる地蔵尊をバアトランド・ラツセルと申す。
>
> 此の地蔵尊の熱心な信者が、善男善女の間に夥だしい事は、西洋でも東洋でも変りがない所が、此の地蔵尊先きごろロシヤに参られ過激派の遺口を御覧あつて、散々にご機嫌を損じ、滅相もない事、自由への道は決してあのような方向ではないと、いよいよ以て無事平和の大道を説き諭された。それが此ごろ有名な『ラツセル教授の労農露西亜視察記』である。それの日本訳は『我等』と『解放』との十月号に載つてゐる。
>
> そこで私は、其の『視察記』に対する二三の批評を西洋雑誌から拾ひ集めて、少しばかり其の内容をこゝに摘録して見る。地蔵尊の御指ざしに間違ひはない筈だが、外道の云ふ事も少しくらゐ、聞いて置いて損にはなるまい。
>
> [堺 1920a: 17]

この書き出しから、そしてそもそもの題名からわかるように、これは、革新家を自任しながら「ブルジョア自由主義の情けない立場を示し」たラッセルへの戯画・揶揄の文である。堺は西洋雑誌に載った批評文の摘録と言っているが、全文の調子では、仮装した堺自身のラッセル評であることは間違いない。ラッセルがずっと後に回想しているように「大抵の人は、戦争に反対したことでまだ私を憎んでいたし、この理由からは私を憎まない少数の人は、ボルシェビキを褒めないということで私を非難した」[1956: 13]、「ボルシェビキについて考えていることを言おうと最終的に決めたとき、以前の政治上の友人たちは、私をブルジョアジーの従僕と罵った。しかし、反動派の人たちは私の言ったことに気づかず、私のことを『臆病なボルシェビキの豚』と書き続けた。こうして私は両方の世界からひどい目にあう羽目になった」[(5)][1956: 14]。こうした本当の孤独に投げ込まれるような苦痛をラッセルに味わわせたヨーロッパの反応に比べれば、日本の一社会運動家の論調などには、むろん好意はないとしても傍観者的ユーモアが感じられる。連載第二回で堺は言う。

平生から上品な人々とばかり交り、相互の間に大した利害の衝突もなくて、上品な事ばかりやつてゐる人が、忽ちにして大問題にブツつかつてゐる平民の間に投げこまれたとしたらドウだらう。そして其の平民等は問題の解決に一生懸命になつて、其遣口の乱暴な事などには頓着しないとしたならドウだらう。ラツセル氏の場合は正にそれである。シルレルの言葉に斯うい ふのがある。

世の中は狭いが、頭の中は広い。

色々な思想が雑居するのは容易だが、実物はすぐお互ひにブツつかりあふ。[堺 1920b: 13]

ここには、国情の暗雲を予知しながらもまだ悠々としていられた、そして世界から超越的に退きそれを俯瞰しえた大正日本の幸せな機知が読みとれる。「大問題にブツかつてゐる平民」に比べてラッセルが「お上品」すぎたというのと同じように、ラッセルを真剣に罵倒した西欧の革新派に比べれば堺はずっと上品でいられたと言えるかもしれない。

堺と基本的に同じことを、より上品でなく扇情的に述べているのが、同じ『社会主義』の一九二一年三月号に載った伊井敬「ベルトランド・ラッセルの正体」[伊井 1921]である(「伊井敬」は社会運動家・近藤栄蔵の筆名)。伊井はまず冒頭近くで「以下私の論ずるところはラツセルとは何人ぞ、ラツセルを金看板とする処の民主的智識階級とは何ぞと云ふにあるから、例の『レッド・プロパガンダ』の類として見られては聊か迷惑である」と断った後、ロシア視察者ラッセルのもともとの中立性を疑いながら、ボルシェビキの「残忍」と「狂的信仰」を批判するラッセルの言を引いてこう言う。

『温厚と寛容は如何なる主義にも優る』！　さては読めた。之が恐らく真のベルトランド・ラッセルであるのであらう。この空漠なる人道主義的『英国紳士』の精神が生死の巷の赤露に分け入つて惨憺たる現実界と顔を合はしたとき、厭な気持がして吾れ知らす眼を覆はざるを得なくなつたと云ふ事に何等の不思議はない。［伊井 1921: 17］

ここで気づかれることは、ラッセルを地蔵に見立てた堺にしろこの伊井にしろ、「ブルジョアジーの従僕」式の戦略的狡智を疑った批判ではなく、ラッセルの人格・環境・情緒に的を絞った論をなしているということだ。それらは切羽詰まった戦闘的反撃ではない。しかし伊井の論難は別の方へもう少し進む。

只私が不審に感ずる事は彼の如き社会病理学の泰斗が露西亜の如き素人が見ても到底断乎たる切開手術によらずんば救ふ可らざる一病人に向つて尚『温厚と寛容』の精神治療を説てゐる其社会医としての彼の常識程度である。［伊井 1921: 18］

之に依つて見ると彼ベルトランド・ラツセルは『しかし』附きの共産主義者である！　ユートピアには到達して見たいが『しかし』革命は見たくない。河豚は食たし命は惜しい、嗚呼！［伊井 1921: 19］

情緒への感想だけでなくラッセルの知的側面へもこうして批判は及ぶが、それはいかに手厳しいものとなろうとも、人間ラッセルへの階級的利害を離れた超越的興味によって全体が支配されていることに気づくのは容易である。そして伊井は意義深い言葉で論を締めくくる。

彼は共産化された露西亜を探つて来たと云ふよりも寧彼自身の発見をして来たのである。彼は実は共産主義者でもなく、労働階級の擁護者でもなく、只単に一人の人道主義的大学校の先生であつた事を発見したのである。之は彼及彼の著書を読む日本人に取つて大切な発見であつた。［伊井 1921: 19］

この言葉——とくにはじめの「彼は共産化——」の一文は、ずっと後の章でもう一度呼び出す機会を持とうと思う。何気ない言葉ではあるが、これは（内容のゆえにというよりもその言い回しのゆえに）大変重要な洞察なのである。

当時の日本のラッセル評はどれも——これからさらに見ていくのだが——それまで全く交流のなかった極東の地にしては意外なほど鋭い理解（深い理解ではないにせよ）を示しているようである。統計的判断を下すにはあまりにデータが不足していることを恐れず言うなら、大戦中の反戦活動や革命ロシア批判といったラッセルの派手な動きが直接体制側・革新側の進退に関わっていた本国や欧州諸国では、当然ラッセルを静観的に純粋に論ずることは誰にもできず、常に政治的に歪められた論しかなされえなかったということは考えられる。その点日本の論壇は、ラッセルの思想と行動に関心を寄せるだけの十分な背景を社会に持ちながら、その時々のラッセルの変貌への時事的賛否を通時的人物像への照明として用いるだけの余裕に恵まれていたということもありそうである。だとすれば、極東の地にしてはではなく、極東の地ゆえに、小規模ながら正確に的を射た客観的ラッセル観を出しえたということになろう。大戦交戦国やロシアは言うに及ばず、中国やアメリカも、ラッセルが密接にコミットしているがゆえに、そこでのラッセル観は大きく深くはありえても、しかしどこか偏っていたのかもしれないのだ。(6)

日本のラッセル評を一、二検討し始めたばかりで先走りするようだが、右に示唆した事情は、時事上のことに限らず、もっと広く文化的環境にも当てはまる。それは、ラッセル思想と日本との奇妙な関係を浮彫りにしている。ラッセルの社会思想・倫理思想は、その時期においてすでに大半、教会との対決・キリスト教の束縛からの解放にあてられていた（もしくはその動機から発していた）。厳格な清教徒信者たる祖母に植えつけられ、少年期青年期に育まれた自己の内的宗教的希求を知的な理由から克服した後も、情緒的にはずっと残りつづけたであろう何かを抑圧するそのエネルギーの反動であるかのような、半ば躍起になって展開された反宗教論・合理主義的価値論。ところが日本にはラッセルの言うような宗教は本質的に存在しない。よって、それを攻撃、否認あるいは改善せんとする言辞との真に実在的な交感も起こりえない。ラッセル思想に触れたとき、日本人は奇妙な傍観者的位置に立たされ、さらにラッセルを超えて西欧というものを（あるいは大宗教文化圏というものを）静観することになったのだ。たとえば堺の文章に目を戻すと、彼は次のように言っている。

（ラッセルのロシア視察記を引用してきて、）……マルクスは、共産主義が必然的に出現する宿縁を持つ事を教へたが、之はロシヤ人の性格の中に在る東洋的特徴にピツタリと符合し、そして初期のマホメツト信者に似たような心的状態を現出してゐる。』（大体、大山郁夫氏の訳文に依る）

此の記述は明かに、自分の理解せぬ新宗教に出くはした人の感銘を示してゐる。そして此の不思議な熱誠の発露をロシヤ的、東洋的として、国民性的に説明した所に注意すべきである。更にそれをマホメツト信者に持つて行つた所が奇抜である。［堺 1920b: 12］

ラッセルの単なる想像的直観から出たと見えるとはいえ彼自身の内的闘争の跡を反映した論述（ラッセルはボルシェビズムをキリスト教とも重ねて論じた［1920: 74, 120–121］）、本来深刻であるはずの文化的桎梏《しっこく》の開陳を、堺は「奇抜である」と皮肉る以上には出ないのである。

日本の社会主義者による反ラッセルの論陣はこの程度のものであり、量的にも全体からみて微々たるものに過ぎなかった。この事態に日本の運命の予兆を読むことも可能かもしれないが、ともあれ、伊井敬が付記で「あつち、こつちの大雑誌がさかんにラッセル先生を担ぎ廻るので」、あえて自分の批評を発表したという意味のことを言っていることからわかるように、概して大正日本は、ラッセルを絶大な尊敬の念にて受けとめたと言ってよい。そこで次に、その中でも異彩を放っていた、われわれの第二のカテゴリーとなるべき、条件付きのラッセル肯定の文から吟味していくことにしよう。

3. 人間的興味

その代表的なものは、ラッセル来日の翌年一月早々に公刊された長谷川万次郎（長谷川如是閑）の論文「ラッセルの社会思想と支那」〔長谷川 1922〕である。ここにものびのびとした大正の機知が漂っているが、これは、日本にとっても重大な関心の対象であった隣国の将来にラッセル哲学がいかほどの貢献をなし指導を与えうるかを探ることを課題としつつ、それが自然と思想家ラッセルの解剖になっている面白い論文である。

長谷川は基本的に、中国の情勢にとってラッセルの思想を容れることはすこぶる有益なりと見る。彼の見解では、文化大国たる中国も経済的には産業革命以前の幼稚な状態にあり、マルキシアンの言う意味でのプロレタリアートは中国に存在しないのだから、そこでの革命に思想上の後援を与えるのはやはりリベラリズムであって、中でも最も現代的な形態のラッセル流自由主義的社会主義が格好のものである。そして、古来中国には社会思想の二つの流れが存在していて、それは孔孟に由来する北方の独裁的実際主義と老荘に源をもつ南方の無政府主義的放任主義であるとし、社会主義的社会管理には中途の手段としては賛成してもあくまで個人の創意を尊ぶラッセルの自由主義は「発展すれば必ずアナーキズムに行かなければ承知しない」〔長谷川 1922: 508–509〕ゆえに、中国南方の思想的伝統としっかり結びつくのだと述べる。ラッセルは『中国の問題』〔1922〕巻頭に、『荘子』内篇、応帝第七の渾沌説話を掲げており、それ以前にも『自由への道』

[1918] 巻頭に、老子の句「生而不有、為而不恃、長而不宰」の英訳を誂えているので、長谷川の見方には根拠があると言えよう。[7]

こうして長谷川は、ラッセル思想の中国への適用をきわめて有望とした後、次のような洞察を吐く。

> 此ラッセルの自由主義や平和主義は、皮肉に見ると、英国の商業主義《コンマーシャリズム》の自由、平和の要求と同じ心理的の原因を有つてゐるとも見られる。英国の商業主義《コンマーシャリズム》は軍国的侵略を必要とした時代もあり、其によつて今日の発達を来したには相違ないが、現時に於ては侵略的の発展の余地が無くなつて、最も平和的の性質を帯びる事になつた。つまり英国そのもの丶実力が非常に発達して来たので、世界が自由で平和でありさへすれば、英人は商業的に常に勝者であり得ると云ふ自信をもつ事になつた。（中略）自由競争を円満に行ふには、国内的にも国外的にも、自由平和といふことが何よりも大切なので、従つて英国の商業主義は同時に自由主義であり平和主義である。ラツセルの自由主義や平和主義は無論もつと道徳的な立場を持つものであらうけれども、其道念の根柢に、英国の現在の民族的利害が潜んで居ないとは言へなからう。[長谷川 1922: 511–512]

しかしその後すぐに長谷川は、立論をもとに戻す。

> 支那の自由主義や平和主義は弱者のそれで、ラツセルのは強者のそれであるが、然し軍国的に無力になつた現在の支那は、商業主義的に強味をもつばかりで、又持たねばならない状態にある。（中略）何うしても支那は自分自身に一遍デモクラチツクなブルジヨアの自由を持来さなければ自己の繁栄は望まれないし、又国際的侵略をやめて仕舞はなければ自国の存立は常に危険を感ずる。此点に於て、支那の立場は先づ商業主義を確立せしむる事にある。

(中略)斯る状態から発生する道徳なり政治哲学なりは、必然にラツセルのそれに近いものでなければならない。[長谷川 1922: 512–513]

老荘のアナーキズムを観念的、ラッセルのアナーキズムを実際的であり科学的と長谷川は規定するのだが、われわれとして注目すべきは、ラッセルの思想の裏に潜んでいるかもしれない賞められざる(おそらくは無意識的)動因に対して長谷川がふと洩らした警戒心である。当時の状況にあって、これは日本人だからこそ容易に思いついた(あるいは、気がついた)ラッセル思想解釈だったかもしれない。これは、当時の情勢下での「自由」「平和」なる大義名分が含みうる複雑な意味合いを指摘しているが、長谷川の目には、イギリスの斜陽ということが軍国主義から商業主義への転換という形で映し出されている。

その後、全編にわたって長谷川はラッセル思想の応用法や当代中国思想家たちのありうる対ラッセル態度などを想像して描きあげる。隣国の運命や世界への余裕ある興味関心といい、冷静なものの見方といい、少なくとも差し当たりは泰平の大正日本の心理をまさに例解しているようであり、それはすなわち、世界を突き離して眺めてきたラッセル的機知に相通じている。人道主義的平和主義に英国商業主義の影を見た長谷川の猜疑心は、論理的懐疑知性そのものである[8]と同時にその反対極、つまり、すでにこの頃から存在し晩年に向っていっそう激しくなったラッセルの情熱的反逆精神のミニチュアでもありうる。当時の日本の代表的ジャーナリストは、ラッセルと同質のものの見方をしていたのだ[9]。

長谷川の論文はそれでも全般、ラッセル思想への共鳴と信頼で貫かれている。次にわれわれは、さらに進んで、第三のカテゴリーとして全面的なラッセル礼賛の論に目を転じてみたい。当時の日本人のラッセル論の主流は、なんといっても、「ラッセルの書は比度の大戦争が産みたる思想的産物の中最偉最高なるものである」[福田 1919: 39]といった語調でなされていたのである。

このカテゴリーで注目に値するのは、そのラッセル尊崇の急先鋒〈日本のベルトランド・ラッセル〉こと福田徳三とラッセルとの比較論である、室伏高信「福田博士とベルトランド・ラッセル」(『中央公論』一九一九年「労働問題」号)［室伏 1919］だろう。筆者室伏は『社会改造の諸原理』の訳者のひとりであった。彼もまたラッセル的懐疑精神を豊富に分かち与えられていたことがこの論文だけからも知れるが、その懐疑はラッセルにではなく、もっぱら福田徳三および日本国家へと向けられている。この論文は、反体制的デモクラシーの論調の一つの極致としても興味深いと言えるのである。

室伏はまず、「偶々《たまたま》ベルトランド・ラツセルの一書 Principles of Social Reconstruction を手にすることのできた福田博士の幸福であつたがごとく、極東の日本において、有力なる一人の信者をえることのできたベルトランド・ラツセルもまた幸福であるといはなくてはならぬ」［室伏 1919: 46］と、いかにも大正の語調でふたりを高く評価した後、マルクス唯物史観の反対者として二人は一致することを認めながら、ラッセルに比して福田の方がマルクス理解に問題点の多いことを二、三の論拠を挙げて示し(当時は、体制と対決する自由主義思想の優劣を計るさい、その思想が唯物史観をどれだけ正しく理解しているかをもってする傾向が支配的であったことを窺わせる。ロシア革命の影響であろうことは言うまでもない)、それから本論、ラッセルと福田の直接の比較考察に入る。

当時ラッセルが第一に世界の注目を浴びたのは、大戦の危機にあって、英国人でありながら英国を批判しドイツへの降伏を主張するような言論をなしたからであった(10)が、日本にもこの事実に印象づけられた人は多く、室伏もこの点についてラッセルと福田とを比較する。福田は大戦の直接の原因が英米にありとし、英国人にして英国の攻撃者たるラッセルを賞賛するが、『社会改造の諸原理』を吟味するにラッセルは決して一見そう見えるごとく一方的に英国を攻撃するものではなく、英国とドイツ双方の参戦気分を等しく憎んでいたことがわかる、と述べられる。

ラツセルに対するわれ等の畏敬の理由の最も大なるものの一つは慥にこの用意と勇気と学者的良心の豊かであ

るの点に存する。彼れはその学者的良心の旺盛なるがために英国政府のために牢獄に投ぜられたのである。この点においても英米攻撃一点張りの福田博士とベルトランド・ラッセルの態度との間には千万里の距離がある。〔室伏 1919: 51〕

そして論は次のように進む。やや長きにわたるが、文体が直情的で大変面白いので、論文中枢をなす（六）節の要点を引用していこう。

それ等の点よりも福田博士をしてベルトランド・ラッセルから最も多く遠ざからせてゐるものの一つは、福田博士の日本に対する態度である。日本人としての福田博士が日本を愛するの至情は素より掬すべき人情の美点であるにしても、真正なる愛国心 Patriotism と偏愛国論 Chauvinism とを明白に区別すべきものであるとすれば、日本人であるにしても、日本の誤つた政策、誤つた行動に対しては厳正なる批判を与へなくてはならぬ。（中略）日本のベルトランド・ラッセルをもつて任じておられる福田博士の態度は、不幸にしてラッセルのそれとは正反対であるように思はれる。〔室伏 1919: 52〕

そして室伏は福田の「解放の社会政策」（一九一九）の次の一節を引いて批判する。福田の論文の中に、ラッセルが『社会改造の諸原理』で行なった衝動の二分法――所有衝動 possessive impulses と創造衝動 creative impulses――が直接反響していることに注意しよう。

『英人の所謂我領土には日の没することなし、又は「ブリタニア、ルールス、ゼ、ウエーヴ」と云ふ誇りであ

> る。我日本国民は「千代に八千代にさゞれ石の巌となりて苔の蒸すまで」てふ皇室の繁栄を誇りとしてゐるが故に、英国人とはその誇りの種類を全く異にするものである。英人のは権力、領土欲満足の誇りである。日本人のは政治若くは国体上の誇りである。前者は人間の最も悪しき方面を言表はしたものである。後者は公民として感じ得る誇りの内其最も健全なるものを代表してゐる。我々は大詩人、大発明家大学者を世界に誇ることは出来ぬかも知れぬが、少くともその国体の整備を誇りとし得る、否誇りとしつゝあるものであつて、この二つの誇りは右云ふ如く全く同一種類に属するのである。権力、領土の誇りは我輩これを Possessive Pride（所有の誇）就中 Predatory Pride（盗掠的誇）と名付けんとする。偉人を産したる誇、社会政治組織整備の誇はこれを Creative Pride（創造的誇）就中 Pride of Organization（組織の誇）と名付けんと欲する』（「解放」創刊号六頁）
>
> われ等は自ら欺く事なくしてこういふことを公言しえられるであらうか。皇室のことについてはわれ等は福田博士の説に必ずしも異議はない。けれども日本が非侵略的、非盗奪的であつてこの点において英国と正反対である、またこの点がわれ等の日本が『世界に高声をもつて誇りうるところである』（「解放」創刊号十一頁）となすの点においては、われ等はその言葉を聞くだけにても何となく良心の苛責を禁ずることができない。日本、特に日本の支配階級が、著しく軍国主義的であつたことは、世界に隠れなき事実ではないか。［室伏 1919: 52–53］

このあたりから論調は、思想家批判を装った体制批判であることが次第に明らかとなってくる。そして室伏は、「大日本主義」が日本の四隣を恐れさせていること、日本が朝鮮を治めていることが Non-predatory であるという説明を福田博士から聞きたいと迫る。その説明のできない限り、

> 福田博士の説はたゞ Chauvinist の説として価値をもつてゐるに過ぎない。ベルトランド・ラッセルの畏敬すべ

き点は、彼れが英国の攻撃者であるがためではなくして彼れがショウビニストでないの点である。（中略）ラッセルは大学教授の地位を追はれ、さうして牢獄に投ぜられた。福田博士は牢獄にも投ぜられず、却て高商教授として厚く迎えられることとなつた。英国が不自由な国家であるのか。日本が自由な国家であるのか。

『英国の官憲は今やラッセルを収監しつゝあるに、日本の官憲は未だ一指だも予の身上に加へず、英国の自由国にして日本の不自由国たりと云ふ人之を何と評する』[11]（「解放」創刊号三十九頁）

福田博士はこう述べてゐます。日本の官憲が福田博士の身上に一指だも加へないことが、ベルトランド・ラッセルの身上に一指をも加へないことの理由となるものであるとすれば、福田博士の讃美せられてゐるとほり、『日本に生れたることを誇りとし喜びとするの情更らに深からざるを得ざるものである。』けれども（中略）Non-Predatory の日本に対してもラッセルは既に攻撃の矢を放つてゐるのではないか。（中略）『社会改造の原理』の第五十二頁において、一つの国家が他の弱国を奪略し限りなく外国人を死に致すようなことが、多くの小国、さうして凡ての大国によつて行はれたことが過去二十年来の事実であることを指摘し、その実例として英国の南阿に対する行動、フランスのモロッコに対する行動、及び日本の満州に対する行動等を列挙してゐるのである。（中略）ラッセルはその近著のうちにおいてさへ、平和なる濠州にとつて日本が脅威であることをさへ繰返して指摘してゐるのである。(Russell, Proposed Roads to Freedom, p. 151–2)（中略）彼れは日本に生れたならば、日本の政府は彼れの日本攻撃を憤つて、それが資本主義秩序または日本の国是と両立しないものとして牢獄に投ずるであらう……［室伏 1919: 54–56］

この後もラッセルと福田それぞれの衝動理論、民主主義観が比較され、いずれもラッセルの方に軍配が上げられる。われわれがここに見るものは、結局、英国自由主義が持ちえている広い視野への憧れ、日本のデモクラシーの限界に対する苛立ちを含んだ省察、そしてひいては、大戦で没落したかに見えた西欧自由主義原理への変わらぬ信頼の念[12]である。それは当然、室伏の目に映じたところの、投獄をも辞さなかったラッセル個人の英雄的態度への感動によって裏打ちされている。つまるところこれは、西欧原理の最先端たる一人物をだしにしての、大正デモクラシー自己批判の文であろう。ラッセルへの賞賛が手放しであるのは当然である。ラッセルはここにおいて一つの鏡であり、賞賛で磨けば磨くほど映し出したいものがよく映るという仕組みである。

福田徳三は経済学界の大御所であったが、それでは、アカデミズムに属すると言える学者たちのラッセルへの反応は、総じてどのようなものだったであろうか。第四のカテゴリーとして［奥井 1920］［生田・本間 1920］［大島 1921］などを、第五のカテゴリーとして［石澤 1922］、などを挙げることができよう。前者は（さかんに政策に興味を抱いた福田とは異なり）政治とは無関係な専門的学術研究であり、後者は、日本の将来に向けて社会改造の託宣を得ようとする真剣な試みである。また第六のカテゴリーとして、ラッセルの著作の紹介文というのも大はやりに流行った。だがこれら三つの種類の反応は、著名な思想家のきたるところ必ず生ずべき当り前の反応であるから（第五カテゴリーなどにはかなり興味深いものもあるとはいえ）ここで論ずるには値しない。われわれにとって関心がある第七のカテゴリーは、ラッセル哲学の解説を試みながらどうしてもそこに収まりきれず、人間ラッセルの（審美的）探索の方へはみ出さざるをえない羽目に陥ったもの――［杉森 1920］［土田 1921b］のたぐいである。その二例を見よう。

杉森孝次郎「ラッセルとその主張の批判的解剖」（『太陽』一九二〇年一、二月号）はラッセルの倫理思想の解説と解釈だが、とくに前半（一月号掲載分）において著者の筆は、欧州大戦と人間ラッセルの理想との間の相克を劇的に描写するために捧げられている。たとえば次のような口調が散見される（傍点等は原文のママ）。

> ラツセルの学力と思考力とは、風雲に際会した龍の観がある。（中略）講壇哲学者が欧米を通じて屏息せざるを得

なくなつた機会が、天才者が発声せざるを得なくなつた機会であつたことは、古今に変りのない人間進歩の原則の一適例とも言ふべきである。［杉森 1920a: 4］

ラツセルが兎も角も講壇哲学者の巣から舞ひ出でゝ、眼前の騒々しい世界に澄み渡る一声を放つたのは、声誉に値ひする手柄であつた。［杉森 1920a: 7］

ラツセルが衝動を説き、生活を論じ、筆端に創世主を駆使しても、時あつてか冷暗なる機械観の夜色に包まれる事は愴涼の一景である。宇宙と云ふ黒い巨体がラツセルと云ふ目を明いて自得と冷笑とを一度に享楽して居る姿がある。［杉森 1920b: 37］

また、終始在野におりながら仕事の実質は純学術的に近かった土田杏村《きょうそん》は、その境遇の類似からかさかんにラッセルを論じたが、[13] 彼の論文「ラッセルの哲学」（『改造』一九二一年七月号）は、ラッセルの論理的原子論 (logical atomism) を哲学史の中に位置づけかなり専門的に批評したものでありながら、冒頭は次のような文章で始まる。

バアトランド・ラツセルは、不思議にも相反する二つの性格の平行的持主だ。謂ふところの二の傾向とは、一は論理に随つての冷静なる思案であり、他は情意に随つての熱情的運動である。ラツセルが数学の原理の学究的検討をやつて居る処を見ると、とても社会改造の情熱などを持つて居る人の様には見えないで、単に一個の学究窮措大の姿を想起せしめるが、さて翻つて「社会改造の原理」や「自由への途」を論じ出す情熱の奔激を眺めると、彼が急湍の様の性格の流露はまざ〳〵と其の紙面に踊つて居るに驚かされる。ラツセルの性格は冷熱だ。正に氷れる熱汁だ。［土田 1921b: 9］

この「冷熱だ、正に氷れる熱汁だ」の詠嘆は、文中、そっくりあと二回繰り返されるのである（五七五にさえなりかけている……）。

もちろん、これらの論文が掲載されているのは純粋な学術雑誌ではないのであるから文章が人格的興味によってある程度色づけされるのは当然としても、右の土田の論文をはさんで『改造』七月号に掲載されている金子馬治《うまじ》「ベルクソン哲学の精神」安倍能成《よししげ》「オイケンの思想」の穏当な筆致と比べると、ラッセルに関してこそその色彩が格段に濃いことは一目瞭然である。第一次大戦中のラッセルの言動は、日本の評論家・ジャーナリストよりむしろ、ラッセルを専門哲学者として捉えつつあったアカデミシャンの方にいっそう強い印象、人格的関心を抱かせたと言えるかもしれない。

4.「ラッセル教授の印象」

ラッセルの人間への関心ということでは、京都のみやこホテルと東京の帝国ホテルで、計五〇名以上の学者・思想家とラッセルが会見を持ったその結果を、『改造』一九二一年九月号が「ラッセル教授の印象」として、六名（西田幾多郎、土田杏村、桑木彧雄《あやお》、北沢新次郎、大杉栄、桑木厳翼《げんよく》）の感想文によって特集している。(14)

山本実彦の回想によれば、帝国ホテルでの会合は、「大杉君、堺君及石川三四郎君等の思想家がをつたので、少々もめたことを記憶している。もめたと云つても、会見のとき、議論でもめたのではなくて、当局者が、あまりにたくさんの警官を派遣して、会場の内外を圧迫的に警戒したがため、思想家が憤激したのであつた」[山本 1923: 195]。印象記「苦笑のラッセル」で大杉栄が「僕は、実ははじめてあの帝国ホテルと云ふ建物にはいつたので、ちよつと面喰つてもゐましたよ」などと言っているのも面白い。「こわごわ玄関にはいつて行くと、とつつきの広いホオルのあちこちに、日本人だか西洋人だかがごちや〳〵ゐるんでせう。おや、こゝなのかな、と思つて暫く大きな眼をうろつかしてゐたんですが、誰も知つたやうな顔は見えませんしね。仕方なしに、ずつとはいつて行つて見たら、改造社の誰だかにつかまつたのですよ」［大杉 1921: 100］。

みやこホテルでは、当時三〇歳の土田杏村がボルシェビキについて一時間余りも質問していたのが目立ったという。印象記六名の筆致はさまざまである。「私はラッスル氏などの新実在論には左程の期待を有するものではない」「デカートやライプニッツの如き偉人ならばいざ知らず、此種の仕事は双方の専門家（三浦注：哲学者と数学者）からよく云はれないのが通常である」［西田 1921: 82］と、面談の模様は全然書かずにことさらに無関心を装っているようなのが西田幾多郎だとすれば、次の土田の手記は一番熱が入っていて、一番長く、ラッセルへの傾倒が窺われる。哲学から国際情勢まで話題も多岐にわたっており、青年階級の力によりいかにして日本を「改造」すべきかの決意表明をラッセルに向ってなすところまで及び、伏字・削除であちこちが抹消されている。終わり近くに「一体日米は開戦に至るであらうか、又開戦すれば其の結果はどうであらう、といふ様な事を論じ合つた。ラッセル氏は此れに関して或る確固たる意見を持つて居られたけれど、今此処には紹介を遠慮するが当然の礼儀だと思ふ」［土田 1921c: 94–95］といった件《くだり》もある。

土田の筆致とは正反対に、早稲田大学の北沢新次郎の場合は、「ラツセルに会見しない内は自分はあゝした社会問題の識見を有する人であるから極めて砕けたサツパリした人だと思つた。しかるに此の想像は全く裏切られて彼れは甚しく我儘な頑固な性質の所有者である事を知つた」と、さかんにラッセルへの悪い印象を述べる。そして横浜でのハプニング（後述）に憤った後、次のように言う。

東京に来た時某社の新聞記者が刺を通じてブラック嬢に会見せん事を願つた。しかるに同嬢は同新聞社が資本主義の新聞なるが故に其の新聞記者に会見する必要がないと云つて断つたと云ふ。（中略）資本主義の新聞社だからとて、之れが配下に居る新聞記者を排斥する事はない。（中略）彼等の大部分のものは、プロレタリヤであつて、プロレタリヤの心理状態であり、（中略）故に此等の人々と会談し、其の行くべき道を話す事は社会改造の指導者を以て任ずるラツセル及其の周囲の人々の職掌ではあるまいか。もし資本主義の香がある者であるから回避すると云ふなら、ラツセル及其の一行が宿つた帝国ホテルは之れこそ資本主義のかたまりだから之れに滞在安処しては居られない勘定である。［北沢 1921: 98］

これは後年、ラッセルとドーラ・ブラックの間の娘が両親について書いていることを思い出させることからも、心の通いあわない日本人からの単なる感情的悪口にはとどまらない真実を含んでいるかもしれない。すなわち娘キャサリンは書いている。

父は、私たちに経済的不平等は不当であると教えたのに、自分自身は生涯それを受け入れ、自分が生まれ育った貴族的習慣からついに完全に抜け出さずじまいだった。父は一度も、召使いたちや下層の人たちと（私のように）一体感を持ったり、彼らの屈辱や喪失を自分自身のものと感じたりしたことはなかった。父は自分の優越した立場から、彼らの運命を改善するために自分にできることはしたが、彼らにできない裕福な生活をするのは悪いことだと思ったことはなかったし、ロサンゼルスの金持が持っていた家に住んでいながら、一方ではその存在を支えている手段を非難することを間違いだとは思わなかったらしい。［Tait 1975: 140］

ラッセルのこうしたパラドクスは、北沢の文章に見るように、日本では直感的に何となくうさん臭く感じ取られたにすぎない（これが真に問題になるのはたとえばどこにおいてであったかということは次章で見よう）。ラッセルに関しては、日本人にとってはもっとずっと興味深いパラドクスが別にあった。それに因んで私がここでとくに注目したいのは、いや、大正の日本人によるあらゆるラッセル論の中で一番に重要視したいと思うのは、印象記最後の桑木巌翼「鋭角的人物」[15]［桑木巌翼 1921］の中に、半ば気軽な思いつきのようにしてこめられているある洞察なのである。

まず説明が要る。ラッセルと日本との関わりは、ラッセルが実際に日本に足を踏み入れる前から、どこかコミカルなところがあった。一九二〇年九月ラッセルが中国に向けて出発したときから改造社は行動を起こし、北京大学での講演が済み次第日本へ来て続けて講演を行なう約束をとりつけていたのであったが[16]、翌年三月、肺炎に罹ってラッセルは北京の病院で危篤に陥ってしまう。来日すべき著名な哲学者の状況を知ろうと、日本の新聞記者たちが絶えず面会を求めて、ドーラ・ブラックを困らせた。ラッセルの看病に忙殺されていたドーラが記者たちをつっけんどんにあしらうと、いつのまにか、『大阪毎日新聞』上海特電がラッセルの訃報を流し、日本全国の三月二九日紙上にラッセル死亡の記事が大きく報道されることになってしまった。このニュースは日本からアメリカへ、そしてイギリスに伝えられて、ラッセルは多大の迷惑を被ることになったのである[17]。

この訃報に際して桑木巌翼は改造社より追悼文を求められ、その中でラッセルの生涯を流星にたとえたのだったが[18]、数ヵ月後に実際にラッセルと会見したときの印象記において、その流星の連想を思い出して、こう書いている。

> 而して其の流星的生涯に対して、私は直ちに近代に於てはオスカー・ワイルド、然して前に遡つてはバイロン卿を想出さずには居られなかつた。
>
> ［桑木巌翼 1921: 104］

そしてワイルドもバイロンも、一般英国人が理解するような生活を本位とせ

（二）　大正十年三月廿九日

思想界の巨星
ラッセル氏逝く
廿七日朝終に起たず
ジユエー氏等友人に圍まれて

肺炎で危篤を報ぜられたるバートランド・ラッセル氏は廿七日朝遂に逝去した（上海特電廿八日發）

新實在論の祖述者
先づ數學を論理學に一致せしめ
次で哲學を數學に一致せしむ
世界大戰は氏の眞價を發揮す

氏の確信
コペルニコスの煉獄の獨白を思ふ
火の如き實行者となつた

ず、それぞれの形で明らかに非道徳的生活論を主張していた、ということが説明される。「文芸若しくは感情を中心として、寧ろ実行や其の結晶たる風俗習慣制度法律を第二義とする所が、彼の帰着点であつたと見ねばならない」として、

随て是等の人々の行為は常識的なる英人にはたゞ背徳乱倫としか理会せられないので、決して承認せられて居なかつた。（中略）ラツセルの場合は種々の点に於て是等詩人と趣を異にする所があるが、然し其論理の厳正を尊重して一歩をも枉げず、風習も制度も敢て之を制肘するを得なかつた所は、芸術に代ふるに理智を以てしたものであつて、道徳生活本位の英国思想に対する一の叛逆と言はねばならぬ。ラツセルの私行上の事に就ては詳しく知らないが、固よりワイルド等とは雲泥の差があるであらうとは思はれるけれど、社会の風習等を無視することはあつたのであるから、其点に於ても英国に産れた英国以上の人たることを免れないと思はれたのである。

然し私が最も多く比較上の興味を覚えた点は、当時の訛伝《かでん》に基いて、是等三人者が共に其の終りを其英国以外に於て告げたといふことであつた。殊に其は皆、或る意味に於て是等の人々の憧憬し若しくは共鳴を感じた邦土に於てである、と見たのである。蓋しバイロンは筆を投じて戎軒《じゆうけん》を事として終に文芸の祖国たる希臘に斃れたし、ワイルドは其の郷土に容れられずして唯美的精神の本土たる巴里に窮死した。ラツセル氏は、現に健康を恢復して其本国に趣きつゝあるのであるから、他二人者と比較することは礼を失することではあるが、当時私の念頭には、若し万一支那を以て其の終焉の地とすることがあれば、其が多くの点に於て決して其の理想境でなかつたに拘らず、然し其の思想の中に若干の親近する点を発見し得ると思つたのである。［桑木厳翼 1921: 104–105］

そして、中国にはラッセルと同じく神秘を遠ざけて理義を重んずる儒教があること、ラッセル社会思想の自由論は老荘に通ずること（前出、長谷川万次郎の観察につながる）などを論拠に中国とラッセルの関係が本来深くありうることを述

べ、ラッセルが果して本国で今後十分に認められるかどうか危ぶんでいるのである。

桑木のこの文章で、ラッセルの死に場所を想定する件は確かに面白い。比較文化的興味に引きずられた哲学者の、一見華麗にして実は発展性のない空想の見本とも言うべきだが、これは右に引用・要約した部分の終わりに「然しながら此比較感想は、ラッセル氏が一面に於て英国貴族らしい印象を与へた点で多少訂正せられねばならぬ、とも思はれて来た」と如才なく付け加えられていることによって救われている。また逆に、ラッセルの人間の複雑さを浮彫りにしつつその対世界関係の発展を何気なく予示するという思いがけぬ益をもたらしてさえいるのは、結果として、見事だ（実際ラッセルは、本国の哲学界からは晩年重んじられつつ時代遅れとされ、一方平和思想と実践においては反逆の姿勢を貫きながら、各方面からの顰蹙《ひんしゅく》と毀誉褒貶《きよほうへん》の中、基本的には最大の尊敬に包まれて、流星の如くにではなくむしろ赤色巨星のように、九七歳で、本国で、死んだ）。

しかし、桑木の文章において最も大切な要素は、そのことではない。先に私が重要視したいと言ったのは、ラッセルの「論理の厳正」が「道徳生活本位の英国思想に対する一の叛逆」であると捉えたアイディアなのである。問題はとくに、ラッセルに背徳の要件を見るとして、それを（欧米の人々が行なったように）本国に妻を残して愛人と海外旅行するという不羈奔放《ふきほんぽう》によりも、あえて論理の厳正の方に求めようとした発想である。

桑木のこの思いつきを、私は出色のものと思う。バイロンのドン・ファン的生活やワイルドの唯美運動といった一見して頽廃的反道徳（超道徳）的な傾向と、自由主義ヒューマニズムに表裏一体の論理経験主義とを同列に並べる奇にうたれるからばかりではない。定めしその洞察が、真実の核心を突いているらしいからなのである。ラッセルの、根本ではきわめて良識的な論理的倫理は、確かに、ヨーロッパの体制からはおおかた不道徳の烙印を押され、反逆の論理と見なされてきた。ラッセル的という以前にロック、ニュートンの遺産に直通するはずの英国の伝統的美徳でさえある経験主義が、その英国において反逆的不道徳でなければならないという、おそらく二〇世紀特有の事情への不可解の念が、あのさりげなく荒《すさ》びめかした桑木の文の底流には、きっとあったに違いないのである。

二〇世紀の不道徳は、漁色でも美への耽溺でもなく、論理の正確さである。この「背徳としての論理」と呼んでもよい奇妙な事態は、ラッセルが齢をとり核時代に突入するに至って急速に悲劇的な（かつ喜劇的な）様相を呈していく。われわれは、後のいくつかの章において、大正日本の哲学者が半ば無意識に提出したこの重要な概念に立ち戻って、ラッセルの姿を吟味することになろう。

「ラッセル教授の印象」を概観したところで、ラッセル来日の前年に亡くなって会見はならなかった文明評論家中沢臨《りん》川《せん》の評言を聞いてこの章を締めくくりたい（「ベルトランド・ラッセルの立場」『中央公論』一九一九年九月号）。ラッセルの諸著書の読解と人物への評価を織り混ぜたこの相当長い論文の末尾に中沢は言う。

> 彼の前半生は高踏的な理智主義者であつた。彼は或る意味ではシニカルでもあつた。彼は智能の世界に自ら高しとした潔癖家であつた。然るに戦争といふ非常時は彼を駆つて一個の正義派たらしめ、これまでの哲学者は挙世の反対を物ともせぬ志士と変じた。（中略）その苦みは彼に愛の福音を授け、忍従の徳を教え、彼をして霊能生活に眼ざめしめた。新しく蘇つた博大な心には今迄見られなんだところの情け深い善意とユーモアの光が輝き初めた。（中略。ラッセルの『社会改造の諸原理』最終部を長く引用したあと、）読者はどう思ふ？　あなたがたの想像にはこの言葉の持主がどんな人であり、その人がこの先きどういふ道に進むであらうかといふことのわからない筈はない。わたくしは言ふ、未来のラツセルは一の宗教家として立つに到るであらうと。［中沢 1919］

これが後のラッセルをどの程度言い当てているかということは、われわれが後の諸章で明らかにすべき主要な仕事となるであろう。

第2章　人間ラッセル対極東

1. 日本でのコメディ

前章に見た大正時代のラッセル関係諸論文は、統一的なラッセル像を描いてはいない。英国上流階級の知識人であり、数理哲学なる新しい学問の数少ない世界的権威であり、戦時下イギリスの罪人であり、社会主義者でありながら革命ロシアを批判した裏切者であり、中国で憂国の士を助けた西洋人であり——ラッセルという人格そのものがきわめて多面的で統一しがたいとはいえ、それにしても大正の論者がてんでに自己の関心にひきつけ気ままに論じている観がある。当時の雑誌目次をランダムに見渡してもたとえば「混乱の英国」「大英帝国の将来」「ＳＯＳ欧羅巴より亜米利加へ」「英国衰退か」「英国ロマンチシストの社会思想」こういった題目がすぐ目につく、そういう時勢——大戦とロシア革命によって、英国を頂点とする西欧文明すなわち日本の当代までのモデルが揺らいでいるという現実が遠くから黒い翳となって迫ってきた時勢、この、日本の立場からすれば確かにいまだ非現実的な事態に、翳りの中一点の光にも見えた先端的一知識人を刺激剤として思いを巡らし、日本は当該状況と自己自身への想像力を働かせたのだ。そうした意味で、哲学者ラッセルの統一像を把握し思想界に体系的な養分受容を図るというよりも、あるがままの雑駁な一人格現象に接し、自由にあちこちから眺めてみる、雰囲気を探ってみる、象徴的香気を味わってみる、それが大正日本のラッセルへの基本的な対し方となった。しかし、というよりもそれだからこそ、日本のラッセルへの関心の最大のポイントは、確固たる一個の、生身の人間への興味ということだった。われわれのモチーフに引きつけて言えば、おそらく両者の邂逅は美的な種類のものだったのである。

ラッセルの死亡報道の元凶であった『大阪毎日新聞』は（一部他紙が数日後には訂正記事を掲げたのに対して）ラッセルが神戸に着いた七月一七日になっても正式の訂正記事を出していなかった。それで、いちはやく門司から神戸までラッセル一行と同船した新聞記者たちがインタビューに押しかけたとき、「ラッセル氏は日本では三ヵ月前に死んでいるので声明を出すことができない」と書いた紙片が渡された。(19) これは「英国流のユーモア」［桑木巌翼 1921: 102］、最も軽妙にして軽薄な部類のそれである。新聞記者たちは「ベリイ・ファニイ！」（Ah! veree funnee!）［1968: 133］と口々に叫んでこれに応じた。日本国内でのラッセルと日本人との接触の、これが皮切りだった。

ラッセルの日本に対する印象は、したがって初めから悪かった。(20) 船が神戸に入港したときには、赤い幟をおしたてた長い行列が行進してくるのが見え、幟にはラッセルを歓迎する文句が書いてあるのがわかったが、ラッセルはことさらに次のように判断した。

> それは、神戸の造船所で行なわれていた大きなストライキのデモであった。当時は、著名な外国人を歓迎する場合以外はそのような行進を警察が許さなかったために、私をダシに使うのが、示威行進をする唯一の方法であったということがわかったのである。［1968: 134］

だが、当時の新聞を見るに、それは本当にラッセル歓迎のためのものだったようである。神戸五万の労働者が一団となって埠頭に迎えようとしたのを警察で禁止して、代表者数百名の入場だけが許可されたのであった。

ラッセルは愛人ドーラ・ブラックと、また一緒に来日していた経済史家アイリーン・パワー女史とともに大体行動し、『ジャパン・クロニクル』主筆のロバート・ヤングの案内で京都と奈良を見物した［Young (Japan Chronicle Weekly) 7月28日: 127］［同9月4日: 170］が、日本でのラッセル一行の行動をまとめて描いている)。「日本に行ったら誰か会いたい人はないかと私が尋ねると、即座に格別そんな人は居ないとあっさりとした返事」［横関 1965: 7］をしたラッセルが、自叙伝の中で名を挙げている日本人は、賀川豊彦 (Kagawa) と伊藤野枝 (Miss Ito)、大杉栄 (Ozuki) の三人である。彼が「本当に好ましいと思ったたった一人の日本人」は、伊藤野枝であった。自分の離日後、彼女と大杉が甘粕事件で殺害されたことを、ラッセルは抑制した怒りと悲しみをもって叙述している。

日本での二週間は、きわめてせわしいものだった。ラッセルが病後で衰弱していたために一切の講演はとりやめにし、帰国途中の休息の場に日本はなるはずだったが、静穏を図って旅程を秘密にしていても、記者団は、場合によっては警察のルートを通じて一行の動静を嗅ぎつけた。日本での生活がいかにあわただしくラッセルに感じられたか、次の一節が簡潔に語っている。

私たちは始終フラッシュの光に追いかけられ、眠っている姿までも写真を撮られた。(中略) 京都と東京の両方で私たちは、極端なへつらいのもてなしを受けたと同時に、警察のスパイにたえず尾行された。ホテルでの私たちの隣の部屋はいつも、タイプライターを持った大勢の警察官に占領されていた。そうかと思うと、ホテルの給仕たちは、私たちをあたかも皇族のように取り扱い、部屋から出てゆくときには後ずさりするという具合だった。私たちはよく、「この給仕めが！」(Damn this waiter!) と言ったものである。そうすると直ちに、警察官のタイプライターがカチカチ鳴り出すのだった。私たちのために催された教授たちとのパーティでは、私が誰かと少しでも活気のある会話に入るやいなやフラッシュをたいた写真を撮られるのが常で、その結果として、会話はもちろん中断されてしまうのだった。［1968: 134］

また、「婦人に対する日本人の態度は、まだよく洗練されていない」ことを知らされた事件をラッセルは二つほど記したりしている。しかし、日本での最大のエピソードは、七月二四日、京都から一〇時間の汽車旅で午後七時半横浜駅に着いたとき起こった出来事である。前章で引いた北沢新次郎「ラッセル及其の一行」はそれをこう記している。

> 彼れが横浜の埠頭に上つた時に新聞記者の連中が一斉にレンズを向けてマグネシユームを燃いた。由来マグネシユームが大嫌いな彼れは之れを止め様と試みた。然し職掌柄記者の連中は、一切関係なしにドシドシ燃いた。（中略）茲に於て彼れは性来の短気が爆発して彼の所持してゐるステツキで写真斑《（ママ）》を散乱せしめんとし、其れでも聞かざる時に彼れは憤怒の余り“You Beast!”と叫んだそうである。（中略）人の嫌がるものを無理やりにレンズに入れる事は礼儀上余り善い事ではない。しかし写真斑の人々は決してラツセル及び其の一行に対して悪意を持てやつたわけはない。（中略）其れに「此の畜生！」は少しくひどい中分である。（中略）これが為めにラツセルは横浜のホテルに入り、かくの如き無礼の新聞記者の存在するからには東京へは行かない。横浜からすぐ帰国すると頑張つたと云ふ事である。流石は英国の由緒正しい貴族の仲間に発育して今迄我儘勝手に振舞つただけに随分思切りのよい事ではあるが、我々から見ると如何にも御坊ちゃん気分に思はれる。［北沢 1921: 97–98］

ラッセル自身は次のように書いている。

私たちはつめかけた写真班が一斉にたくマグネシウムの爆発で迎えられた。一回爆発するごとにドーラはとびあがった。そのために流産させられるのではなかろうかという私の心配が大きくなった（ドーラは中国でラッセルの子を宿していた――注：三浦）。それで私は我を忘れて激怒した。（中略）私は、フラッシュライトを持っている写真班の連中をつかまえようと追いかけたが、足を引きずっていたためにつかまえられなかった。しかしそのために幸いした――確かに殺人を犯しかねなかったからである。一人の冒険心のある写真屋が、私のそのときの写真を撮るのに成功したが、私の眼は憤りでギラギラ光っていた。私がそのように完全に狂気じみて見えるようになれるとは、この写真がなければついぞ知らなかったことである。この写真で私は東京に紹介された。(21)［1968: 135］

日本におけるラッセルのありさまは、ラッセル対世界のそれまでの、そしてそれ以後の全般的対立関係を、最も局所的・具体的・寸劇的に速いテンポでアレゴリカルに表わしているかのようである。政府レベルから民衆まで、当時最も活気にあふれた国の一つであった日本、しかもラッセルにとって完全な異文化圏の「大国」日本でこそ、そして双方に利害意識の薄い表層の付き合いにおいてこそ、世界内現象ラッセルを図式的に暗示するような事件が（大過なく）集中的に起こりえたのだろう。誤報・皮肉・誤解・（カメラマンの）無法・（ラッセルの）暴力、刑事の尾行・（給仕などへの）軽蔑、こういった、それ自体あとで笑って済まされる出来事群は、実は、当時のあるいはむしろ晩年のラッセルと世界とがお互いに感じあい投げつけあった脅威・軽蔑・当惑・不安・失望・恐怖……単なるコメディでは終わらないさまざまな関係の相を同型縮小形で孕んでいた。それらは、本国をはじめラッセルとの間にもっと重要な関わりのある地においては大きな構造《ストラクチャー》にまで拡大され深化された形で再現せずにはいなかった潜在的肌理《テクスチャー》が、そのまま浮き上がってきたものに他ならなかったのである。

2. コスモポリタンの限界

さて、ところが日本は、ラッセルになじみ深い「世界」の単なる縮小モデルではなかった。ラッセル―日本関係について一歩踏み込んだ興味を抱かせるのは、ラッセル自叙伝の先に引用した箇所のすぐ後に続く記述である。

あのときの私の感情というものは、ミューティニイに際して、インド在住英国人たちが持ったに違いない感情、つまり有色人種の叛徒にとり囲まれたときの白人の感情と同じタイプのものであった。そのとき私は、異国の人種の手にかかって害を被ることから家族を護ろうとする願望は、おそらく、人間の持ちうる感情のうちで最も激しく最も熱情的なものであろうと実感したのである。［1968: 135］

ここでミューティニイとは、一八五七年のベンガル原地民の暴動を指す。この連想は、博愛主義者にしてコスモポリタンたるラッセルの、極東における必然的限界を示しているかもしれない。

ラッセルはすでに、来日直前まで一〇ヵ月の長きにわたり、中国で「有色人種」の中で暮らしていた。ラッセルの助言を必要としていた中国人は彼を熱狂的に歓迎した。一九二〇年一一月二日付の手紙にドーラ・ブラックは書いている。

どこへ行ってもまるで皇帝と皇后のような待遇をうけ（中略）中国の新聞は毎日私たちのことを書き立て、私たちがどんな様子か、何を着ているか等々で、いつも写真入りです。Ｂ《バーティ》は煙草の広告にまでされて、祝福するときのように指を持ちあげ、古代の聖人のように見えます。……神様に感謝を。［Russell, Dora 1975: 115］

北京大学の学生たちもラッセルの思想を伝えるために特別の『羅素月刊《ラッセル》』という雑誌を発行している(22)。ラッセルの方も中国を、その国民性を、そしてとくに古き中国文化を賞賛した。実際ラッセルは、中国の全てが気に入ったように思われる。彼とドーラは杭州で、湖と山並みを見晴らすところにある「喜雨亭」という典型的な中国の建物が大いに好きになり、イギリスに帰ってこれに似せた東屋を建てる計画を立てたりした。ラッセルの次の思い出と、彼の日本でのエピソードの雰囲気とを比較してみるとよい。

二人の肥った中年の実業家が、大変有名な半ば廃墟となったパゴダを見に、田舎に自動車で出かけようと誘ってくれた。到着すると、私は螺旋形の階段を上っていった。彼らも私の後からついて来るとばかり思っていたのに、一番てっぺんに上りきって下を見おろすと、彼らはまだ地上に立っているのだった。どうして上って来なかったかと尋ねると、彼らは恐ろしく厳粛な面持ちで答えたものである、「私たちは上っていこうと考えていました。そして、上っていくべきかどうか討論したのです。意見は二つに分かれて、ともに有力な議論でした。しかし最後に、私たちの態度を決定した意見が出たのです。即ち、このパゴダはいつ崩れるかわからない状態だということなんです。それで、もし今崩れたなら、この哲学者がどのようにして死んだかを証言できる者がいるのはまことにいいことだ、と私たちは考えたのです」（中略）多くの中国人が（このような）洗練されたユーモアを持っていた。［Russell, Dora 1975: 129–130］

ロンドンに帰ってから、ラッセルとウェッブ夫妻が、中国と日本の優劣をめぐって掴みあい寸前の言い争いをしたことも伝えられている。そのとき、ラッセルは中国人が科学に無関心であることまで誉めたという［Wood 1957: 144］。ビクトリア時代的な進歩信仰と科学的世界観を軸として思索行動したラッセルたるものが、これは一体どうしたことなのか？

中国滞在中ラッセルは、中国人の生活に西洋の思想や文物の持ちこまれるのを頻《しき》りに嘆き、自らは好んで古い中国風の家具を集めて（一部は持ち帰った）、中国人の通訳・友人たちに「抹香くさい（It smells Buddhist）」［Wood 1957: 136］と嫌な顔をされた。おおかたの若い中国人たちの熱狂的受け入れとはうらはらに「前衛知識人の多くは、中国の伝統文明に価値を認めようとするラッセルの傾向をつむじ曲がりだと考えて激昂した」［Wood 1957: 136］とも言われ（日本では激昂というほどの深い反応は生じえなかったことに今一度注意）、さらには、魯迅の次のような痛烈な言葉を惹起したりもしたのである。

中国の固有文明を讃美する人々が多くなってきた。（中略）中国にやって来た人で、中国を憎み、考えただけでも頭が痛くなり顔をしかめたくなるといえる人があったら、私は心からその人に感謝を捧げるだろう。なぜなら、そういう人は決して中国人の肉を食うことを欲しない人にちがいないからだ。（中略）もしも誰か外国人で、もはや御馳走によばれる資格を得た今日も、なおわれわれのために中国の現状を呪詛してくれる人があったとすれば、その人こそ本当に良心のある、ほんとうに敬服すべき人なのである。（中略）外国人のうち、知らずに讃美しているものは恕《ゆる》せる。高位におり、贅沢に暮しつけているために、惑わされ、霊知がくもってしまって讃美するのも、まだ恕せる。しかしその外にまだ二つある。一つは、中国人は劣等人種であって、従来のままの有様でいるより外に能がないと考えるところから、故意に中国の古いものを賞める人々である。もう一つは、自分の旅行の興味を増すためには、世界各国の人々がそれぞれ異っていて、中国に来れば辮髪《べんぱつ》が見られる、日本に行けば下駄が見られる、朝鮮に行けば笠が見られる、という具合であるのが望ましく、もしも服飾が同じだと、さっぱり面白味がないとあって、アジアの欧化に反対する人々である。これらはいずれも憎むべきである。ラッセルが西湖で、轎夫《かごかき》の微笑を見て、中国人を讃美したのは、別に考えがあってのことかも知れない。しかし、轎夫がもしも轎に乗っている人に微笑を向けないでいられたら、中国もとっくに今日のような中国ではなくなっていたろう。［魯迅 1925: 186, 188, 190］［新島 1970: 334–335］

第1章で見た日本の論者たちのラッセル評、とくに長谷川万次郎の猜疑と比較されたい。魯迅の言は、あれらのような中立的な幸せな機知を漂わせてはいない。

中国でそのようであった一方でラッセルは、日本では、京都奈良の景色を堪能し、歌舞伎にも興じつつ、たとえば「丸善でゞも普通の外人のやうにハーンの書物などを珍重がりもせずそれらは余りに日本の過去に関係してゐると云捨てゝゐた」（桑木彧雄「文明は寧ろ一様性」［桑木彧雄 1921: 96］）という。そう、「文明は寧ろ一様性」。ラッセルは基本的に、ビクトリア的展望に則って、いずれ世界がイギリスのようになるべく西欧合理主義で救おうと努力焦燥した伝道師であったはずである。中国でも本来、ラッセルの使命は、ヤングチャイナの緊急の要望に答えて、西洋諸国や日本の侵略をのりきり中国が独自の発展を始めるための物質的基盤、即ち西欧科学技術の輸入に応ずる思想的バックボーンを与えてやることであったのだ。[23] この謎に直面して、われわれは、前章に引用したキャサリン・テートの評言（36頁）に似たもう一つの言葉を彼女から聞くのがよいかもしれない。

父は貴族の一人で、自分は優越者であると考えること、そしてそのような優越性をより不運な人々を救うための責務と考えるように教えられていた。父は（中略）愚かな人間や無知な人間、偏見を持った人間には、彼らを救うために一生を捧げようと心から思っていたものの、決して気を許したりはしなかった。［Tait 1975: 6］

話題を、階級から国家へと転じて考えてみよう。——先に見た魯迅の疑惑へと戻ったようである。西欧論理主義の福音を説く使徒ラッセルが、なぜ中国に（自己矛盾も厭わぬほどの）好意を抱く反面、日本にはそうでなかった、いやむしろ警戒心と怒りと軽蔑を抱いたのか。中国人は、ラッセルの学識と教養と思考力を全面的に必要とし、頼ろうとしていた、それでラッセルは惜しみなく伝道師の愛を注いでやることができた。しかしすでにして壮年の強国日本はそうではなかった。「気を許」せない異文明国の不吉な気配がひしひしとラッセル（のしかも病後の体）に迫ってきたのである。

しかし、その違いは二義的かもしれない。キャサリンの語に即して「優越者」に対して「不運」な境遇にいたかどうかは措くとして、白人文明に対する有色人種の国・日本も中国も、ラッセルにとっては全く異質の存在者と言うべきだった。中国がラッセルとの深い精神的交流を求め達成できたと信じられつつも、ラッセルが中国人の魂に真に迫ることができたとは彼ら（のうちの最も重立った人々）に認められ難かったことを、魯迅のあの言葉が端的に示している。日本だけでなく中国も、だったのである。

3. 西欧人と中国・日本

このことについて、一つ面白い傍証を出そう。一九一九年に交際を始めてから、愛し合いながらも事あるごとに確執を重ねていたラッセルとドーラは、一九二〇年夏にロシアに赴いたが（彼らは別々にロシアに入った。出発をめぐっても二人の間でひと悶着あった）、帰ってきてからロシアの印象、ボルシェビキの評価をめぐって大喧嘩をした。その後まもなく二人は中国に招かれるのであるが、そこでたちまちにして二人の関係の様相が変わる。ドーラ・ブラックは自叙伝にこう書いている。

（中国では）私は引き返す船を焼き払い、この冒険に乗り出し、そして今やお互いの間の垣根もとれ、私はバーティを信仰に近い尊敬をもって愛していた。彼は恋人であり、父親であり、教師で、洒落すぎた応答で当惑してしまったりちょっとナンセンスで怒って別れるようなことのない道連れだった。（中略）私たちの恋にとって、（中略）街全体がロマンチックな環境だった。えもいわれぬ美しい宮殿や寺院が、輝かしい太陽や清澄な空にくっきりと浮かび上がり、街はさまざまな色彩にいろどられ、駱駝さえも見られる北の寒く乾いた砂漠に奇妙さを交えていた。（中略）次第に大きくなってゆく愛情と親密さの中で毎日を送っていたのみでなく、私たちの心は有頂天とも言える状態だった。〔Russell, Dora 1975: 121–123〕

衝突は楽しさと平穏にとってかわった。二人一緒にイギリスを離れたことは幾度かあったが、このようなことは例外だった。これは何を意味するのか。

ドーラが妊娠したのは中国においてだったが、それが「愛情と親密さ」「有頂天」の原因ではない。懐妊が判明したのはラッセルの重病が峠を越えた二一年五月のことで、中国生活のだいぶ後の方だからである。(24) そのときにドーラのお腹にいた子の妹が、事情のメカニズムをいとも簡単に解明している。

二人はお互いの愛を信じてはいたが、深刻な見解の相違を気にしながら中国に着いた。そこで二人はただちに、自分たちがそれまでに知っていたどんなものよりも遥かに異質な環境にいることを発見したために、必然的に、自分たちを対立させているものよりも自分たちが共通して持っているものの方に気づくようになった。〔Tait 1975: 53〕

中国は二人の意見が対立しなかった少数の事柄の一つだったようだ。〔Tait 1975: 55〕

社会問題について、ロシアについて、そして後には共同経営の実験学校（ビーコンヒル・スクール）の運営と教育の原理をめぐって、同棲・結婚生活中、常に火花を散らしていた二人が中国で類まれな協調状態にあった最大の理由は、これである。二人とも、そこで端的に「西洋人」であった。ソビエト・ロシアにはラッセルは反発し中国には好意を抱いた、という現象は、それだけなら、まだ何でもない。異質な中国文化の美にほんとうに打たれたということが確かにあったろう。しかしわれわれは、そこにとどまってキャサリンとともに二人を祝福して終える必要はない。もうひとつ奥へ踏み込んでみると、半西洋ロシアによりも更に非西洋中国に対しては、ほとんどその核心に入り込むすべのなかったラッセルとドーラの姿が浮かび上がってくるだろう。ふたりの意見が家具についてなり国民性についてなりすんなり一致してしまった、それはその環境への彼らの理解が表面的であったことを証明する。これは、世界的視野を自認するコスモポリタンにして、如何ともしがたい人間の生理的限界と言うべきものである。

さらに、ラッセルが中国生活六ヵ月にして得た生涯最大の病気を闘ってやっと死の淵から引き戻された頃、ドーラ・ブラックは、一九二一年四月一三日付の母親への手紙の中で次のように書いている。

彼は両側肺炎を起こし、彼の精霊と私の精霊を除く全ての精霊は、彼を見放しました。そして彼は私たちがお互いに結ばれている力によってだけ生きていたのです。（中略）毎分が苦しみと疑惑で過ぎていき、ほとんど眠りませんでした。彼は死んではいけないのだ、と私は心に誓い、握りこぶしをすさんだ宇宙に突き出しました。そしてそうするといつも彼が私と同じことをしているのを見て、私は喜びました。どんなときでも彼には私が、私だけがわかり、私だけにははっきりした話をすることができました。彼が言うには私の顔だけがはっきりしていて、他の人の顔はぼんやりしているか、刺《とげ》だらけのように見えたそうです。ある時点で、私が彼に断乎たる口調で、彼が戦わなくてはいけない、さもないと破滅すると言ったので、その瞬間から彼は歯をくいしばり、私の愛をしっかり握りしめて戦ったのだ、と彼が話してくれました。（中略）彼はどのスプーン一杯にも、彼を救おうという私の鉄のような決意が溢れているのを感じたので、彼も自分の役を果たしたのだ、と言いました。どんな苦しいときでも一緒に戦い、何物も私たちを恐れさせることはできないとは何と素晴らしいことでしょう。［Russell, Dora 1975: 136–137］

そして、ようやく危険な状態を脱することができた喜びを書きつづける。ここで、中国の冬の大気に襲われ病に倒れたラッセルを献身的に看護するドーラの姿は、数ヵ月後に横浜で、身重のドーラをかばって日本人の攻勢に反撃したラッセルの姿を先取りした、それの正確な反転図としてぴったり重なり合うだろう。ラッセルとドーラの共同の戦い・愛情の確認深化を促したラッセルの重症肺炎は、まさしく東洋の異質性の圧迫の形象化だった。

直截に不調和を感知していた日本での生活よりも、交歓し深層に触れえたつもりでいた中国での生活の方が、あるいは彼らにとって潜在意識での居心地は悪かったくらいかもしれない。古い中国を（心理的には自然に、しかし論理的には不自然に）褒めあげた後、日本へ来て、逆に古い日本には見向きもせず新しくなりつつある日本に批判的警戒的な目を向けたラッセル。これは言うなれば、中国生活の反動で、そこでは抑えていた黄色人種への偏見とはいわぬまでも底の底にある一種違和感を、日本では安全に、つまり悪しき西洋化への批判という形をいつでもとりうる状況だからこそ、噴き出させることができたということだったかもしれない。その擬装なしの生《なま》の心情発露の頂点が、あのミューティニイの連想であったわけだろう。

ここで当然われわれの念頭に浮ぶ黄禍論のような問題(25)に関して、ラッセルは次のようなことを言っている。これは『中国の問題』第七章、「第一次大戦前の日中関係」の始めの部分である。

中国に対する日本の政策の細目にふれる前に、「黄人（Yellow Races）」という枠の中であたかも中国と日本とがある種の単一体であるかのように考える読者の癖を否定する必要がある。もちろん、一見して、ヨーロッパ民族とかアフリカ民族とかに比較して、日本人と中国人とを一つのグループに入れるべき理由はある。なによりも、中国人も日本人もともに黄色人種であって、それが種族的類縁性を考えさせるのである。だが、種族的類縁性の政治的文化的意義は甚だ小さい。（中略）文化の類似性は共通の民族的起源ということよりも計り知れぬほど重要である。

［1922: 117］

そして彼は日中両文化の相違を強調し、日中結合の可能性を否定している。しかしそこには、一九二〇年前後という日中関係上特殊の時局に彼の目が曇らされたということはなかったか。「中国と違い、日本は宗教的な国である。中国人は証明されない限り人の言うことを信用しないが、日本人は嘘と証明されるまで信用する」［1922: 169］等々、あちこちに散りばめられた単純明晰な区別は、確かに当時の表面的真実を突いていたかもしれないにせよ、しかし日中のその時々の違いは、ラッセルが考えようとしたより遥かに小さい、同種文明圏内の小異であったかも知れないのだ。そしておそらく、ラッセルを圧迫したのはその大同の基底であった。

あるいはもちろん、基底にも及ぶ決定的な事実として、日本は中国とは異なり、ラッセルの見ようとした通り本当に悪しき近代化を遂げた悪しき国だったかもしれない。が、だとするとそれゆえに、ラッセルが日本の中に気に染まぬ歪みを見出したとすれば、とりもなおさずその大部分が、西洋の衝撃に対処するための止むをえざる結果もしくはそこからの細々《こまごま》とした波及であった。『大阪毎日新聞』副主幹の高石真五郎がラッセルと大阪で個人的に会見を持ったときの模様を書いた記事「ラツセル君と食卓を共にして時局に触ても飽迄理想と理論で行く」に、次のような一節がある。

ラ君が正午ホテルに着くと其処に各新聞社の写真班が伏兵のやうに現れたがラ君は「何故私が写真に取られなければならぬのか」といつて却々《なかなか》肯かない、食卓でアレは西《ウエスト》から来た慣習を日本でやりだしたのに過ぎないと私が云つたら、ラ君は笑ひながら「其通りでしやう併し師匠よりは日本の方が余程上手《ぜうず》です」といつて居た。（『大阪毎日新聞』一九二二年七月一九日朝刊）

「笑ひながら」では確かに済まない真実が根本にある。悪しき近代日本は、西欧文明の落し子だった。西欧原理の伝道をもって任じるラッセルが手放しで(古き)中国を賞賛しえなかったはずなのと同様、この理由から、西欧人の自意識を離れて一方的に日本を批判することもできなかったはずである。(26)

あるいはもしかすると、事情は次のようであったかもしれない。ラッセルが中国人の中に英国的ユーモアを見、「中国人は妥協を愛したり輿論に従う習慣のある点で、英国人を思い出させる。争いが極限にまで発展することは滅多にない」[1922: 205]という言葉を発していることから察せられるように、彼は中国の中にほかならぬ彼の祖国イギリスの美点と考えていたものを見出したのだろう、と新島淳良が指摘しているが[新島 1970: 339]、それと全く同様に、日本国民性としてラッセルが感知した「ユーモアに欠け、残忍であり、不寛容で、自由な考え方ができない」[1922: 170]という要素は、逆に、悪しきイギリスの性質と彼が思っていたものを表現していたと言ってよいのではないか。「極東にいるイギリス人で日本人の方が中国人よりも好きだという人にはまずお目にかかったことがない」[1922: 199]という文も、おそらくは事実を報告してもいたにせよ、それ以上にイギリス国民への説得文の色彩が強いだろう。帝国主義→世界大戦と、よきイギリスが悪しきイギリスに蔽われつつある事態に怒りを覚えていたラッセルが、よきイギリスへの愛惜の念を中国への好印象として、怒りの方を日本への悪印象として投げかけているという図がここに立ち現われてくる。ラッセルの日本への感情は、ミューティニイのような異質のものへの肌なじまなさや脅威というよりも(それは一見正直な告白のように見えたのだけれども)実はむしろ自文化と同質の要素への身に親しい覚えのある怒りであった。つまるところ彼は、中国・日本という全くの異世界においてこそ、善悪両極に純化された祖国の特質を、現実の祖国におけるような深刻な煩いや葛藤なく投影・触知することができたのだ㉗。

ラッセルの真の関心は、あくまでイギリス、そして西欧にあったものと思われる。第一次大戦は、世界のではなく、東洋のでもなく、端的にヨーロッパの危機を示していた。この章の冒頭で要約したような、大正日本がラッセルを反射鏡もしくは刺激剤として行なっていたのと同じ自己省察を、おそらくラッセルも東洋を相手に、無意識に行なっていたわけだ。

いずれにせよ、極東は一丸となって彼の限界の外にあった。そして彼は、極東をまわって、英国人たる自分の中に従来未発見の何かを肌で漠然と感じ取ったに違いない（まさに「ラッセルの正体」［伊井 1921］）。イギリスに帰ってもその痼《しこ》りは残ったろう。いや、帰ってこそなおさら。そしてすぐ彼は『中国の問題』、極東研究の裏にイギリス国民性への説得を含めた本を書いた。日中優劣論争でビアトリス・ウェッブに嚙みついたラッセルの声は、単純な日本嫌いという意味でではなくもっと深い心理的意味合いにおいて、横浜のカメラマンに打ってかかった怒号の谺《こだま》であったのだ。

さてしかし、もう一度ラッセル滞日のときに目を向けてみよう――日本側の公の記録を見ると、概して、ラッセル招聘は素晴らしい成功裡に終わったという印象をうける。そこで最後に、ラッセル離日直前の講演のありさまを、あちこちから再構成して紹介しておく必要があるだろう。

> 彼は、はじめ我国で、講演もやる気できた。ところが、その衰弱さがたいへんで、たうてい、演壇に立つことを許さない健康状態にあつたので、私にたいしては、まことに申訳がないが、どうか、許してくれとのことだつた。しかし、彼は、日本を去らうとする三、四日前、突然、私に、「いろいろお世話になつた。それについては、ぜひ一回なりとも講演をやつて貴意に副ひたい」と、熱誠をこめて言ふのであつた。［山本 1934: 198］

講演は、慶応義塾の講堂で開催された。大学の講堂を使用することは実は非常な難物であったが、堀江帰一、小泉信三教授などの並々ならぬ尽力で断行された。

聴衆は堂にあふれ、延々と入場者の列は三田の電車通りまでつながる盛況であった。［横関 1965: 7］

さしもに広き大講堂が定刻前から満員の盛況であつた。かくの如きことは尾崎、犬養の憲政擁護の時なぞに比較しても、殆んど比較にならぬ粒揃ひの聴講者のみで、そして非常の盛会を極めた。（『改造』一九二一年九月号、「編輯を了へて」）

彼は、演壇にのぼる前、「私は病中であるから、三、四十分を限度としたい、そして特に演説中、椅子にかける諒解をしてくれ」とのことだつたので、私は予め、司会者として、そのことを、聴衆にはかつたのであつた。（中略）多人数の聴衆を前に見、彼は感激の絶頂に達して、自分が病であることをも打忘れて、一時間あまり、突つ立つたまま、息をもつかず、滔々と一大演説をオッぱじめた。そのときは眼からは、まつたく火が出るやうで、熱烈そのものであつた。演説がしまつたとき、カーキ色の洋服は、しぼるやうに汗がいつぱいであつた。そのとき三千の聴衆のあの怒濤のやうな拍手は、全く黎明日本を表徴するもののやうに、感激の深いものであつた。[28]［山本 1934: 198–199］

講演要旨は七月二九―三一日の各紙に掲載され、また全体が『愛国心の功過』に収録された。臨席の警官から「弁士注意」「弁士中止」の声がかからなかったのは、監督官庁たる内務省警保局の宇野慎三検閲係長が幾分英国ギルドソシアリズムに傾倒していたせいもあったと言われる［横関 1965: 7–8］。日本側からの、真剣な感情をあまり含まぬ表層の鋭いばかりの評価と、ラッセル側からの、基底文化は顧みぬ表層の時事的興味と。皮相の洞察のぶつかりあった一大コメディは、こうして最後の最後になって見かけ上挽回し、一応中国の場合に近似した、〈託宣渇仰衆〉対〈救世伝道師〉の深い感激的対面の風景でもって、その幕を閉じることができたのである。

第2部

ラッセルの機知と怒り

第3章　機知と怒り・素描

1. 回心

ラッセルが大正日本の論壇にまであれほどの人間的興味を抱かせた原因は、主として、第一次大戦に遭遇しての彼の態度・行動にあったということはすでに見た。これはもちろん、その後の世界の論壇に通有であった。一連の数理哲学の業績で名をあげた論理の人ラッセルは、大戦に遭って、彼内部の不思議な矛盾的傾向を顕わにした——たとえば土田杏村が「冷熱だ。正に氷れる熱汁だ」と詠んだ、「情熱の懐疑家」としての性格である。(29)

序章で引用したように、ラッセル自身、第一次大戦を境に、自分はファウストのような根本的転回を被ったと言っている。これが、ヘンリー八世の時代から英国政治上重きをなし、チャールズ二世に反抗して刑死したウィリアム卿という家門の英雄を持ち、ホイッグ党の歴史において歴代指導的な地位を占め、近くは選挙法改正案（一八三二）を通過させてビクトリア女王時代に首相を二度つとめたジョン・ラッセル卿がバートランドの祖父として存在する、そういった政治的一族の血が彼の中にも甦ったのだと説明されてよいものかどうか、われわれにはわからない。ただ、確かに、幼い日を過ごしたペンブローク・ロッジで、世界各国の政府から祖父に贈られた物品を見、祖父が昔エルバ島にナポレオンを訪ねた話を聞き、しばしば外国の王や外交官の訪問をうけたり内閣の会合がそこで行なわれたりしたのを見たことは、バートランドの心にいずれ顕在化する政治的自覚・コスモポリタンの自覚を植えつけずにはいなかっただろう。

そして忘れてはならない重要なことは、最も専門的な数学の研究に携わっていた時期においてすでにラッセルは、例えばアリス夫人とともにドイツを訪れて経済学と社会主義を研究した成果を『ドイツ社会民主主義』（一八九六、これが彼最初の著作である）として出版したり、一九〇七年に国会下院補欠選挙に立候補し落選したりしているという事実である。政治は始めから、ラッセルの主要関心事の一つだった。ケンブリッジ卒業後、家から強制的に押しつけられたパリ大使館員の仕事を三ヵ月で放棄し、脅しにまで至った家の猛反対を押しきってラッセル家で歴代初めて平民のしかもアメリカ人の娘と結婚し、トリニティ・カレッジのフェローとなったというような、政治貴族の家風への意識的反抗が現にあったとしても、彼は彼の流儀で、現実の国政に関わりたいと思っていたのである。

しかし、真の意味でラッセルを象牙の塔から地上世界へとひきずりおろしたのは、やはり第一次大戦であった。[30] 開戦前夜の模様を、彼はこう記している。

> 夕方、私は、ロンドンの街頭とくにトラファルガー広場の近辺をぐるぐる歩きまわった。そして歓呼している群衆を見、感激している通りすがりの人々に心の痛むのを覚えた。この日も、続く何日間も、一般の人々が男も女も、戦争が起こりそうなのを喜んでうきうきしているのを私は見た。これは驚きだった。私はあさはかにも、ほとんどの平和主義者が論じ立てていたように、戦争というものは、専横なそして権謀術数に長けた政府によって、嫌がる民衆におしつけられるものだ、と想像していたのである。エドワード・グレイ卿は、戦争が起こったらわれわれを戦争に駆り立てようとひそかに手を打っており、しかもそれを一般国民に気づかれまいとして用意周到に嘘をついてきた。私はそれに何年も前から気づいていた。グレイ卿がいかに欺いてきたかを国民が知ったらさぞかし激昂するだろうぐらいに、単純《ナイーヴリー》に想像していたのである。ところが怒るどころか国民は、自分たちにも道義的責任の一端を担わせてくれた卿に感謝の意を表わしたのである。［1968: 16］

当時四二歳のラッセルの当惑は、単に知的な不可解の念にとどまっていたのではない。

戦争が始まった頃は、私には全く呆れることばかりであった。ホワイトヘッドのような親友たちでさえ、野蛮なくらい好戦的だった。（中略）私は戦争の惨禍を考えて、恐怖でいっぱいだった。しかしさらに大きな恐怖で私をみたしたのは、全国民の九〇パーセントほどのものが大虐殺を喜んでいるという事実であった。（中略）私は、虐殺されていく若い人たちが可哀そうで、どうにもやり場のない気持ちに駆られた。そして、ヨーロッパの全政治家への激しい憤怒に燃えた。数週間というもの私は、もしも偶然にアスキスかグレイに逢うようなことがあれば、殺さないではおられないだろうと感じていた。[31] しかしながら、こうした個人的感情も次第に消えていった。それは惨劇の大きさに呑み込まれ、政治家がただ解放しさえすればよい民衆の力を目のあたりにして圧倒されたのだった。[1968: 16–17]。

このときからラッセルは、世界（政治家＋知識人＋民衆）への知的批判と情緒的不安とに引き裂かれ、強迫的に何かに駆り立てられるようになり、そこからついぞ回復することがなかった。

2. 第一次世界大戦

第一次大戦下の英国体制へのラッセルの反逆そのものは、しかし、悲劇的なものではなかった。彼は一九一四年に早くも反戦団体「民主統制同盟」(Union of Democratic Control) を支援してその支部をトリニティ・カレッジ内に作り始め、一六年には「徴兵反対同盟」(No Conscription Fellowship 略してＮＣＦ) の主要人物となってリーフレットを書き、百ポンドの罰金刑を受ける。同じ年にラッセルは、全ての海岸地帯での講演さらには一切の立入りを禁止するという命令を陸軍省から受けたが、これには、彼および聴衆がUボートに信号を送るのを防ぐためという（幾分滑稽な?）理由が付されていた。また一方、トリニティ・カレッジでは、親しい友人であったＪ・Ｅ・マクタガートを先鋒とする教授団から弾劾をうけ、万場一致で講師罷免・追放処分を決定されたのであり、これはラッセルにとって非常な打撃となった。さらに一八年には、ＮＣＦの機関誌『ザ・トリビューナル』に発表した論文「ドイツの和平提議」のために、ついに六ヵ月の禁固刑を言い渡される（罪状は、領土防衛法 the Defence of the Realm Act 違反）。

これらは確かに小さからぬ受難ではあったが、決して致命的なものではなかった。トリニティ・カレッジには戦争が終わるとすぐに復帰するよう要請されたのであるし（ただしラッセルは辞退）、最大の事件と言うべき禁固刑にしても、そもそもボウ・ストリート法廷での雰囲気からして、なにか余裕にあふれたものであった。

判決の場にはギルバート・マレー、リットン・ストレイチーら著名なラッセルの友人が大勢つめかけて一杯になり、検事が起訴理由となったラッセルの論文を朗読したが、その場にいたドーラ・ブラックの回想や他の記録によるとそれはこんなふうであった。すなわち、検事の朗読が「アメリカの派遣軍はイギリスとフランスを占領するであろうが、彼らがドイツ軍に対しどれほど強力かは別として、ストライキ参加者を威圧することはできよう。これは米軍が本国で手慣れた仕事だから」［1968: 80］とすすんで、「私は、決して、政府がこういうことを考えているのだと言うつもりではない。あらゆる証拠の示すところによれば、政府の頭にはおよそ考えなどというものはひとかけらもないのであり……」［1968: 80］という件《くだり》までくると、傍聴していたラッセルの友人たちはいっせいに爆笑した。検事は、顔をしかめて、その同じ箇所をいっそう非難をこめた調子で読み直したが、「当然ながら、私たちは前よりもっと大声で笑った」［Russell, Dora 1975: 61］。

ラッセルが翌日の書簡に「裁判官は信じられぬほど怒り狂っていた。私は今までにこれほど激烈な憎悪にぶつかったことはなかった。彼は、もしできるなら、私を絞首刑にし、溺死させ、その上で四つ裂きにしてしまいたかったようだ」〔Wood 1957: 112〕と記したような中で六ヵ月の第二部禁固（労働刑）が宣告された。しかし、ギルバート・マレーやアーサー・バルフォアの介入によって、第二部から第一部へと変更され、兄フランク（第二代伯爵）の工作で、ラッセルの独房には机、椅子、ベッド、絨毯などが備えつけられて、快適な環境を提供した。

獄中では私は、平和主義者の宣伝を行なわない限り、自由に読んだり書いたりすることを許された。刑務所とは多くの面で結構なところだということがわかった。義務づけられた用務がない、決定を下さねばならぬ難しい問題がない、来客の心配がない、仕事を中断されることがない。私は莫大な量の本を読んだ。『数学の諸原理』の半ば一般向けの解説書である『数理哲学序説』を書きあげ、また『心の分析』の著述に着手した。〔1968: 34〕

ラッセルは几帳面に日課を組み、「毎日四時間の哲学著述、四時間の哲学読書、四時間の一般読書」を行なった。一時的に精力的な反戦活動へと駆り立てられた彼は、そのための投獄によって環境的安らぎを与えられ、再び、平穏な一種の象牙の塔へと戻ることができたのである。今までになく余裕に恵まれた隔離生活の中で、ラッセルは世界の破滅のことを一時忘れて、思索に没頭することができた。生来の陽気なウィットが甦ってきた。獄にあった期間中彼は、数多くの機知と駄洒落のエピソードをふりまいている〔Wood 1957: ch. XI〕。「典獄に会うたびにラッセルは、冗談を言って彼を笑わせようとし、典獄がいかめしい表情を崩すまいと懸命になるのを見て喜んだ」〔Wood 1957: 115〕。あるときには、

ラッセルの独房は普通よりも大きく、そのために週2シリング6ペンスの室料を支払う必要があった。（中略）彼は、典獄――ヘインズ大尉という立派な退役軍人だった――のところへ行って、室料を滞納したらどうなりますか、

もし一銭も払わなければ追立てを食うのですか、と大真面目な顔をして訊いたのである。〔Wood 1957: 113〕

一般にこれは、とぼけた笑い話として伝わっているのだが、ラッセルとしては「追立てを食うかどうか（if it was eviction...）を、「第二部の悪条件の房に移されるかどうか」という真面目な意味で訊いたのかもしれず、ラッセルのウィッティなムードに慣らされた典獄により釈放の意にあえてとられて伝えられたものかもしれない。ラッセルの意図と無関係な、自《おのずか》らにじみ出る滑稽なエピソードはいくつか伝えられている。たとえば、

ストレイチーは、その著作『ビクトリア朝の名士たち』を出版前に私に読み聞かせてくれた。その本を私は、獄中で再び自分に読み聞かした。それを読んで私があまり声高に笑ったので、典獄がそれを止めさせるためにやって来て、刑務所は刑罰の場所だということを忘れてはならないと言った。(32)〔1967b: 73〕

あるいは次のような話もある。

刑務所に到着すると、私の係になっている典獄が機嫌よく私を迎えてくれた。彼は私の宗教は何かと尋ねた。「不可知論さ《アグノスチック》」と私は答えた。彼はその言葉のスペルはどう綴るのかと聞き、ため息をついてこう言った、「やれやれ、たくさん宗教はあるが、わたしゃみんなが同じ神様を拝んでると思うよ」。この言葉は約一週間のあいだ私の気分を快活にしてくれた。〔1968: 34〕

「不可知論」を一つの宗教と解したのが可笑しいわけだが（いや、ひょっとするとラッセルの不可知論、無神論は本当に一

つの宗教であったかもしれない）、われわれは、ラッセルを「快活（cheerful）」にしたこの小エピソードのメカニズムを感じとらねばなるまい。すなわち、すでに大衆の戦争への態度に失望しながら、なお一般市民――典獄といえばれっきとした官憲とはいえやはり基本的に無学な大衆のひとりである人――から同胞愛・楽天主義の世界観の裏付けをとろうとしている、ラッセルの人間への温かい目をわれわれは感じとらねばなるまい。

こうした、ラッセルにとって非意図的だった偶然のエピソードも、面白い話としてラッセル自身が記録しようという気になった途端に、意図的エピソードに変わったと言ってもよかろう。ともあれ、諸々のエピソードを概観するに、あたかも彼の独房の周辺に、彼の発散するユーモラスな雰囲気が感染して、典獄をも巻き込んだ一つのいわゆるラッセル劇場を形成していたかのようである。

ラッセルは五月初日に収監されて、九月一八日に釈放された。一一月一一日、終戦の発表のときの様子をラッセルはこう記している。

> 一一時に休戦が報道された。そのとき私はトッテナム・コート通りにいた。二分たつかたたないうちにあらゆる商店や事務所の人たちが一人残らず街頭に出てきた。彼らは勝手にバスを占領して好きな方向へ走らせた。互いに全然見ず知らずの男女が、道路の真ん中ですれちがいざまキスしあっている風景も見られた。夜遅くまで私は、ひとりで街頭に残って、四年前の八月の開戦の頃やはりそうしていたように群衆の心の動きを見まもっていた。群衆は依然としてうわついていた。以前にもましてがむしゃらに快楽にとびつくだけで、恐怖の期間に何一つとして学びとってはいなかった。私は奇妙にも、そうした歓喜の中にあって、或る他の惑星から何かのはずみで落ちてきた幽霊ででもあるかのような孤独感に襲われるのだった。私も喜んだことは事実である。が、私の喜びと群衆の喜びとの間には何ら共通なものを発見することはできなかった。［1968: 37–38］

罰金・禁足・教職剝奪・投獄・その他さまざまの外的災難は、ラッセルにとって、相対的には何でもなかった。むしろもっと内的な要素、すなわち、戦争の惨禍に心を痛めたことはむろんのこと、さらに、同僚の知識人たちおよび一般大衆が戦争に示した反応に遭って彼自身の人間観を根本的に覆されてしまったこと、その結果として荒涼たる孤独の悲哀を舐めねばならなかったこと、こういったことこそが、ラッセルの真の受難であった。この打撃は、永続的な傷を残した。自らを「幽霊（ghost）」と見る幻想は、彼の人生の後の方、別の文脈においても二度三度と甦ってくるのである〔1968: 104–105,1969a: 69〕。

3．ジレンマ

ラッセルの超俗的な論理学的世界観、楽天的合理主義は大戦によって翳りをみせ始めたが、ラッセル自身はそれを「今度の大戦は、私の偏見を振り落とし、多くの基礎的な問題について改めて考えさせてくれた」〔1968: 15〕と表現している。彼は、民衆が戦争を喜ばしく思っているように見えることへの驚きから精神分析の人間観に近づき、戦争中の講演をまとめた『社会改造の諸原理』では、人間のあらゆる重要な行為は知的な目的意識よりも心の奥底の衝動の方から強い規制力を受けているのだという観察を、そのまま基本原理として据えている。

> 本書の意図するところは、人々の生活を形成するにあたって、意識的な目的よりは衝動というものが、より大きな影響を及ぼすという信念にもとづいた、ある政治哲学を提示することにある。〔1916: Preface〕

これは、主知主義的思想家の終焉である。そしてこれは、思想のレベルにはとどまらない。『社会改造の諸原理』第一章冒頭近くに彼は書いている。

　諸衝動がより多く統御されたとし、思考が情熱に支配される度合いがより少なくなったとすれば、人々は戦争熱が近づくのに反対して自らの精神を守るであろうし、諸紛争は協調裡に解決を見るであろう。それは事実だが、しかしそれだけで十分ではない。正しく思考しようとする欲望がそれ自体一つの情熱となっている人々だけが、その欲望に戦争の情熱を統御するだけの力があることを見出すのである。情熱のみが情熱を統御できるのであり（中略）、伝統的なモラリストたちが説いた形での理性は、よき生活を作り出すにはあまりに消極的で、あまりに生気を欠いている。戦争を阻止しうるのは、理性のみによるものではなく、戦争をもたらす衝動や情熱に反発するような衝動・情熱のある積極的な生活によってなのである。［1916: 11］

これは、大戦中のラッセル自身の行動の原理を端的に表わしている。いわば、一個の情熱的行動人誕生の告知である。しかし、完全にそうなりきれないところにラッセルのジレンマがあった。注目すべきはたとえば66頁に引用した大戦終結時の部分に続く次の記述である。

　私は生涯を通じて、熱狂的な群衆と一体だという感情を持ちたいと切望してきた。（中略）私は自分自身のことを、順番に、自由党員である、社会党員である、平和党員であると想像してきたが、私は深い意味においては決してそのようなものではなかった。常に懐疑的な知性が、それに沈黙を守っていてほしいと最も望んでいるときに、私に囁きかけ疑惑を吹き込み、他の人々の安易な熱狂から私を引き離し、孤独の寂寥に送り込んだのである。大戦中クエーカー教徒や無抵抗主義者や社会主義者たちと一緒に行動していたとき、（中略）私は、クエーカー教徒たちには歴史上の多くの戦争が正当であったという考えを述べたものだし、社会主義者には自分は国家の専制を恐れているということを述べたものだった。彼らはいつも私を変な目で見、私の援助を受け続けながらも結局私のことを彼らの仲間ではないと見なしていたものである。［1968: 38］

理論の場において、哲学地図を塗り換える莫大なアイディア群を産出しながら決して一つの「ラッセル哲学の体系」を構築しえなかった、極度の懐疑精神の呪い。現実の行動でもそれは同じだったのだ。それは、第一次世界大戦の衝撃をもってしても世界との情熱的融合の祝福を授かることを許さなかった、ラッセルにおける宿命的な原罪なのである。

しかし、他ならぬこの懐疑的・分析的知性こそが、ラッセルの前半生の生き甲斐であった数学研究を支えたことを忘れてはならない。祖母に教え込まれた神への信仰を失くしてからというもの、分析的懐疑的な物の見方が、内気な青年ラッセルの生の喜びの源泉だったのである。彼は、パブリックスクールに行かず一六歳までずっと家庭教育のみで育ったが、ケンブリッジ受験のため初めて入った学校＝速成塾《クラマー》において級友らの俗悪な会話にショックをうけ、そこで不適応感に悩んで幾度も考えた自殺を思いとどまらせたのも、数学をもっと知りたいという欲求であった［1967b: 42–43］。そしてまた、大戦中も、世界や他者を突き離して眺める分析的理知に由来する楽しげなウィットが、先に見たように、獄中の彼を絶望から辛うじて救ったのである。そもそも、分析的理知の高みにラッセルがとどまり続けることができていたならば、あのような思想・感情上の危機の一切を彼は味わわずにすんだはずだろう。

一方、だからこそ次のことも思い出されなくてはならない。貴族階級に生まれたがため、そしてあまりに専門的な研究に力を注いだがため、潜在的にであれ常に世界からの疎外感を味わってきたであろうラッセルに、初めて大衆と一体化する喜びを与えるはずであった反戦の情熱的心性それ自体が、愛という積極的情念にも彩られていたとはいえ、基本的に、人々の不幸と悲惨に対応する同じく不幸で悲しい意識から成っていた、ということである。それは若者への抑えがたい憐れみであり、知識人と政治家への激しい怒りと憎しみであった。この限りで情熱は、不幸の帰結であり、不幸の源だった。

われわれはここに至って、先にラッセルの言による実例に即して見た彼の情熱と懐疑とが、きわめて複雑な関係をもって共存していることに気づいたはずである。情熱は幸福な一体感であるとともに不幸な惑溺であり、懐疑は不幸な遊離であるとともに幸福な超越であった。つまりそれらは共に不幸の原因でもあり、幸福を約束する源泉でもあったのである。そして獄中の一時期を除いて、優勢を占めたのは不幸の色彩の方だった。情熱による参与と、理知による懐疑的突き離しとの確執の中点から、あの「他の惑星から落ちてきた幽霊でもあるかのような孤独感」がしぼり出るようにして彼の心に拡がったのだ。

しかし、第一次大戦の前までは、ラッセルの情熱と理知とは概して理想的な調和を保っていたのである。ラッセルの不幸は、全き理知の人が大戦によって初めて情熱を呼び醒まされたというところにあるのではない。彼には当初から、豊かな情緒と情熱が存在していた。ただそれらは、大戦の前までは、その後とは全く異なった配置において、互いに侵害しあわぬ位置関係において、存在していたのである。あの、全数学を論理学に還元するプログラムを実行した大著『プリンキピア・マテマティカ』(一九一〇―一三)の仕事は、誰もが疑わなかった算術や幾何学の基礎を疑って再構成を企てるという異常な懐疑的精神を母体としているとすれば、従来の数学と形而上学を一新せんとする並外れた使徒的情熱を父としていたと言ってよかろう。この二つの心は、かの仕事において一致協同し、いささかも他を排することはなかったのである。[33]また実生活の面では、ケンブリッジがラッセルにとって冷徹で厳しい理知の場であった一方、その外側には情熱的な結婚や恋愛の世界があった。それらは別々に区画されて、互いを侵食し合うことが全くなかったのである。

大戦の危機は、ラッセルの探究の対象を、単純な数理から人間の世界へと引きずりおろした。それは今や、人間的情念と理知とを同時に渾然一体と必要とする探究であった。それに伴い、実生活と探究との区別は消滅した。分析と情念はラッセルの生活あらゆるところ時空的に共在するようになり、互いに侵害しあい始めた。この二つの要因から生活革命を強いられたラッセルの内部には、必然的に分裂的不調和が招来されたのである。

情熱と懐疑の闘争は、なにもその時期のラッセルに特有の現象ではもちろんなく、普通の人間に多かれ少なかれ見出されるものであるかもしれない。とすれば、巨大な矛盾的存在ラッセルは、純粋な理知・純粋な感情のみを動因とする人間はありえないという事実の典型的な例解、言うなれば、人間誰しもが有している情熱なるもののパロディであり、理知なるもののパロディであった。この意味で、ラッセルの矛盾を究明することは、人間一般の矛盾と不完全性に切り込むことでもある。

しかしまた、Ｊ・Ｍ・ケインズら「ブルームズベリー・グループ」を中心とする他の英国知識人、結局は戦争にうまく適応していった人たちと比べた場合の、ラッセルの度外れた情緒的危機の大きさを見るとき、この矛盾はかなりの程度でラッセルに固有の何かを表わしていると考えざるをえないことも確かである。幼少にして両親に死に別れ、七つ上の兄のほか同年の友達のひとりもいない広い邸で孤独な初期の日々を送り、しかも貴族としての自覚を植えつけられ叩き込まれて育ったバートランドだからこそ、貴族的な抽象論理の世界に安息の場を見出すと同時に、逆に、大戦という危機状況によって、生来のそして孤独の生い立ちによってこそ育まれもした豊かな人間的感情に点火されるや、大衆との融合・熱狂への参加を心から渇望することになったのだ。この意味では明らかに、われわれの研究は特別な事例の研究である。むろん、どこまでが一般心理学でどこからが特殊症例なのかを簡単に決められるとは思えない。また、決める必要もない。ラッセルの矛盾の探究には、この二面が確かにあることを念頭に置いておくだけで、この現象を核にしつつ二〇世紀以降の社会病理を記述しようとするわれわれの試みには十分であろう。

さて、ラッセルの理知―情念の矛盾が以後生涯続くのは確かだとはいえ、しかし以上概観した通りの形でのラッセルの理知―情念の関係構造が保たれるのは、だいたい一九五〇年代中頃までだと考えた方がよい。すでに見たところでは、第一次大戦勃発後のラッセルにおいて、情熱と懐疑は互いに妨げあい補い合って、同等の力で衝突を繰り返した。この構図は、西欧の危機への深刻な実存的対応を描くものでありながら、危機に抗って生きのびた機知ゆえに、法廷や獄中で見られたような幸せな余裕を漂わす図でもあった。また逆に、その幸ある生きた機知の精髄をなす懐疑的精神こそは、大衆との情熱的な一体化の浄福を阻みついに達せしめない元凶でもあった。次の第二次大戦となると、こちらはラッセルにとって第一次大戦の過ちの単に必然的な帰結、一種の絶望的な後始末と思われたのであって（注10参照。より詳しくは［1956: 12］）、それゆえ前大戦ほどの心理的影響は及ぼさず、懐疑——情熱の先の構図はそのまま保たれた。状況がいま一度変化するのは、水素爆弾の出現以降である。そこからは、ラッセルの理知——情念の矛盾的共在は、ほんものではなく一種みかけ上の事態へと変わっていくのである。

4. 機知の諸相

次章以下の具体的な分析において、ときには読者の不意を襲って劇的に明かされてゆくはずだったラッセルの心理的二元構造の展開経過を、いま、幾分淡白な形であらかじめ解析して見せてしまいつつあることに、私は気づいている。これは、論者としていささか気が重い。しかし、とくに水爆前後の心理の対比および用語の整理も兼ねて、ここで抽象的形式的な解説がほんの示唆程度であれともかくなされておくと便利だ。その要求にわれわれは従うことにしよう。

前節終わり近くで私は、「生きた機知」という言葉を使った。これは当然、死んだ機知という対語を予想した言葉である。水爆時代までのラッセルの機知は、ときとして抑えがたく迸《ほとばし》る怒りの中で、蕩々と生きていた。言い換えれば、彼の機知は怒りの文脈から独立していて、それ自体の法則で活動しえたということである。それは、先に見たように、ラッセル自身の情念を離れて彼の周囲に英国流ユーモアの大気圏をつくりあげるほどであった。ラッセルの醸し出す陽気なあるいはシニカルな笑いは、平常時には主として著作中のウィッティフレーズとして立ち現われたし（顕著には一九二七―三五、ビーコンヒル・スクール時代における一連の通俗的著作）、異常時や異質な環境においては主に行動上・生活上のエピソードとして、しばしばラッセルに感染した他者に起因したりして、生ずることになった（獄中の例、日本と中国での例はすでに見た）。そして確かに、ラッセルの明晰な分析的頭脳は、彼の死の少なくとも二日前まで衰えず、鋭い機知も決して消滅しはしなかった。

　ところが、ヒロシマ・ナガサキの三ヵ月余り後のイギリス国会上院演説において核融合爆弾の出現を予言し、それへの予防的対策を後に見るように時にはかなり冷厳に訴えたラッセルも、水爆戦略が現実となると途方もないショックを受け、彼の機知は致命的変化を被らざるをえなくなったのである。水爆以後のラッセルの機知は、完全に、憤怒あるいは恐怖の念に従属することになったと言えるだろう。基本的に怒りの文脈でしか、それを補強し効果的訴え《アピール》になんとか転ぜしめるためにしか、働かなくなってしまった。ある意味では、ラッセルの機知は晩年、ますます強さを増しさえした。だがそれは、壮年期に性道徳や宗教を嘲笑した自立的な鋭刃ではなく、切羽詰まった怒りの急先鋒としての槍であった。第一次大戦以来のラッセルの情熱対懐疑のジレンマは吹きとび、圧倒的な情熱＝怒りによる一体化／惑溺作用の内部に、懐疑＝機知の超越／遊離作用の錯綜がそっくり併呑されてしまったのである。後の章で具体例を見るが、そこでの機知は、〈人類絶滅を避ける〉という優越観念のもと、この衝動に潰されてそれにひたすら奉仕しその表現を工夫する機知であり、それゆえ懐疑することをはじめから禁じられた、つまり本質が空虚化されたいわば括弧つきの「機知」である。これを私は、死んだ機知と呼びたい。

　しかし、水爆以前においてはラッセルの機知が常に怒りから独立しており、確執を演じていた、と言えるわけではない。少なくとも、ラッセルの公刊された著作でわれわれの目にふれるような彼の機知が何らかの怒りを背後に持っていないということは、むしろ稀であったかもしれない。中期ラッセルの典型的な機知もしくは皮肉は、第二次大戦中アメリカでラッセルが失職するもととなった著書『結婚と道徳』の中の、たとえば次の文章に表われる。

ベン・Ｂ・リンゼー判事は（中略）彼が「友愛結婚[34]（companionate marriage）」と呼ぶ新しい制度を提唱した。不幸にも彼はその公職を失ってしまった、なぜなら、彼が若者たちに罪の意識を与えるよりむしろ彼らの幸福を増進させようとしてその考えを提唱したのだということが知られたとき、ＫＫＫ団とカトリック教徒が一緒になって彼を追い出しにかかったからである。（中略）リンゼー判事の提案は、アメリカ全土を通じて、あらゆる中年層の人々や新聞から轟轟《ごうごう》たる非難を浴びせかけられた。曰く、彼は家庭の神聖をおかすものである。曰く、彼は（中略）色欲の水門を開くものである。曰く（中略）純粋のアメリカ女性気質《かたぎ》を傷つけるものである。仕事を持った男はたいてい、三〇歳から三五歳くらいまでは禁欲生活を続けつつ朗らかでいられるものだとも言われた。（中略）決定的な議論としては、まず、リンゼー判事の提案はキリストの嘉《よ》みし給わぬものであろうということ、それから、アメリカの最もリベラルな聖職者によってすら賛成されていないということである。（中略）ただ、リンゼー判事の提案が人間の幸福を損なうものだということを示そうとする議論だけには、お目にかかることができなかった。［1929: 129–132］

そう、確かにここには、抑圧されない豊かな性愛関係を阻まれている若い男女のための義憤や、非論理的な神信仰・欺瞞的な宗教道徳への苛立ちといったものが、支柱として存在している。ラッセルの結婚論や宗教論は、単なる冷たい突き離しの懐疑ではなく、社会改造への熱い志向と結びついていたからこそ、教会関係者によって破壊的議論と恐れられ、アメリカでのあの経済的苦難にラッセルを追い込んだのである。右引用部は直接にアメリカに言及しているが、ラッセルのこうした語調がアメリカの道徳家たちを（リンゼー判事以上に）怒らせたのであった。

ラッセルがアメリカで一九四〇年に被ったトラブルは、俗に「バートランド・ラッセル事件」と呼ばれる。ラッセルを市立大学の教授に任命したニューヨーク市を被告に、「納税者」を原告として裁判が争われた。ラッセルの前任者となるべきモリス・コーエンの言葉――「われわれの街（ニューヨーク）は、ちょうど、青年を堕落させる者としてソクラテスを不当に処遇したアテネの場合のように、名声を傷つけられることになろう」［Feinberg & Kasrils 1973: 146］。結局ラッセルは「民衆をあざむくソフィスト」と断じられ［Wood 1957: 193］、ニューヨーク市はラッセル任命取り消しを命ぜられた。これは当時、「畏友の国に於ける自由の限界を知る」事件として日本にも報ぜられた（鵜飼信成がアメリカからレポートした「ラッセル事件」（帝国大学新聞、一九四〇年六月三、一〇、一七日）［鵜飼 1940］など）。

ラッセルの嘲笑は相手にただならぬ怒りを喚び起こす笑いであり、それは一部には、その笑いの中にラッセル自身の怒りを敏感な相手が嗅ぎつけるからに他ならない。ラッセルの軽妙な機知は実は大半が、ひそかなる怒りを隠し持っている。それらが、のちの核政策への怒りに比べればまだまだ小さいということがわかるにしてもである。いや、逆に言えば、適度な怒りがラッセルの機知と結びつきえたということでもあろう。

この種の機知と怒りの結合は、あの（苛酷にして）至福の『プリンキピア・マテマティカ』時代の、〈分析的理知の内容を情熱的な姿勢で〉という言わば内外分業的統合の裏返し、すなわち、〈怒るべき内容を諧謔的方法で〉というやはり分業的な協同なのではない。ここでの機知は、怒りの単なる器《うつわ》でもなければ、怒りの説得のための目先の変わった方法とか効果的スパイス（晩年・反核運動）とか、いわんや自らを慰める緩和剤（一九一八年の獄中）とか、そういったことで導入されたものでもない。これは本当の結合、入れ子、いやむしろ融合なのであって、言うなれば、ラッセルにとっては、怒るべき対象そのものが、同時に笑うべき対象でもあった――性道徳・宗教・迷信・愛国心・戦争などは恐るべきであるとともに侮辱すべき愚昧でもあった――のである。機知と嘲弄の精神は怒りの心と正確に同じ対象に照準を合わせていたのであり、外から付随するのではなく必然的に入り込んでこずにはいなかったわけである。

しかもそれは、こうした完全な融合であるにもかかわらず、いやそのために、『プリンキピア・マテマティカ』の場

	懐疑 1 遠ざける	情熱 2 入り込む
A 生産する	構成的な・ 着実な・分析	博愛・同情 使徒的意識
否定する B	奔放な・ 破壊的・機知	怒り・憎しみ 恐怖

表1

合のような分業的安定性を欠いており、機知と怒りとの根本的な異質性すなわち遠隔―共感の異質性による険しい対立の素因を常にはらんでいる。それはすなわち、内部に爆発の潜在的嵐を封じ込めた穏やかならざる融合である。融合の完全さゆえに、いったん平衡が失われたときの崩壊の痛ましさが確かに予感されている。

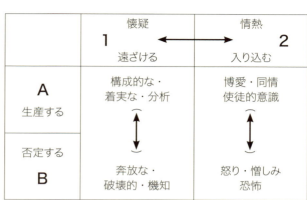

　このあたりで、語法上の疑問が生じてよい頃かもしれない。というのもわれわれは、機知の名のもとに数理的分析や冗談、ウィット、軽妙なやっつけ欲などをひっくるめて扱い、一方情熱の名のもとに怒り、恐怖、愛、憐れみ、などの感情一切をまとめて処理してしまっているようだからである。したがってここで、本書序章以来の暗黙の了解を意識化する意味でも、一挙に図式化を試みるのがよかろうと思う。ラッセルの逆説の構造は、実は、表1のようなものである。

　矛盾の両項がそれぞれ、別の矛盾両項にまたがっている。二重（三重……）の逆説。人間誰しもが内在させているかもしれない四つの項が、ラッセルにおいてはどれも無視できぬほど巨大である。のみならず、その各々がラッセルの人格の中枢あるいは本質としての資格を有しているとさえ――これは不思議なことだが――言える。これらの傾向をそうして全て包含した彼についてあえて記してみれば、1Aは主に〈哲学者・論理学者〉としてのラッセル、1Bは主に〈評論家・文筆家〉としてのラッセル、2Aは主に〈ヒューマニスト・聖人〉としてのラッセル、2Bは主に〈運動家・反逆者〉としてのラッセル、を特徴づけその動因をなすということになろう。これら「四人のラッセル」のうちの一人のみが知られそれをもって彼が世界的著名人たることの納得されているような場合は少なくない。

このように肩書によって大ざっぱに区別してみると、ラッセルは晩年に向って、1から次第に2一色の世界へと移行してゆくということがはっきりするだろう。ラッセル九三歳のときの次のエピソードなどは、このことの象徴的な現れである。

……私の時間および思考が、ベトナムで行なわれつつある戦争に奪いとられることがますます多くなってきた。その他のことへの関心は大部分がふり落とされることになった。(中略)一九六五年、若い数学者のG・スペンサー・ブラウンが自分の研究をどうしても見てほしいと頼んできた。わかってくれる人は他に一人もいないと考えるからだと彼は言うのであった。(中略)私は、それについて彼と論じあうことを承諾した。けれども、彼がやって来る時間が近づいてくるにつれて、私は、彼の研究に面と相対して、その新しいシステムの記法をうまくこなすことがとうていできまいと確信するようになった。私の心は恐ろしさでいっぱいになった。しかし彼がやって来て、彼の説明を聞いたとき、私は自分がもう一度数学へと入り彼の研究をわかってあげることができる、ということを知った。私はその数日間というもの大いに楽しかった。とくに彼の研究は独創的であったし、また大変優れたもののように思われたのだった。[1969a: 166]

ここで分析的理知は、すでに情熱と怒りに塗り潰されたラッセルの中心的生活の中に小島のように点在する単なる慰めの要素となっているのがわかる。

さて、『プリンキピア・マテマティカ』のラッセルには、先述のように、分析的知性(1A)と、哲学・数学革命への情熱(2A)とが協同的に結びついていたし、偶像破壊者ラッセルには、旧弊への怒り(2B)と軽蔑(1B)、そして不幸を舐める人々への同情もしくは社会改造の熱意（2A）が融合的に結びついていた。あの第一次大戦勃発前後の衝撃の際には、悲嘆と恐れ（2B）の中に、戦争支持者の知的情緒的欠陥に対する軽蔑（1B）が混入していただろう。[35]

こうして調べていくまでもなく、ラッセルの基本的な矛盾の多くは、表1のA—Bにまたがるより1—2にまたがる現象として強く現われてくることが了解されよう。そして彼固有の複雑な精神運動法則に密接に関わってくるのは、懐疑的に世界を突き離すか情熱的に一体化するかという1—2の対立の方であり、生産的（肯定的）—否定的のA—Bは、むしろ彼に対峙する外界の性質に応じて彼の内部で比較的規則的に変わるのみであることも確認されるだろう。したがって本書でも、先に見た「四人のラッセル」は、従来繰り返し論じられてきた「二人のラッセル」（注29参照）へと還元せしめ、A—Bの区別は——こちらの方がアポロン的・ディオニソス的など通俗的区別に即して理解しやすそうではあるが——ラッセルに関しては意識的な考慮を払わずに以後済まされるであろう。

情熱—懐疑の関係は、第一次大戦後は、前節で見たことをここでもう一度記憶に新たにしておくと、大衆との一体化vs孤独な遊離、惑溺vs超越という形で、情熱と懐疑とが不幸な確執を演ずる構図こそが、ラッセルの私的な場、彼の実存空間にあってはより基本的と見えた。その中にあって、ラッセルのとくに公の仕事には、むしろ情念と知性とがかように二律背反的に共存しているのではなくお互い分かちがたく結びついて相互浸透状態になっている——互いの存在が不可避であり不可欠でさえある場合が多く見られることに、われわれはこの節で留意したのだった。これら二様の機知—怒り関係が、公私二面で分離して別個の現象として存在していたわけではもちろんない。たとえば前に見た獄中エピソードを産んだ機知にしても、あれは情念に抗って生きのびたウィットであるとともに、情念的危機にさらされたゆえにそれまでの論理学者の透明な理知から一皮脱皮した人間的ユーモアの輝きであったとも確かに言えるのである（40頁、中沢臨川の文章を参照）。ラッセルの著作中のウィッティフレーズの多くもまた同じである。

しかし、具体的現象に即して整然と分離しないとしても、原理として分けて考えることは可能だ。ジレンマ関係と融合関係とは、それぞれ、確かに存在した。そして、核戦略前夜に向ってより目立った発展を見せるのは後から考えた方の機知―怒り関係なのであるが、この場合の機知にも、前の方の関係と同じく、生きた機知の呼称を与えてよいのはもちろんである。怒りと合一の関係にはなっていても、あくまで独自固有の法則にてそのような一致を見たのであって、怒りの法則に従属した水爆以後の死んだ機知とは確実に異なるからである。

けれども、怒りと融合しているがゆえに、それは生きた機知でありながら機知の死の予兆を確かに孕んでいる。その特質に鑑みて、この場合の機知には、ただ単に生きた機知というよりもっと別の、独立の一語を与えてもよいと思う。そのためのわかりやすい適当な語は、おそらく、「諷刺」である。諷刺は単なる諧謔や機知ではない。現状への不満と怒りを暗にときには陽に含んだ冷熱の赤黒い笑いである。私はこの語に、通常の意味よりもう少し強い意味を含ませて使いたい。怒りと機知、情熱と懐疑の融合的接点が、諷刺なのである。

そしてこの諷刺こそが、桑木巌翼がラッセルについて言ったあの「一の叛逆」としての「理智」、私なりの言葉で「背徳としての論理」そのものである。従来の公の「徳」に挑戦する情熱であるところの「背徳」としての懐疑的「論理」である（「叛逆」ではなくあえて「背徳」の語を用いる理由は、後に明らかにする）。

次の章でわれわれは、この諷刺＝背徳としての論理と、死んだ機知とを、ラッセルのある画期的な著作を媒介にして比較してみたい。つまり具体的分析に移りたい。だがその前に、以上の幾分形式的に流れた分析の結果を、ここで一挙に再び図式的にまとめておくのがよいだろう（表2）。

先にふれたように、これは、人間一般に通有の理知―情念のおよそありうる関係状況を、一つの巨大な人格が生涯かけてほとんど網羅的に実演して見せたもの、と言ってよい。この図の中でとりわけ、象牙の塔↓生きた機知↓死んだ機知、と三段階に変遷するラッセルの理知の命運がわれわれの関心を惹くだろう。

ラッセル自身の言を聞いておこう。晩年、死んだ機知の時期も終わりの方、死の三年前に公刊された自叙伝第一巻「まえがき」にラッセルはこう書いたのだった（冒頭のパラグラフは有名な文句である）。

三つの情熱、単純ではあるが圧倒的に強い三つの情熱が私の人生を支配してきた――それは、愛への熱望、知識の探究、そして人類の苦悩に対する耐えがたい憐憫の情である。これらの情熱が、大風のように私をここかしこへと吹きとばした。思いもよらぬ方角へと、深い苦悶の大海を越え、絶望の岸へと吹き寄せた。

私は最初、愛を求めた。それは陶酔をもたらすがゆえにである。（中略）次に愛を求めたのは、それが寂寥を救ってくれるからだった。（中略）最後に私が愛を求めたのは、愛の結合において、聖人や詩人たちが想像してきたような天国の予示的ビジョンを、神秘的縮図のうちに私は見たからであった。（中略）

それと同様の情熱をもって私は知識を探究した。私は人間の心を理解したいと願ってきた。（中略）数が万物の流転を支配するというピタゴラス学説の威力を理解すべく努力した。その幾らかを、ほんの少しであるけれども、私はなし遂げた。

愛と知識とは、その可能なる限りにおいて、高く天上に達した。しかし常に憐憫の情が私を地上に引き戻した。人々の苦悶の叫びが反響して、私の胸にひびくのである。（中略）私は社会悪を減らしたいと切望する。しかし私にはできない。それで私もまた苦悶する。これが今日までの私の人生である。（後略）［1967b: Prologue］

聖人哲学者バートランド・ラッセルの面目躍如といったところだが、ラッセルはここで、先の表１における二つ（あるいは三つ）のカテゴリーのみに、自己の生涯の動因を帰している。アラン・ウッドが「嘲弄し冗談を言う誘惑に彼は勝てなかった」と評したのに通ずる、自分にとっての機知の力の大きさを、最晩年のラッセルは認めなかったのである。

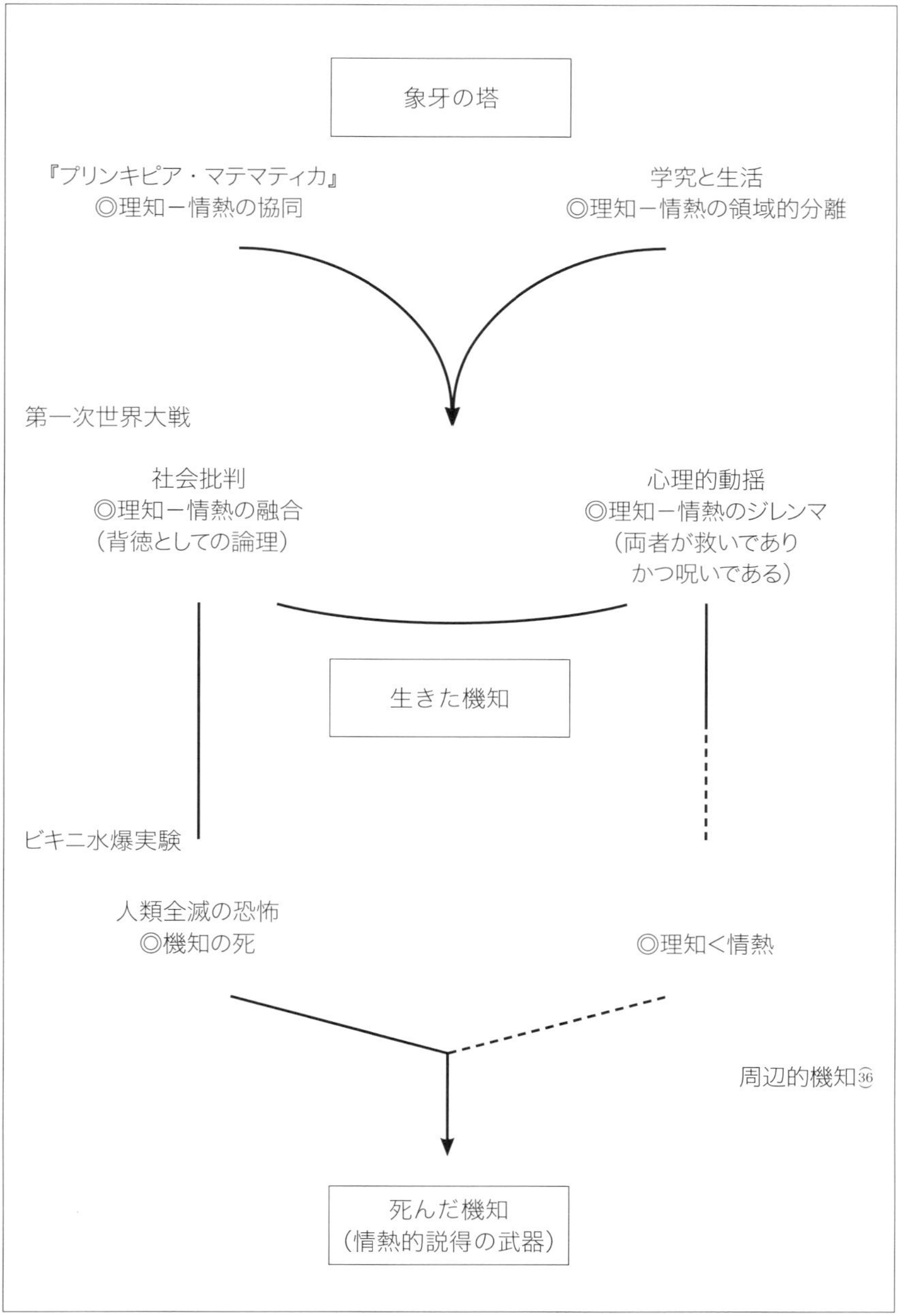
象牙の塔
『プリンキピア・マテマティカ』
◎理知ー情熱の協同
学究と生活
◎理知ー情熱の領域的分離
第一次世界大戦
社会批判
◎理知ー情熱の融合
（背徳としての論理）
心理的動揺
◎理知ー情熱のジレンマ
（両者が救いであり
かつ呪いである）
生きた機知
ビキニ水爆実験
人類全滅の恐怖
◎機知の死
◎理知＜情熱
周辺的機知㊱
死んだ機知
（情熱的説得の武器）

表2

第4章　背徳としての論理

1. 善良な市民のアルファベット

一九五三年四月に出版された『善良な市民のアルファベット』〔1953a〕は、ラッセルの画期的な著作である。これは、重要な著作という意味ではない。逆にこれは、ラッセルの膨大な著作群からすれば全く取るに足らない、しばしば著作リストに載せ忘れられさえする、戯れの小さな本である。画期的というのは、だから、文字通り時期を画するという意味で私は言いたいのである。ラッセルは、この小著の後、短編小説集をつづけて二冊出版し（『郊外の悪魔』〔1953b〕、『著名人の悪夢』〔1954a〕）、世間を驚かせた。(37) そのほか、雑誌に匿名で発表した小説に作者当ての懸賞をかけたことや、自作の朗読をレコードに吹き込んだりしたことがいかに愉快であったか、長年のあいだ世界への心配や確執で疲れ果てていた自分にとっていかに大きな慰めとなったかを、『自叙伝』第三巻〔1969a〕第一章にラッセルは長くつづっている。

第二次大戦後しばらくの間、ラッセルにとっては珍しく、世界と調和した平穏な、名誉に包まれた期間が訪れた。この余裕の中で、ラッセルの生きた機知は、ついに創作の形となって表われたのである。ところで、ラッセルが小説を書いたということはまだしも、彼が折にふれて格言や言葉遊びの類を発表してきたという事実はほとんど知られていない。(38) そこで、それら戯文の代表として、現代文明を斜交いに眺めたいろはカルタとも言うべき『善良な市民のアルファベット』の文字テキスト全体をまずここで紹介しておくのは有意義であろう（さし絵：フランシスカ・テマーソン Franciszka Themerson。なお、出版社の名前ガバーボカス Gaberbocchus は、ルイス・キャロル『鏡の国のアリス』中の「ジャバーウォッキ」Jabberwocky（何が何だかわけがわからない）のポーランド語であるという）。

ラッセルの没年一九七〇年の版では、これが全部で一一二頁にわたって印刷されている（アルファベットの題字一文字が、QとR以外それぞれ見開き二頁を占領し、その次の二頁に絵と寸言が載っている）。この本の初版は三〇頁程度でしかも色刷りであるというが［鈴木：1966］、多色刷り一一二頁版が二〇一七年にTate Publishingから改めてハードカバーで刊行されている。本書の図版は『ラッセル小説集』［1972: 336–346］の縮小版からとった。

寸言の全てが、一応確固とした良識に基礎を置いている。合理的意味の転倒も、その良識の法則に従ってなされている。その点でこの作品は、形式としては、マザーグースやエドワード・リアに連なる英国アルファベット遊びの流れを正確に受け継いでいることは言うまでもないが、ラッセルが子どもの頃楽しんで読んだというそのリアやルイス・キャロルのノンセンスよりも、アンブローズ・ビアスの『悪魔の辞典』式の正統的諷刺の方にずっと近い（つまり、ジャバーウォッキではない）。

『善良な市民のアルファベット』序文

この本は、長らくわれわれの教育制度の汚点となっていた空隙を埋めるものと思う。教育課程の初期の段階のことをよくよく見知っている人ならば、大変多くの場合に、次のような結論を出さざるをえなかったのである。即ち、学業時間における多大の不必要な困難と多大の本来避けうる消耗とは、およそあらゆる知恵への通路たるABCが幼児の心に対して十分魅力的なように教えられていない、という事実に起因するのであると。幼児たちに改めてここで話しかけねばならぬというのは、喜ばしいことではないのだ。この本は、範囲は狭く目的はささやかではあるが、子どもの心の第一段階の導き手としてこの危機の時代に必要とされるほどのものであると、われわれは信じかつ希望する。われわれは、経験的証拠の裏付けもなしにこんなことを言うのではない。われわれは多くの被験者にわれわれのアルファベットを試してきているのである。それを賢いと考える者もいれば、ばかばかしいと考える者もいた。正当だと考える者もいれば、破壊的と考える向きもあったようだ。しかし全員が――われわれは最も完全にして絶対の確信をもって言うのだが――この本を見せた全員が、その後、非の打ちどころのないアルファベットの知識を持つことになったのである。この理由により、われわれはこう確信している、即ち、この本がわれらの教育当局の目にふれるやいなや、彼らは、読み書きの最初の基礎が教えこまれる教育機関の全てにおいてこの本を採用すべしと直ちに決定するであろう、と。

1953年1月17日　B.R.

The Good Citizen's Alphabet [1953a]（『善良な市民のアルファベット』）

A	Asinine	Wat *you* think.	馬鹿―あんたの考え
B	Bolshevik	Anyone whose opinions I disagree with.	赤―わしに同意せん奴はどいつもこいつも
C	Christian	Contrary to the Gospels.	クリスチャン―福音に反する者
D	Diabolic	Liable to diminish the income of the rich.	鬼のような―富者の所得を減らすことになりかねないとは、なんと
E	Erroneous	Capable of being proved true.	誤った―正しいと証明されうる
F	Foolish	Disliked by the police.	愚かな―官憲に睨まれるなんて
G	Greedy	Wanting something I have and you haven't.	貪欲な―ぼくにあって君にないものが欲しいとね
H	Holy	Maintained by fools for centuries. see: IGNORANT	神聖な―何世紀も愚か者たちが守ってきた 「無知な」を見よ
I	Ignorant	Not holy.	無知な―神聖ならざる
J	Jolly	The downfall of our enemies.	すかっとする―敵の墜落
K	Knowledge	What Archbishops do not doubt.	知識―大司教様のお疑いなさらぬことなら
L	Liberty	The right to obey the police.	自由―官憲に従う権利
M	Mystery	What I understand and you don't.	神秘―あなたにはわかるまい、私にはわかるが
N	Nincompoop	A person who serves mankind in ways for which they are not grateful.	頓馬―有難くもない奉仕を人類のために
O	Objective	A delusion which other lunatics share.	客観的―他の狂人たちも分け持つ妄想
P	Pedant	A man who likes his statements to be true.	衒学―自分の言明、それが真実となればよいのだが
Q	Queer	Basing opinions on evidence.	いかがわしい―意見に証拠があるとはまた
R	Rational	Not basing opinions on evidence.	合理的―意見に証拠があらぬからこれ
S	Sacrifice	Accepting the burdens of a great position.	犠牲―高位の重荷を引き受ける
T	True	What passes the examiners.	真理―調査探索に引っかからぬ
U	Unfair	Advantageous to the other party.	不公平―相手方に有利な
V	Virtue	Submission to the government.	美徳―政府への服従
W	Wisdom	The opinions of our ancestors.	知恵―先祖の意見
X	Xenophobia	The Andorran opinion that the inhabitants of Andorra are the best.	外国嫌悪症―アンドラこそ最上、とアンドラ人が思えば
Y	Youth	What happens to the old when in a movement.	若さ―動き回っとれば年寄りにこそ
Z	Zeal	See Stool pigeon.	熱意―stool pigeon（客引き／警察のスパイ／おとりのハト）を見たまえ

ラッセルはここで何をやろうとしているのか。寸言（定義項）の語り口は、自然と感知できる皮肉を帯びてはいるが、題目（被定義項）を明示的に否定し去っているのではなく、この文面通りが標準的道徳なり、われわれはみなこの教訓に従わねばならぬ、と主張する形をとっている。序文によれば「幼児の教育」のための本なのだから、文字通りに解してはならない逆説で全編貫かれているはずがあるまい。しかし言うまでもなく、本当の心は、題名（善良な市民の……）通り、仄めかされた皮肉を感知できる成人の教育にあるのである。

QとRの項を見よう（いかがわしい——意見に証拠があるとは。合理的——意見に証拠があらぬから）。これは〈背徳としての論理〉を生《なま》の形で突き付けている。経験的証拠の有無が、ある主張の合理性の基準となる、という常識的な経験論もしくは検証理論の正反対の教訓を提出して、これこそ世間一般のいわゆる道徳なのであると明示的な層で言っているわけだ。そしてさらに、読者にラッセル自身の哲学的立場を思い出させることにより、彼は、自分のような経験的合理主義者はこの教訓に反しているのだから不道徳であるに違いない、と暗にアピールしている。むろん、逆説的効果を期待したアピールである。そう、序文における「経験的証拠の裏付けもなしにこう言うのではない」と並べてみたとき、QとRは大した皮肉だ。『アルファベット』全体が「いかがわしい」わけである。

前章の素描では、現象的に単に機知と怒りの融合とだけ述べておいた諷刺＝〈背徳としての論理〉は、実は多くの場合、右のような語用論的内部構造を有していたのである。そして確かにQとRは、M（神秘――あなたにはわかるまい、私にはわかるが）などと呼応して、欺瞞的な宗教、形而上学や場合によっては愛国心などへの怒り・憎しみを、機知の層の背後からにじみ出させているのだ。『アルファベット』に見られるこの〈背徳としての論理〉の奇妙な例解は、ラッセル自身の被ってきた、理知ゆえの災難――執筆時点では逆に名声の絶頂にある――を回顧しての、一種思い出

M
Mystery
—What I understand and you don't.

D
Diabolic
—Liable to diminish the income of the rich.
TAX COLLECTOR

K
Knowledge
—What Archbishops do not doubt.

の手記と言ってもよい。よってそこでの諷刺は、怒りの生動性を幾分失いながら、依然として、生きた機知には違いない。背徳としての理知が、そこに息災ゆえに美的に、最も手頃なサイズで集約されているのである。

Q・Rほど直截にではなくとも、多くの項が多かれ少なかれ〈背徳としての論理〉の機能を隠し持っている。D（鬼のような――富者の所得を減らすことになりかねないとは）やK（知識――大司教様のお疑いなさらぬことなら）は、資本主義や権威的宗教の暗黙の標準的道徳を素直にパラフレーズしたものに他ならない。その点では、H（神聖な――何世紀も愚か者たちが守ってきた）とO（客観的――他の狂人たちも分け持つ妄想）は失敗作で、定義項に価値語が使われているために表題への否定的意図があからさまに正面に出てしまい、標準道徳の単なる提出を装う諷刺の強みが殺されている。本来のラッセル流〈背徳としての論理〉では、陰伏的断罪が容易に看取されるようにできているにもかかわらず、いや、見えすいていてこそ、明示的文面がその内容を抑圧反転し冷たく封印するはずだ。そこで皮下の衝突が生じ、熱した内容が一瞬にして堅い文面を突き破って噴火のような衝撃波のエネルギーが四方八方へ放射されていく。むろんたかだか戯れ（を装った）場のこと、

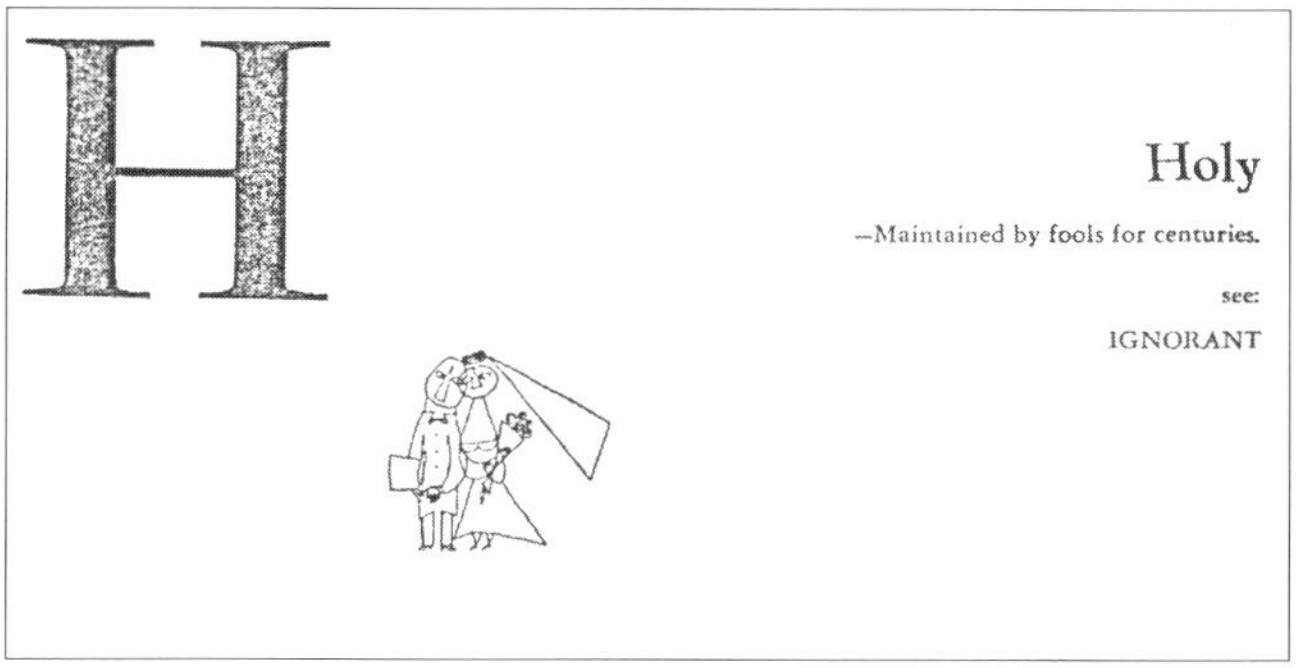

その規模は小噴火にすぎまいが、小スケールならではの諷刺的鮮明さが面白味の肝となる。Ｄのdiabolicという強い語は、たとえば戦争の残虐をあるいは戦争を利用して富む資本家の魔性を直ちに思い起こさせるが、これを淡々と富者擁護の力として使用したことにより、見込みある読者の反発的エネルギーを首尾よく誘発しうるだろう。このＤやＷ（知恵——先祖の意見[39]）がなし遂げているように定義項の表層を中立的にするべきならば、Ｈのfoolsはおそらくordinariesでなければならないし、Ｏのlunaticsも同じで、delusionはせめてideologyであるべきかもしれない。けれどもラッセルはこの本で〈背徳としての論理〉を意識的に打ち出したわけではないので、だからこそ、こうし

た凸凹の中からそれを読みとるわれわれの解釈欲求をくすぐるわけだ。

F（愚かな――官憲に睨まれるなんて）は、もちろん、第一次大戦中のラッセル自身の経験を反響させているが、「体制に睨まれるのは愚かだ」と明示的に標準的道徳として通用しうる、Q・R並みの〈背徳としての論理〉の端的な提示である。V（美徳――政府への服従）もほとんど同じだが、やはり内容上同種のL（自由――官憲に従う権利）になると、表現はいっそう諷刺にふさわしく巧妙である。マクタガート、ホワイトヘッドをはじめ大戦中主戦論にまわった「自由主義者」(liberalists) への恨みがこの Liberty に根強く尾を引いているとしか考えられない。

それらのレベルからすれば、B（赤――わしに同意せん奴はどいつもこいつも）の〈背徳としての論理〉色は境界線上と言うべきだが、英米体制の本音とおそらく一致している。これは、やがてラッセルが西側から貼り付けられるレッテルをその通り示しているばかりでなく、世界全陣営の心理機構を暴いているようで興味深い（さらに実は、事情は相互的である。後に見るように、わしに同意せんとはどいつもこいつも悪人か愚か者だ、というのが晩年のラッセルの思い込みであった）。

このような、明示的には標準道徳の提示、暗示的には〈背徳としての論理〉のアピール、その諷刺的効果、という価値尺度からすれば、もはやC（クリスチャン――福音に反する者）のような直接単純な批判攻撃はわれわれの興味を惹かないだろう。ただ、「福音」にまで風刺的意図が向けられているとすれば別である。実際ラッセルが「私はなぜキリスト教徒でないか」[1927b] で福音書の内容およびキリストの性格にまで道徳的疑問を投げかけたように。その講演が三〇年後単行本として出版されるや

否や、危険を感じたキリスト教徒が直ちに反駁の書を出さねばならなかったが（たとえば［Clark, C. H. D. 1958］）、そのような多層の罠がこのCの項に仕掛けられているかどうかは、よくわからない。

2. 生きた機知

マザーグースやエドワード・リアと一見して相似た絵本の体裁をとりながら、内容は全然無垢ならざるひねくれた逆説を提示するこの本は、まさに子どもが好んで手にとりそうな見かけをしているので、実際に小さな子が読んだらどう思うのだろうかとちょっと考えてみたくなる。〈背徳としての論理〉の偽悪性にその子が明瞭に気づくにせよそうでないにせよ、キャサリン・テートが「父の家族の中で一番年下の存在であるということはどちらかといえば惨めで、いろいろなことが事実なのか虚構なのかさっぱりわからず、いつも訊くのがこわかった」［Tait 1975: 28］と書いているのに似た悪しき攪乱効果を、この本は子どもに及ぼすかもしれない（ラッセル自身が子どもといかに関わったかは第5・7章で少し見る）。

息抜きのようにして書き散らかされたラッセル的ものの見方のいわば見本陳列棚をこうして大ざっぱに概観したところで、われわれは、これがこの前後のラッセルの生きた機知・死んだ機知とどう関わり合うのかを見なければならない。『アルファベット』のような（重要でない）作品にこそラッセル的ウィットの典型的肌理の自然的発露がある。その意味ではこの作品は、体裁の奇にもかかわらず、決して「異色

作」ではない。

『アルファベット』序文においてラッセルは、「多くの被験者にわれわれのアルファベットを試してきた……」と書いているが、これは、ラッセルがそれまでに多くの著作を世に問うたことを指しているだろう。そこで、『アルファベット』と同種のものとラッセルが考えたこれ以前の機知との関連をまず探ってみる。意味ある関連をもちうるフレーズは無数に見出せるが、先に『アルファベット』の中で代表的なものとして考察したQ・Rと符合しそうな文が、たとえば『権力』にある。「不合理性とは、合理的な何らかの証拠にあまりにも重きを置きすぎるところにある」〔1938: 144〕。また、ヒューム以来の認識論的二分法で解釈することも可能だろう。つまり、Qは不確実な経験的総合命題のことを、Rは確実な先験的論理的命題のことを言っていると解釈する手もあろう。だが問題はもちろん、Q・Rなどと外見上類似した思考を探ってみることではない。〈背徳としての論理〉に関わって真に重要なのは、前に分析したQ・Rなどの論理機構をそのまま内蔵している次のような文章であろう。

> この世界の全ての国において、子どもたちは自分の国が最良の国だと教えられる。しかし、この命題は、ある一国を除いては偽りである。（中略）子どもたちに教えられることは、できることなら真実のことでなければならないという理念は、非常に破壊的なものであろうし、その適用の仕方の如何によっては非合法的なものになるということは察せられる。しかし私は、嘘を教えるときよりは真実を教えるときの方が教育活動はよいものであるという確信を抑えることができない。〔1932: 139–140〕

嘘を教えるよりも真実を教える方がよい――この実に当り前のことを、ラッセルはなぜ可笑しいほどの決意をもって述べてみせるのか。それはもちろん、この本来無意味なほど当り前の文が、改めて声明するに値する深い実質的意味を持たねばならぬほどに世界は常識から外れ狂っている、ということを暗示するためだ。国家主義者の道徳を標準的道徳として持ち出し、それに背くことが正しいという「確信を抑えることができない（I cannot resist the conviction that……）」、本当は抑えなければいけないのだが、とでもいう自責の念・罪悪感を告白したような言い方。だが、健全な常識人の目には、理は世界にでなくラッセルにあることがわかりすぎるくらい明らかである（と、ラッセルは信じている）。背徳者を装いつつ世界の悪を逆説的に告発する、これぞ〈背徳としての論理〉の手法に他ならない。

これは、単にその場限りのレトリックの問題として扱うには、ラッセルの諸著作にあまりにも組織的に現われすぎている。『懐疑論集』の冒頭の文はこうなっている。

私は、ひょっとすると途方もなく逆説的で破壊的に見えるかもしれない一つの説を提出して、読者の好意ある考慮をわずらわしたいのである。問題の説というのは、こうである。「ある命題が真実であると考えるべき何の根拠も存在しない場合、その命題を信ずることは、望ましくない」。もちろん私としても、このような意見が一般に抱かれるようになるなら、そのために私たちの社会生活や政治体制が完全に変わってしまうだろうということは認めなくてはならない。私たちの社会生活も政治体制も、現在のところ非の打ちどころがないから、この意見はなかなか尊重されないに違いない。［1928］

同じ論理機構を内蔵した諷刺はまだいくらでもある。今、振り返ってみると、前章74頁に引用した『結婚と道徳』の文章もこの種のものであることが確認されるであろう。あるいはさらに興味深いのは、専門的な理論哲学の著作にまで同種の機知が忍び込んでいることだ。たとえば、後期ラッセルの言語観がまとめられた『意味と真理の探究』［1940］の中の「論理語」の章には次のような一節がある。

哲学の場合と違って、実生活においては、「真」「偽」という語は、そのいずれの語を適用すべきかを決定するための証拠をわれわれが手に入れるより前に聞いたり、読んだり、考えたりした陳述だけに適用される。（中略）いつだったか新聞に「ラッセルは死亡した」ということが載っていたが、私は、証拠を注意深く調べてみた後で、その陳述は偽であるという結論に達したものである。陳述が先にきて証拠が後になる場合、そこには、陳述を証拠と対決させることを必要とする「検証」と呼ばれる過程がある。［1940: 79］

もちろんこの一節は、怒りを含んでいるわけでない点で、諷刺とは違う。しかし、日本の新聞記者のお手軽な憶測よりも、ラッセル自身の自己認識もしくは慎重な論理の方が弱いことを表面上認めている点では、根本性格が共通している。証拠調べすなわち検証にちょっとしたことで失敗でもすれば、もうラッセルの論理は、自己の死亡ということに反駁できなくなってしまいかねない、と仄めかされているのだ。そして言うまでもなく、もう一つ奥で真に仄めいているのは、自己認識と検証手続きの方が絶対正しいという断定に他ならない。

〈背徳としての論理〉の、こうしてわれわれが摑み出してきたいわば「自己否定を擬装した他者否定」のメカニズムは、むろんラッセルに独特のものではなく、世に言う諷刺に通有の性質だろう（あるいはこれは、諷刺 satire よりもアイロニー irony に一般にあてはまる性質とされているかもしれない［キルケゴール 1841］）。ただこのメカニズムが、ラッセルにおいて強力たらざるをえないゆえんを認めることは重要である。哲学にそして道徳に自己の真理を確信したうえでの使徒的熱情と、絶対的な動かぬ真理はありえぬという科学的試行的懐疑精神とのジレンマ、あるいは、〈世界〉の悪への怒りと、自らが奉仕せんとすることが物語っているように本来否定し去るべからざる〈世界〉への滅私の賛仰の意識とのジレンマが、自己主張と他者承認、自己否定と他者否定、の微妙にからみ合った諷刺の精神となって、ラッセル生来の直截的文体から自然ににじみ出てきたということだろう。(40) つまり〈背徳としての論理〉は、単に知的な戦略として見るべきものではなく、おそらくもっと内的な圧力に根拠を求むべき現象なのである。

この〈背徳としての論理〉の精神は、実際、晩年の平和運動にまで貫通している、いや、形式としてはそこでこそ高揚している。政府の核政策に抗議し国防省玄関前に坐り込んで逮捕・投獄された八九歳のラッセルは、自らがそれほどの「罪人」たるを示すことによって、政府の悪を逆説的に世人に訴えようとしたのだ。尖鋭化した〈背徳としての論理〉のこの上なく直接的な表現が、出獄直後の次の言葉である、「現在の世界では、法律を破ることによってのみ兇暴な罪を犯すことから免れることができる」〔日高 1970: 146〕。

もちろん、注意しなければならないのは、身をもって投獄されることで政府の非を示すあの行動は、確かに壮大なウィットではあるが、あくまでも死んだ機知だということである。たとえば性道徳へのラッセルの諷刺は、彼自身のエピソードによって、確固不動のアピールでないことが証明されている。すなわち、「(結婚外の)愛という良い感情を抑えるよりも、嫉妬という悪しき感情を抑えるべきである。因襲的道徳は、自制を求めることにおいてでなく、求めるべきでないところに求めることにおいて、誤っていた」〔1929: 188〕というラッセルの信念は、彼自身が第一次大戦中獄中にいたとき、恋人のコレッティ・オニールに別の男ができたと知って経験した狂おしい嫉妬によって始めから危うかった。そしてその十数年後、二番目の妻ドーラと実験学校を開いているとき、彼は自らの結婚論に従ってドーラの恋人を自分たちと同じ屋根の下に住まわせるという方針を実行した結果、如何ともしがたい夫婦間の愛の褪色をきたし、ラッセルの信念は、原理上はともかく実際的には完全に反証された。ドーラがラッセル以外の男性の子を二人も出産するという『結婚と道徳』許容範囲外〔1929: 183〕の事態が生じてついに離婚、お互いだけでなく子どもをも不幸に陥れたからである。

教育についても、自らの原理に則って開設した実験学校ビーコンヒル・スクールの失敗によって、考えを撤回せざるをえなくなった。同様に宗教や愛国心その他への諷刺も何らかの形での留保がついていたと言える。つまりそれらの領域における諷刺は、紆余曲折の、真に懐疑的たるを失わない機知に彩られていた。

それに対して、核戦略はラッセルにとって一点の疑いもない悪であり、人類の滅亡を防ぐことが全てに優先した。機知は、そのための説得と運動促進とのために単に動因されるにすぎなかった。もはやジレンマはない。〈背徳としての論理〉は、外殻を保ちつつ完全に空虚化されていたのである。

外形的に見てさえ、なお違いがある。生きた機知は、第一次大戦中のような反逆の芽を含んでいるとはいえ、本質的に、懐疑的な理知の背徳であった。自らの提出する原理はあくまで背徳なりという、見せかけにしろ本当の懐疑的留保であるにしろ、自他への同時的攻撃であった。これに対し、晩年の死んだ機知は、あからさまな反逆として、自らの正しさを声高に叫ぶもっぱら外罰的な憤激であった(先に引用した演説の一節中「凶暴な罪」に注意)。ラッセルのそれらの言動を「背徳」と見なすのは、外の世界の方に任された。彼自身が内罰的を装ってエレガントに体制を締めあげる余裕は、懐疑的ジレンマと一緒に失われたように見える。『アルファベット』に戻ってみるなら、ちょうど私が失敗と評したＨやＯの口調が、数年を経ずして立ち現われる怒れるドン・キホーテの語調を予示しているのである。

3. 予兆

ラッセル自身の近未来の姿、機知の死の予知ということは、すでに見たように、Ｂが端緒をつけていた。その他にもいくつかある。われわれは今まで『アルファベット』のスペース大半を占める挿絵に注意を向けてこなかったが、哲学者の思考の網状組織にぴったり寄りそい相応の雰囲気をもって視覚化した漫画のどれも見事な出来であることは言うまでもない。とりわけＪ(すかっとする――敵の墜落)の絵などは、傑作としてわれわれの目を惹かずにはいない。Ｊは、核時代のラッセルの思想の中枢を端的に表わしている。後の章の主題を先取りすることになるが、ここで、「啓発された利己心(enlightened self interest)」と呼ばれるラッセルの功利主義思想を例示してもよかろうと思う。

> 現在では、世界を統一して戦争を全く廃棄してしまうことが、技術的に言って可能だろう。貧困を一掃してしまうことも、技術的に可能だろう。これらのことは、人間が敵の悲惨よりも自分自身の幸福を望むときに実現されるであろう。過去においては、人間の福祉に対する物理的障害があった。現在では、障害は人間の魂の中にのみある。憎悪、愚行、間違った信念のみが、われわれと至福千年期とを隔てている。［1956: 39］（傍点、三浦）

飛行機を二つとも墜落させた画家の才は、喝采に値する。双方の操縦士の得意げな表情が恐ろしい。そして、水爆は、事態をさらに複雑にしてしまったのだ。右の引用の数年後にラッセルは書いている。

核問題の手づまり状態が明らかになって以来、東西両陣営の政府は、ダレス氏のいわゆる「瀬戸際政策」を採用してきた。これは、聞くところでは、アメリカの大金持ちの息子たちによって行なわれるスポーツからとってきた政策だという。そのスポーツは“Chicken!”（「いくじなし！」）と呼ばれる。長い直線道路を選び、中央にずっと白線を引いておいて、二台の自動車を両端から向きあいに、猛スピードで発車させるという遊びである。どちらの車も、片側の車輪がその白線上を走り続けるように期待されている。二台が互いに接近すると、共倒れとなる破滅の危険はいよいよ切迫してくる。もし一方が他方より先に白線から逸れると、相手の方はすれ違うときに「チキン！」と叫び、逸れた方は軽蔑の対象になるという寸法である。いい加減な少年たちの遊びとして、この

J
Jolly
—The downfall of our enemies.

ゲームは、危険にさらされているのはやっている連中の生命だけだとはいえ、頽廃的で不道徳な遊びだと考えられている。ところが、そのゲームをやるのが著名な政治家たちで、彼らが自分たちの生命だけでなく何億という人間の生命を賭けるとき、どちらの陣営でも、自分たちの陣営の政治家は高度の知恵と勇気を発揮しているのであって、相手の陣営の政治家だけがけしからんのだと思われているのだ。（中略）このゲームは、一、二度は不幸を起こさずに演じられるかもしれないが、早晩、面目を失うことの方が核による全滅より恐ろしいと感ぜられるようにもなろう。どちらの陣営も相手の陣営から「チキン！」と嘲りの叫びを浴びせられることのできない、そういう利那が訪れるであろう。〔1959a: 30〕

Jの「墜落（downfall）」は、いまや「譲歩（concession）」と読みかえねばならなくなったかもしれない。単語が温和になった分だけ、事態は悪化しているのだ。ともかく、「どちらの陣営も、自分を撃破することなしに相手を撃破することはできない。両陣営の利害が衝突する問題は、両陣営の利害が一致する問題（生存し続けること）に比べれば、計り知れぬほど重要でない」〔1959a: 31–32〕といった切羽詰まった危機意識にあって「チキン！」のたとえ話は、それの打開に奉仕する、単なる武器としての空虚な機知でもあったろう。しかし、Jの寸言は淡々として、機知の死をまだそうあからさまに予示してはいないようである。

挿絵が興味深いと言えば、P（衒学――自分の言明、それが真実となればよいのだが）こそ、論議の的となるべきなのはもちろんである。この肖像画がラッセル自身を描いていることは、扉の説明などなくとも一目瞭然であろう（一九七〇年版でタイトル頁の前の見返しに移されたP is for Pedant who wrote this bookの図は、二〇一七年版ではカバー袖に戻っている）。このPの項はちょっとした謎と言うべきで、なぜラッセルがPedantだとなっているのか、そして、ラッセル自らが画家に、この項では自分を描いてくれと注文したものかどうかがまず不明である。が、ともかくそういう趣向で現に出版されたということは、ラッセルが、科学的懐疑家たるはずの自分の内奥に潜む独断性を認めたらしい標《しるし》として、意義深い。いみじくもＰは、正しい観念を全部でっちあげて、その体系を世界が支持しないというので絶えず憤慨している老哲学者の図を予言しているのだ。

Ｐの寸言は、あえて言えば、A man who likes truth to be his statements.（真実、それが自分の言明となればよいのだが）と形式上双対をなしていよう（右の文は自然言語の英文としては奇妙かもしれないが、日常言語哲学に反対し最後まで人工言語の哲学に固執したラッセルに因んで、思考の明晰のため自然ならざる双対文を機械的に作るのもよかろう）。真理・事実（truth）と自己の言明（his statements）のどちらが先に存在するのか。どちらにどちらを合せるのか。いま私が作った方の文は、おそらく、真理探究者・科学者の心理を表わしうる。それに対しＰの寸言は、宣伝家かアジテーターのそれだ。真理に対し正反対の態度をとる者の心理だ。挿絵のラッセルは一見柔和な顔つきだが、しかし目のあたりには、メフィスト的な理知的独断の翳りがぼんやりと漂っているように感じられる。

こうして挿絵に注意を向けて改めて寸言を見直し、全体の雰囲気を味わってみると、『アルファベット』のとくに絵の人物たちは、それぞれがそれぞれの意味合いで、多かれ少なかれ道化じみているのに気がつく。とぼけた道化、憤激する道化、飄々とした道化、偉ぶった道化、へつら

う道化、勇ましい道化、「これは私の足跡に間違いない！」と小踊りする道化、駆けまわる道化、耐える道化、どっちに転がるかわからずついに逆さになって帽子をかぶる道化、泣く道化、跳ぶ道化、笑う道化、笑われる道化。『アルファベット』は道化の群像である。

そしてPに限らず、それらの中には、おそらく過去のラッセルがおり、現在のラッセルがおり、未来のラッセルがいる——つまりこの本は結局ラッセル個人史のパノラマである、と読むこともできてくる。そして、真に道化的となるはずの未来のラッセルの姿を予示しているといえばPやBと並んで、いやそれ以上に端的にN（頓馬——有難くもない奉仕を人類のために）がそうだ。と、このように簡単に言ってしまうと、ラッセル崇拝者の怒りを招くだろう。実はNには、それほどの怒りには及ばない、世界とラッセルとの複雑な潜在的反応関係が集約的にこめられていると考えられる。それについては後の章でやや詳しく考察することとしよう。そして他の諸項がそれぞれの形でラッセルを表わしていることも、ここで深く突っ込んで見るには及ぶまい——後の章で自《おのずか》らそれが開示されるとき、そのつどこの『アルファベット』を思い出し確認できればよい。

いずれにせよこの時期に、こうした道化の群像をラッセルが作品としてものしていたということはなかなか象徴的であり、重要である。のみならず『アルファベット』は、機知の死を一部分強く暗示していた。しかし、この作品そのものは概して楽しげであり、懐疑的に生き生きと躍動した〈背徳としての論理〉に包まれ、それを発散している。最後にわれわれは、91頁に引用した『教育と社会秩序』［1932］の一節（「全

ての国において、子どもたちは自分の国が最良の国だと教えられる。……」）と、Xの項とを比較しておきたい。これらの箇所は、次の章で吟味する、この頃のラッセルの国際的立場と密接な関係を持つのである。

X（外国嫌悪症――アンドラこそ最上、とアンドラ人が思えば）は、すぐれた諷刺だ。仏西国境・ピレネー東部谷間の独立国・四五三平方キロメートル・人口五六六四人（一九五四年調べ）。アンドラという極端な小国を持ち出したところが、国家主義批判とともに実はラッセルの懐疑をも示している。アンドラ人の錯誤。妄想。それを一つの病気として人は笑う。しかるにイギリス人も、アメリカ人も、ロシア人も同病者である。と仄めかしながら――しかしながらさらにその奥にもう一つ、恐ろしい懐疑的な層がある。ラッセルは前掲『教育と社会秩序』で、「（自国が最上の国だという）命題は、ある一国を除いては偽りである」と言っていた。つまり、一国においては真理だというのだ。その国では（おそらくその国はアンドラのような小国ではないだろう）、自国最上の信念を抱くためには外国嫌悪症にかかる必要はない、真理を洞察しさえすればよい。国家主義はそこでは正しいかもしれない――文化的愛国心だけでなく、政治的そして軍事的なものも。つまりXの句は、アンドラという限定を強調するならば、全く文字通りにとってそのままラッセルの潜在的世界観と一致することのできる、反語的ならざる不思議な諷刺となるのである。

これは、ラッセルが全然言うつもりのないことを読み込む過ちを犯しているにすぎないだろうか。しかし実際のところ、「ある一国を除いては」というラッセルの言い方は、確かにわれわれの耳には始めから奇妙に響く。一国が真に最良だとし

ても、いったい、何をもって良さの基準とするのか。どうしてわれわれは、その一国をそれと知ることができるのか？(41)この『アルファベット』を書いた直前の頃までラッセルが、どの一国の国家主義を――しかも世界制覇の意図を含めた国家主義を――正しいと考え奨励さえしていたかは、次の章でじっくりと見るであろう。これは懐疑を超えた恐るべき独断を暗示しているが、この時点では、この作品全体においてラッセルの懐疑的機知が生きている、彼の理知は自由奔放でありXの寓意そのものを翻す用意さえ彼にはある、ということを確認すれば十分である。P（衒学）、J（すかっとする）、N（頓馬）なども、ラッセルの機知の運命について何を暗示していようとも、それ自体としては、素晴らしく生きた機知・二転三転の解釈を許す諷刺だったのである（Nの解釈は第6章4節に示す）。

だが、もちろん、機知の死は刻々と迫っている。『善良な市民のアルファベット』出版の前年とその年、すでにアメリカとソビエトは相次いで水爆実験を成功させている。翌年にはいよいよビキニがくる。この戯作は、著者ラッセルが恐怖と怒りへ惑溺し去る先ぶれともなりかけた、幸せな機知の臨終の火花だったのである。

第3部

核時代のドン・キホーテ

第5章　水爆愛、そして懐疑の終焉

1．怒りと笑い

最初の小説集『郊外の悪魔』〔1953b〕刊行のとき、ラッセルは上機嫌で口上を述べた。

私は生涯のはじめの八〇年を哲学に捧げた。今度は次の八〇年を小説というもう一つの分野に捧げようと思う。〔Wood 1957: 206〕

しかし、これは実現しなかった。水爆の恐怖が、小説家ラッセルの平穏なスタートを妨げたのである。第二小説集『著名人の悪夢』（一九五四）に収められた「ザハトポルク」などに見られるスウィフト張りの空想は、さらに大きな長編幻想小説として結実するはずだった。だが創作を世に送り続けるかわりに、彼は、一九五五年のラッセル・アインシュタイン宣言以後、同年の世界科学者会議提唱、開催（一九五七、パグウォッシュ会議）、ＣＮＤ（核兵器撤廃運動）組織開始（一九五八）、百人委員会創設（一九六〇）、数々の抗議集会・坐り込みデモ、米ソ首脳との交信、平和財団創設（一九六三）、ベトナム戦犯法廷（一九六七）と続く一連の世界的平和運動に没頭することとなったのである。一体どちらの生き方の方が世界に貢献したかはわからない。ともかく小説は二冊出たきりで、後は続かなかった。

「次の八〇年は小説に」。この彼得意の諧謔が裏切られたことは、彼の機知が怒りに、ユーモアがシリアスな危機感に敗れ押し潰されてしまったことを象徴している。まさにこのために、「小説に」が実現し損なったとともに「次の八〇年」も実現し損なったのではあるまいか、と考えたくもなってくる――平和運動に邁進などせず悠々と創作の楽しみを決めこんでいたならば、ラッセルがたった九七歳九ヵ月で死ぬようなことはなかったかもしれないのである。

ラッセルの生きた機知の魅力は、他の多くの笑いの例に洩れず、深層への表層の侵略ということにあった。宗教や性道徳、愛国心のような、個人や社会の内奥に根をもつ深い現象に対するに、表層の論理知性で切り込んでゆくこと、理知をもって調伏せんとすること、分析で割りきり冷たいシェーマに嵌めこもうとすること、これは生の流れに突如機械的硬ばりをもたらす（ベルクソン）ように感じられ、可笑しいわけである。前章において〈背徳としての論理〉という側面から考察してきたラッセルの諸々の機知も、その可笑しさそのものの源は、たいてい、深層への表層知性の侵蝕ということに求められたのである。

ところが、今度の場合は、事情が全く逆である。表層が深層に呑み込まれたのだ。深層の情緒的領域を容赦なく表層分析の剣をもって踏み荒らした往年のラッセルが、ここに至って、深い感情の王と言うべき恐怖と憤怒の支配下に落ちた。晩年になって彼は、深層情緒の復讐を受けたのだ。事態は、機知の跳梁するところに漂う笑いとは反対の、まさに悲壮という色合いを帯びるに至った。

けれども、悲壮でありながら、まだなにか可笑しい。いや、むしろ滑稽さはずっと増しさえした。しかも新しい質の滑稽さが。それは今や、ラッセルの言論が深層世界を刺し貫いて滑稽化するところに醸されるものではなく、ラッセルその人自身に可笑しみが貼りつくようになる。世界の可笑しさがラッセルへとのりうつった。ラッセルが世界を笑ったとき世界はラッセルを怒ったが、ラッセルが世界をひたすら怒り出したとき、世界はラッセルを笑い始めたのだ。彼はここにおいて、世界にとっての脅威から一種の道化へと化したのである。

機知の圧死という悲劇を根底に持ちながら、ラッセルの有様は、核戦略状況という深層世界にあくまで分析的論理の矢を放つ姿勢を保ちつづけている。一九六三年の『武器なき勝利』の文体は、一九二九年の『結婚と道徳』の文体と同じく硬質で透明で、一見非情でさえある。だが、すでに論理の矢は怒りのメカニズムに沿ってしか飛ばず、深層世界に貫入しはしない。貫入してもそれはすでに表層の侵入者としてではない。世界よりもラッセルの方がより深く、情緒的深層世界に塡《はま》り込んでいるのである。だがまずわれわれは、ラッセルの論理的知性が、機知の死をはさんで、第二次大戦後の世界をどう見て（看て・診て・瞰て）きたかを順を追って調べることから始めよう。

2. 対ソ予防戦争

「ナチスの暴虐」［1968: 191］は、第一次大戦時とは全く別の方策でドイツに対さねばならぬとラッセルをして考えさせ、アメリカにいたラッセルは年来の反戦主義を放棄した。ラッセルは、一九三八年ミュンヘン会談のヒトラー懐柔策を支持し、ヒトラーがイギリスを攻撃してきたならば観光客を迎えるごとくドイツ軍を親しみをもって歓迎せよと説いたのだったが［Wood, 1957: chap. XX］、大戦勃発後急速に考えを変えた。一九四〇年六月八日『ニューヨーク・タイムズ』は、「ラッセル、平和主義者をやめる」(Bertrand Russell Drops His Attitudes as Pacifist) と見出しを掲げ、翌四一年二月一六日同紙は「永年の平和唱道者も今次戦争は肯定」(Long Time Advocate of Peace Approves Present War) と書いている。ラッセルはえてして想像されがちなような、一貫した絶対平和主義者ではなかった。

第二次大戦末期から米ソ対立の様相が明白となるにつれて、戦勝国による世界政府樹立、永久平和の達成というラッセルの望みは崩れ始めた。広島と長崎の原爆は彼に衝撃を与えたが、永久平和の彼の夢想は、新たな対立を防ぐ根本手段として、次のような主張を彼に本気で行なわせるに至った。すなわち、アメリカが原爆を独占的に保有しているという軍事的優位の立場を利用して、戦争を辞さぬという強硬姿勢でソビエトに臨み、一挙に世界政府を樹立すべきだ、という主張である。これが、ラッセル信奉者によりしばしば故意に忘れられあるいはタブー視されている、そしてラッセル批判者により時々掘り返されて彼のその後の全声明を攻撃する道具とされた、いわゆる「ラッセルの対ソ予防戦争論」である。ここで「予防戦争（preventive war）」とは、米ソの核兵器製造競争とそこから必然的に生じうる潰滅的な戦争を予防するための戦争、という意味だ（自らの予防戦争提唱に関するラッセル自身の弁明が『常識と核戦争』［1959a］巻末付録Ⅱにある）。

一九二〇年に革命ロシアを視察してその独裁的性格に幻滅を感じていたラッセルは、ソビエトを半ばナチスと同視し、スターリンが核兵器を所有するようになる事態を恐れた。彼の焦りは次のような文章に表われている。

> 私としては、ナチスが持っていた邪悪な性質を有する政府によって世界が支配されるよりは、むしろ、原子爆弾を用いた戦争によってもたらされる混乱と破壊の方を選びたい。［Clark, R. W. 1975: 520］

そして、一九四六年、ソ連が核国際管理のバルーク案を拒否したことは、世界政府樹立という大義名分を持つアメリカに十分な開戦理由を与えるとラッセルは主張した。一九四八年一月になると、彼は、戦争は早晩避けることはできず、そして戦争は遅く起こるよりも早く起こる方が、アメリカに協力する国が少ないよりも多い方が迅速に済み望ましいという趣旨のプログラムを、八項目に整然と整理して明白に述べるようになる［1948c: 80］［Greenspan 1978: 23］。

ラッセルのロシアへの警戒の念がどれほどのものであったにせよ、アメリカで『結婚と道徳』をめぐって言論迫害を被り四年間を耐えしのんだ後、故国に帰っていくらも経たぬうちに、そのアメリカの「自由主義」にこれだけの希望を託しえたとは、いささか不思議ではある。ともあれさらにラッセルは、同年のロイヤル・エンパイア・ソサエティの演説において「私は、人間の過去の歴史を考えると、早晩戦争が起こるということを実際確実だと考えねばならない、と思う」［1948b: 19］［Greenspan 1978: 23–24］と繰り返した。聴衆のひとりが「ラッセル卿の演説が陰気で人を驚かすものであったとしても、同時にそれは人を鼓舞するものでもあった」［Greenspan 1978: 24］と語ったことからわかるように、ベルリン封鎖など東西緊張の高まった当時としては、ラッセルの弁論は危険きわまりない催眠術であった。

ここで注意すべきは、ラッセルのこうした主張は、（ソ連その他に関する）具体的な何事かに激怒して衝動的になされたものではないということである。それは数年にわたって何回も、いろいろな場所で、慎重な構想のもとに繰り返されていたのだ。つまりこれも、一部はラッセルの生きた機知の産物だったのである。スターリニズムへの恐怖、世界政府の渇望、そのための西側連合への期待といった深い情念、熱烈な平和願望の上に、冷たい分析的理知の操作的現状認識が一致して被さっていたのである。それは、機知から怒りへのラッセルの支配的傾向の移行期における、不安定で危険な両者ないまぜ状態とも言うべきであったろう。

そして、生きた機知だったからこそ、これは世界にとって脅威となり、世界を怒らせたのである。モスクワ放送が「ラッセルは哲学する狼であり、タキシードなどを着込んでいるが、その裏にはけだものの獰猛な本性がかくれている。憎悪、殺人、弱肉強食こそ、この哲学者の衣をまとったけだものの説く基本的な道徳原理らしい」［Wood 1957: 206］と非難し『コミンフォルム・ジャーナル』がラッセルを「イギリスの食人種的イデオロギスト」［Wood 1957: 206］と決めつけたばかりではない。西側の反応も同じである。一九四八年一一月にラッセルがロンドンの英連邦学校会議で四百人の教員と学生を前にして行なった、やはり西側の大義名分と対ソ予防戦暗示の演説[42]に対して、反響がただちに翌日の各紙に現われた。

長年にわたって彼が築いた叡智の精髄が次のような死と悲劇の託宣なのである。人間の理性に対する全ての信頼を捨てよ、果てしなき殺戮の儀式に、都市の破壊に、放射能による豊かな大地の汚染に身を委ねよ、これが彼の真意である。高名な哲学者ラッセル卿は、人類史上最も古く最も血ぬられた詭弁「戦争を終わらせるための戦争」を主張しているのだ。（*Reynolds News21 Nov. 1948*,［Clark, R. W. 1975: 525］）

ラッセルは大いに動揺して、すぐに『タイムズ』紙（一九四八年一一月三〇日）に弁明を寄せるなどしたが、主張そのものは変えなかった。ラッセルは、今までに受けたことのなかった種類の批判を各方面からこうして浴びることとなる。しかし、実際彼の主張が、西側体制にとっては大変心強いものであったということも容易に推測されよう。ラッセルは、東側と西側報道の攻撃を浴びる反面、いや、それらは実は事態のほんの一面にすぎず、このときこそ彼は、西欧同盟の思想的旗手として、往年の背徳者からたちまち栄光と名誉に包まれた大御所へとのぼりつめたのである。ラッセルの対ソ戦略の構想は、当時の西側の軍事専門家の意見と一致していた［Feinberg & Kasrils 1983: 10–11］。そして彼は、イギリス政府の依頼をうけて、封鎖下のベルリンやノルウェーその他海外各地で対ソ対決を説く講演をして歩くようになった。オーストラリアへの招待もこの頃である。その後のアメリカ講演（一九五〇）の模様をラッセルはこう書いている。

ほんのわずか前にひどい悪罵を浴びせかけられていたニューヨークで、私の講義が人気を博し、大衆をひきつけたのには驚いた。おそらく、最初の講義だけなら別に驚くほどのこともなかったであろう。つまり、聴衆が、あれほど世を騒がせた忌まわしい人物を一目見ようとして、ショックとスキャンダルと満場の反撃を期待しつつ集まってきたもののようだったから。ところが私を驚かせたのは、講義が日を重ねるにつれて熱心な学生がだんだん数を増して集まり、講堂がいっぱいになってしまうことだった。その数があまりに多く、聴講に来た人々が立錐の余地のないのを見て帰らざるをえなくなるほどだった。これは主催者にとっても驚きであったろうと思う。（中略）だいたいにおいて私は、以前ニューヨークの事件で非難排斥される結果となったあのときの話と全く同じことを言って、それで大いに拍手喝采を博するという愉快な経験をしたのである。[43]［1969a: 28–30］

一九五〇年前後、（西側に限って言うと）世界はこぞって自らの中核に、栄光と名誉の絶頂を体現した人格を生ぜしめようと意思していたかのようである。各国・各団体からのラッセルへのおびただしい賞の授与、そして前年まで候補に全く上らなかったにもかかわらず一九五〇年、ノーベル賞制定五〇周年記念の年に突如ラッセルの名が浮上するなど[44] [1969a: 30]、しかも彼への授賞理由があえて『結婚と道徳』、つまりかつて背徳漢ラッセルの悪名高からしめた著書とされるなど [1969a: 30]、世界が一致して名誉ある象徴をもり立てようとするとともにそれに特別な風味を添えようとしていたかとさえ、今のわれわれには感じられる。かような「面白い」名誉ある象徴が存在するということは、とりもなおさず、それを存在せしめる（西側）世界自体の質にも貢献することになろう（世界の自意識――美的自己感覚）。

しかし、主要な背景はもちろん、西側のもっと実際的な、政治的な意図である。ラッセルは、漠然とだが、次のように書く。

> メリット勲章に始まりノーベル賞で終わった一九五〇年という年は、私の社会的栄誉の最高頂を印した年であったように思われる。このことが、盲目的な一般慣行に従うようになる始まりを意味するのではあるまいかと考えて、いささか不安を感じ始めたことは確かである。私は常々、人間は曲がったことをしないで社会的栄誉をかち得るなどということはあり得ないと考えていた。が、私の道徳感覚があまりに鈍感なために、自分がどんなことで罪を犯したのかわからなかった。[1969a: 31]

彼はよく友人にも語った、「今までえらい人《リスペクタブル》というのはみんな悪漢だと思ってきたので、この頃は毎朝自分の顔をこわごわ見て、悪漢の相が出てきたかどうか確かめることにしている」[Wood 1957: 233]。これは余裕の中の幸せな諧謔である。だが、ある面では、虚ろな諧謔でもある。ノーベル文学賞を、彼は辞退する気を起こさなかった。反対に、喜び勇んでストックホルムに赴き、ノーベル賞同様誇りとしたメリット勲章を「あらゆる儀式に得々《とくとく》と佩用《はいよう》した」［ストレムベリィ 1970: 7］。哲学者に「文学」賞はすでにして拡大解釈の賜物だったが、その上に、これが「冷戦」反ソ体制の雄として自分が祭りあげられたところの政治的な賞、show《ショー》であるかもしれないという疑念は、ラッセルの念頭には全く浮かばなかったのである。

数学を疑い、人間の知覚を疑い、国家を疑い、教会を疑い、道徳を疑ってきた稀代の懐疑家にして、これはどうしたことか？　この国際的行事の政治的偏向に対する、一四年後のサルトルのような反逆的猜疑心は、ラッセルには、少なくともこの時期には一片だに見られなかった。このラッセルの純真無垢――〈懐疑と無垢〉とはいま一つのラッセルの矛盾対である――は、懐疑的機知の近き死の一つの予兆であったかもしれない。この無垢こそが、のちのラッセルの十数年を、悲劇的でもあれば喜劇的でもある二〇世紀最大級の道化の晩年へと彩り仕立てたのであろう。老境のラッセルは、ひとり憤激するにがり顔の騎士であり、狂った世界になぶりものにされる純真無垢の幼女のようでもある奇妙な運命を担わされることになる。その予兆は、幸ある名声の絶頂の時においてさえ匿れなきものであったのだ。

ともあれ、この時期、初めて経験する世界との調和感にほだされて、ラッセルは、恥じらいながら「愛」を口にした（序章冒頭に引用したとおり）。だが、対ソ予防戦争の結果、放射能の中で死んでゆく人々への愛はどうなるのか？　もちろんラッセルにとってこれは、より多くの人口・価値ある文明を救うための、そして永久平和という最大の理想を実現するための――いわばより大きな愛のための――やむをえぬ代価に他ならなかった。

しかし、一九五〇年という年はすでに、前年七月のソ連の原爆実験成功によって、アメリカの原爆独占は終わりを告げたときである。ラッセルの論理は必然的に、トルーマンの水素爆弾製造命令（一月）を支持するところへ赴いていた。

私は水爆の製造に反対する人々に賛成できない。（中略）次の戦争が勃発すれば、人類史上かつてないほどの災厄をもたらすだろう。だがそれ以上の災厄がただ一つ考えられる。全世界にわたるクレムリンの勢力の拡大である。〔Clark, R. W. 1975: 526〕

まだアメリカの迅速な勝利の希望はあった。民主主義の未来は西側の勝利にしか道は開かれていない、と彼は焦ったのである。

一九三二年、S・フロイトが、アインシュタインへの手紙の中で次のようなことを言ったことがある。

私たちが戦争に反対している主な理由は、その他になりようがないからだと私は思います。私たちは、器質的 organisch な理由によってそうあらざるをえないがゆえに、平和主義者なのであります。（中略）もし私たちの、倫理的および美的な理想要求が変化したとすれば、そこには器質的根拠があります。（中略）文化過程が私たちにおしつけているこの心的立場と戦争とは、何としても相容れないことになります。（中略）それは単に知的で情緒的な拒否であるだけではなくて、私たち平和主義者のばあいには体質的不寛容 konstitutionelle Intoleranz であり、いわばこの上なく拡張した異常嫌悪なのであります。[45]〔フロイト 1932: 317–318〕

文化的に進化した人間の戦争嫌悪症ということは、第一次大戦以来のラッセルについてまさに典型的に当てはまっていた。しかし、核均衡時代前夜というような特殊な環境、一方の陣営の文化的伝統と深く固く結びついた政治貴族第三代伯爵のような特殊な場においては、「平和主義者の体質的不寛容 konstitutionelle Intoleranz」が、その嫌悪の真実なるがゆえに戦争に対して全く逆の態度を強いることがありうるという著しい例を、ラッセルのケースは提供するかもしれない。そしてそれゆえにこそ、情勢の変化によってその平和主義者の異常嫌悪がもとの病状に戻ったとき、それは前にもまして激烈な形で迸るに違いないということが推測されもするだろう。

実際、ラッセルの思想的回帰は徐々に起こっていた。アメリカの『ルック』誌一九五二年七月一七日号に載ったインタビューなどには、平和主義と対ソ強硬主義とが渾然とラッセルの中に同居した微妙な心理的過渡期の様子がありありと見てとれる。[46] 一九五三年三月にスターリンが死ぬと、残虐なソビエトという彼の認識はさらに改まる。そして突如、一九五四年一二月、ビキニ水爆実験の九ヵ月後、ＢＢＣ放送での「人類の危機」(Man's Peril) と題した講演で初めて明確に、ラッセルは戦後の絶対平和主義者として大衆の前に立ち現われたのである。彼は叫んだ。

> 私はこの機会に英国人、ヨーロッパ人、西欧民主主義の一員としてでなく、人間として、存続し続けるのが疑わしい人類の一員として語ろう。（中略）私はとくに一つのグループに訴えるつもりはない、全てのグループが同様に危機下にあり、その危機が理解されれば、ともにそれを避けうる望みがある。（中略）ビキニ実験以来、水素爆弾は想像されていたよりも遥かに広い地域にわたり徐々に破壊を拡げることができるということが知られた。（中略）このような爆弾は、地上近くあるいは水中で爆発すると、放射能を帯びた粒子を上空に送り、それは次第に降下して、死の灰や雨の形で地表に到達する。アメリカの専門家が危険地帯と信じていた区域外にいたにもかかわらず日本人漁夫および彼らの魚を汚染したのは、この死の灰であった。（中略）厳然たる、恐ろしい、避けがたい問題は、人類に終止符を打つかそれとも戦争を拒否するかということだ。（中略）対立は戦争によって決着をつけることはできない。（中略）われわれは、喧嘩が忘れられないからといって死を選ぼうとするのだろうか。私は、人間に対し一人の人間として訴える。あなた方の人間性を想起せよ、他のことは忘れよ、と。あなた方にこれができれば、新しい天国への道は開かれている。できなければ、あなた方の未来には全世界の死以外の何も存在しないだろう。［1956: 215–220］

この講演原稿を短縮したものが、翌一九五五年七月九日、「ラッセル・アインシュタイン宣言」として改めてロンドンで発表された。

死の灰の恐怖はラッセルの情緒に訴えかけ、水爆を有する両陣営の一方の勝利などありえないという事実はラッセルの知性に訴えかけて、彼の絶対平和主義は急速に不動のものとして定まった。全ての戦争は核戦争に通じ核戦争は人類の死に通ずるゆえに、無条件に悪い。もはや突破口としての戦争はない。「人類の存続が他の全てに優先する」。これがラッセルの、死の時まで一貫して続く優越観念となった。対ソ戦争の構想は完全に捨てられ、あまつさえ自分がかつてそれを提唱してきたことを躍起になって否定しようとさえした。対ソ戦論の思い出に関しては、『ニュー・ステーツマン・アンド・ネーション』誌とラッセルの間に脅迫的にも近いトラブルがあったことが伝えられている。[47]ここには、世界的栄誉の後、自らの国際的著名人としての責任を自覚し始めた人道主義者の、一種病的なジレンマが潜んでいるようにも思える。ラッセルの対ソ戦主張は、三〇年前のボルシェビキ訪問、中国・日本訪問に続いて、西欧的自由主義者としての「ラッセルの正体」(伊井敬)を三たび露呈させたものだったかもしれない。しかし、それにすぐ続いて、水爆戦略の世界の下では、また新たな「ラッセルの正体」が、最大の熱狂をもって立ち現われてくるのである。

3.「不適応」と論争

自己の主張の変貌を多少気にしていたとはいえ、何よりもラッセルの心を掻き乱したのは、端的に、人類絶滅の恐怖だった。諷刺や生きた機知の余裕は失われ、恐怖と怒気およびその情念の表現を武装するための機械化され硬直した死んだ機知にとって代られた。死んだ機知の一例は前章において見たつもりだが(96—97頁)、同じ『常識と核戦争』から、もっと典型的な例を見ておこう。

ベルリンの犬の間に、突然、狂犬病が発生したとしよう。ベルリンの東西の当局がただちに協力して、狂犬病撲滅策を見出そうとするだろうことを疑う者はいまい。どちらかの陣営が「この狂犬どもが、われわれの味方よりも敵の方によけいに噛みつくことを願って、放しておくことにしよう。あるいは完全に放しておくわけにいかないとしたら、簡単にはずせる口輪をかけて綱につないで街なかを練り歩かせ、もしも『敵』がその狂犬を放すようなことがあったら、こちらもすぐ報復できるようにしておこう」という議論をしようとは、私には考えられない。狂犬を殺すといったって「あちら」は信用できるような相手ではないのだから、「こちら」は抑止力として犬の供給を続けなければならない、などという議論を、東西ベルリンの当局が行なうだろうか？　こうしたことは全て想像するだにばかげているし、正気な政策としては誰も考えつかないだろう。（中略）一四世紀に、黒死病が東半球一帯に荒れまわったことがある。（中略。伝染病と戦う科学知識のある）今日なら、全文明国人が一致協力して戦うだろう。「この悪疫は、おそらくわれわれより敵の方をよけいに害するだろう」などと論ずる人はいないだろう。そんな議論をする人があれば、非人間の怪物だと考えられるだろう。しかるに、黒死病も他のどんな悪疫も、核戦争の危険がもたらすほどの戦慄すべき脅威をもたらしたことは、かつてなかったのである。［1959a: 12–13］

ここで機知の寓意は死んでいる。何よりも鋭利簡潔を特長とした彼の文章が、今や同種の喩え話を続けて放たねば安心できなくなっているところに、その機知が怒りと焦燥にひたすら奉仕するようになっている実情が窺える。また、「ばかげている(absurd)」「非人間の怪物(a monster of inhumanity)」といった語調はかつての〈背徳としての論理〉にはまず見られなかったものだ。自己と他者とを同時に否定し肯定してそれによって外界との弁証法的協応を自ずと開いた〈背徳としての論理〉。それが失われたことは、ラッセルの次のような慨嘆の原因でもあり、結果でもある。

この世界は、ビクトリア朝の楽天主義の世界からはあまりにもかけ離れた世界なので、一方の時代に成長した人間にとって、他方の時代に自分を適合させることは全く容易なことではない。［1956: 47］

ラッセルはたちまち世界との不調和に陥った。私生活では、一九五二年、三番目の妻パトリシアと離婚して、『自叙伝』冒頭に詩的な謝辞を捧げたエディス・フィンチとの最後の幸福な家庭生活に入ったのだったが、一九六〇年代に向ってラッセルの世界との確執は、彼の言動の過激化につれてますます回復しがたいものとなっていった。まだそれほど晩くない『記憶の中の肖像』にすでに、右に引いた部分以外に、自分は世界に適応するのは困難であるという意味の節がいくつも反復されている。

私の若い頃はビクトリア時代の楽天主義は当然のものだった。（中略）そんな空気に育った人間は現在のような世界に適応するのは困難である。情緒的に困難なばかりでなく、知的にも。［1956: 55］

私はビクトリア朝の楽天主義の洪水の中で育ち、当時の安易な陽気さはもはや不可能なのに、その頃たやすく持てた希望にあふれる状態の一部が、私とともに残っている。［1956: 17］

成功するかどうかは別として（中略）私はこの世界に自分自身を適合させようと試みている。［1956: 7］

これらは明らかに、過去の人間としての半ば自嘲の言である。一九三六年、『リスナー』誌八月一二日号に戯れに書いた自分の死亡記事において、ラッセルは自己の生涯を「時代錯誤的首尾一貫性」［1950: 223］を有していたと評したが、そのとき漠然と感じていたよりもずっと、この現実の晩年の不適応感というのは深刻なものでもあったろう。しかし彼の意識の中では、自分の不適応の原因は、自分が古い人間であることに尽きるのではもちろんない。そこには世界の悪ということがある。一九六二年五月一三日（誕生日の五日前）『オブザーバー』紙掲載の「九〇歳に達する得失」に彼は書いている。

老齢というものは静穏をもたらし、悪と見えるものでも究極は善となるものの手段だと考えるような広いものの見方をもたらすはずだと言われている。私はそのような答えを絶対に受け入れることができない。静穏ということは、今日の世界では、盲目かあるいは無慈悲によってのみ、保つことができるのだ。一般の通念とは違って、私は年を経るごとにだんだんと反逆的になってくる。私は生まれつき反逆的だったのではない。一九一四年までは、自分をとりまく世界にともかくも楽に適応していたのである。（中略）反逆的な気質を持ち合わせていないのに、事の成り行きが私をして、起こりつつあることを辛抱強く黙って受けいれられなくしたのである。私のように感じている人は、増えつつはあるが少数しかいない。そして私の生きている限り、働かねばならないのはこの少数者とともになのである。［1969a: 134–135］

ここで不適応ということは「反逆」として表現されている。そしてそれは年齢や意識の古さにではなく、もっぱら世界の悪に原因があるというのである。だが、これだけ不適応・不調和とラッセル自身が途方に暮れあるいは憤っている反面、右のラッセル九〇歳の言から読みとれることとして、ラッセルは第一次大戦のとき哀しげに書いた「囁きかけ疑惑を吹き込み、人々の熱狂から私を引き離し孤独の寂寥に送り込む」あの懐疑的知性の妨げを受けることはもはやなくなった、と言ってよいのではないか。真に人々の熱狂と一体化できる幸せを手に入れることができるようになった、と。たとえそれが「少数者」であるにしてもである。

ラッセルの断固たる反逆の決意は、対ソ戦主唱・西側同盟の旗手時代に彼が覚えた、世界へのいわば不安定な適応感にかわって、安定した不適応感と言うべきものを漂わせている。それが可能となったのは、原罪のごとくラッセルにとりついていた知性が非懐疑的に石化して、今や民衆の熱狂と共振する彼の怒気の鎧兜と変じたために他ならない。ビキニの放射線爆発が、世界を俯瞰する哲学者の理知組織から懐疑質のみを一挙に蒸発させたとでも形容できようか。代って、人類生存という優越観念の成分が老ラッセルに強力なエネルギーを注ぎ込み始めたのである。

キューバ危機の直後に書かれた『武器なき勝利』には、この優越観念が実際問題にどう関与するのかが端的に例解されている。

この特定の危機について、私の見解は反米的であった。このことは、共産主義に一般的にどんな長所があるかについての、いかなる評価とも全然関係がない。それは、一つの特別な文脈のもとでの政治家の行動およびその行動が核戦争という最大の危機に対してもつ関係にのみ、関わるものだった。[1963: 33]

平和か戦争かの問題が関連する場合は常に、東西いずれの主義の長所も、平和の重要性に比較すればとるに足らぬ事柄となる。(中略)私は常に、より平和的な側に味方するであろう。この本がとりあげる二つの紛争(キューバ危機と中印国境紛争――注：三浦)において、共産側が相手側より非好戦的であった。が、常にそうとは限らない。そして、そうでない場合には、私は反共産側に共感を抱く。[1963: 16–17]

これは洗練された中立主義と言うべきである。しかし、ラッセルの優越観念が常にこのような対称的な、見るからに洗練された形で現われていたわけではない。すなわち、一九五七年から五八年にかけて、彼は、西側の即時一方的軍縮の主張を行なったのである［Hook 1959: 426–427］。各方面からの異論を容れてラッセルはすぐにこの立場を緩和させていくが、「死よりは赤化を(Better Red Than Dead)」と要約される彼の変わらぬ根本的主張は、いわゆる西側自由主義者たちには容認できないものであった。たとえばニューヨーク大学のシドニー・フックは、ラッセルの主張が西側にとって戦略的に有害であるのみならず、自由を生命より軽くみるという点で倫理的にも誤っていると批判した。[48]

> 死んだライオンよりは生きている山犬の方がましだ、と言う――それは、山犬にはましかもしれぬが、人間にとってはましではない。人間らしく生き、もし必要とあれば人間として死ぬ用意のある者は、自由な人間として生き残り、山犬とライオン両方の運命を避けられる見通しを持っている。［Hook 1960b: 119］

死よりは赤化、赤化よりは死（Better Dead Than Red）という論争の根底には、何があるのだろうか。Ｊ・Ｍ・ボヘンスキーは、第二次大戦直後の世界の哲学を大きく六種類に分けてそれぞれを物質の哲学（経験論）、観念の哲学（観念論）、生の哲学、本質の哲学（現象学）、実存の哲学、存在の哲学（形而上学）とし、ラッセルを物質の哲学の代表者として位置づけた［ボヘンスキー 1947］。対ソ強硬論から死よりは赤化論へのラッセル思想の変遷を辿ってみると、確かに、理論哲学においてのみならず実践的政治思想の場でも、ラッセルはひとえに物質の世界観に従って――とりわけ核兵器の現実的威力・使用可能状況に鑑みて――自らの主張を形成しているということがわかるだろう。これはある意味では、核兵器の能力にその均衡戦略を託している東西両陣営の政策と、その物質的世界観という点においては共通の基盤に立っていると言えそうである。ラッセルに比して、一貫して反共を唱えるフックのような人は、精神の哲学の代表者であると言えるかもしれない（なお、一九四〇年のニューヨークのＢ・ラッセル事件においては、フックは、ホワイトヘッド、デューイ、アインシュタインらとともにアメリカの言論の自由のためにラッセルを擁護して闘った有力人物だったということを思い合せると面白い）。

物質の世界観ということに関連して、ラッセルが核の危機を黒死病や狂犬病になぞらえて論じていたこと（１１５頁）

を思い出したい。つまり彼においては、核状況とは、人類社会の罹患した恐ろしい病気のごときものである（他の場所では、彼は核の脅威を、地球への一大彗星の衝突に譬えている〔1963: 118〕）。健康時にはともかく、病者にあっては生死の問題が最大関心事となるべきなのは当然である。「平和の重要性に比較すれば東西いずれの主義の長所もとるに足りない」状況、社会体制を無視し生死の問題のみに関わらねばならぬところへ、人類の知性の生んだ核の力が、人類を追い込んだというわけだ。(49)

しかし、生死の問題とは本来きわめて低次元の、それこそ山犬のレベルの問題であり、一方社会体制の問題は、さまざまな洗練された主義・思想の絡み合いから歴史的に発展してきた、きわめてヒューマンな知的な問題、文明の粋とも言うべき問題のはずである。フックは、「死よりは赤化を」説くラッセルについて、「『この時代の最良の精神』の政治的道徳性における衰退」〔Hook 1960a〕と評したが、それが当たっているにせよそうでないにせよ、ラッセルの姿は、高度に進歩した原子力時代の人類の知恵（フック流の表現で）が、進歩の結果、自らのやはり同じ知恵の産物である社会体制の検討を拒否せねばならなくなる、という奇妙な事態を例示しているとは言えるかもしれない。ラッセルを通じて、人類は自らの逆説をさらけ出しているのだと。

4. 娘と孫と哲学と

ここで注意し直すべきは、人類にとって何が重要であるかについて、ラッセルはもはや一点の疑いも持っていないということである。懐疑家は死んだ。彼は若い頃・楽観主義的であった頃は（世界が病んでいなかった頃は）共産主義と自由主義、社会主義と資本主義の功罪についてさかんに著作をものした。第一次大戦における呪われた懐疑も、まさにキリスト教者や社会主義者へのイデオロギー的懐疑であった。核兵器の均衡下、彼の著作からそれらの思考は姿を消し、彼は、不動の信念を弁論の職人芸で伝道する活動に没頭した。そしてそれは、しばしば、個人に対し過大な自己犠牲的社会的義務を要求するたぐいのものだった。

一九六二年の夏、「私は最近の反核デモに参加して二度も投獄されました。私は自分の信念のために、家庭と、教師たる仕事との両方にトラブルを持ったのです」という一市民が、ラッセルに書簡で問うてきた。「空軍省に対して近く行なわれることになっているデモ」について「いま私は、次の二つの道のどちらを選ぶか、決定しなければならない立場に置かれているのです。一つは、またも逮捕されて教師としての仕事を放棄し、自己の信念を貫いてその当然の帰結として投獄されるべきかということ、もう一つは、自分の職業に帰って、沈黙を守りながら、ただ唯々諾々として従っていく何千という人々の一員になりさがるということ、なのですが……」［1969b: 97］。これに対し、ラッセルは次のように答えている。

（前略）英国の全人口と、他の国々の大部分の人口の破滅がいつでも起こりうる状態であり、少なくとも十年以内には起こるかもしれぬと信じている人々にとっては、実際私もその一人ですが、ほんの私的な義務と思われるものを優先させて、公の義務を後まわしにするなどということは難しいものです。それは、全世界を守るのはもとよりのこと、自分に直接身近な者を防衛することでもあります。（中略）あなたが示されたような理由で尻込みする人たちを責めようとは私は思いません。ただ、尻込みしない人々に対して進んで讃辞を呈することができるのみです。また、このことも記憶にとどめる価値がありましょう、すなわち、もし抗議が十分広範囲にゆきわたるならば、指導者以外の関係者を犠牲にすることは不可能となるだろう、と。［1969b: 97］

このようなラッセルの姿勢については、誰よりも娘キャサリン・テートが批判の目を向けていた。結婚してアメリカに定住し長年父親に会っていなかったキャサリンは、一九六〇年、父親に三人の孫を初めて会わせにイギリスを訪ねた。そのときのことについての彼女の記述は、ラッセルの私的生活と公的使命感との対立的共存を鮮やかに示す記録として、やや長く引用する価値があると思う。

小さくて年老いた、ちょっと耳が遠くなって少し弱っていた父が、そこに自分のスリッパをはいて坐り、暖炉のそばで茶を注いでいるさまは、ほかのどの老人とも変りがなかった。しかし父からは、父のスピリットが発散していた。（中略）家から国全体へ、そして世界全体に広がっていた。私たちは、プラス・ペンリンで私たちがお茶を前に静かに坐っていたそのときに、他のどんなときよりも強く父の偉大さを感じた。

父は完璧なおじいさんだった。子どもたちに素晴らしいプレゼント、おじいさんらしいお小遣いを与え、子どもたちが面白がるような話をわかりやすく話してやったので、子どもたちはすぐ、恥ずかしがるのをやめたほどだった。そして父は、私が子どもの頃、最も気に入っていた、父のとっておきのお話をことごとく語ってきかせた。私は、暖炉のそばに坐って子どもたちに金の脚を持つミシーのことを話している、年老いた、しわが多くなった、一風変っていて、どうやらちょっとこわがらせようとしてもいるらしい父のことを、はっきりと憶えている。

「むかし、ひとりの女の後継ぎがいた」彼は始めた、「とても金持の若い女で、ある事故で脚を一本失った。その女はあまり素敵で、木の脚では釣合わんというので、家のものが金の脚を作ってやった。やがてその女は、顔立ちのいい、金だけが目当ての悪い男と結婚した。その男は、女の持っていたお金を全部使ってしまうと、夜中に女を殺して、金の脚を持って逃げ去った。それからまもなく、女は夜ごと、青ざめた顔の幽霊となって現われ、その男を悩ますようになった」

ここで、父はいつも、椅子の中で前かがみになり、目を大きく見開いて、低いうつろなスコットランド人の声で、劇的効果をもり上げるのだった。

「ミシーよ、ミシーよ、お、おまえの美しい青い目はど、どうしたんだい？」（Mysie, Mysie, whaur's yer beautiful blue e'en?)

「墓の中で朽ち果てているわ」

「ミシーよ、ミシーよ、お、おまえの美しいバラ色のほほはど、どうしたんだい？」

「墓の中で朽ち果てているわ」

「ミシーよ、ミシーよ、お、おまえの美しいき、金色の髪はど、どうしたんだい？」

「墓の中で朽ち果てているわ」

「ミシーよ、ミシーよ、お、おまえの美しいき、金色の脚はど、どうしたんだい？」

「おまえさんが持ってるんだ、おまえさんは泥棒だ！」――突然叫んで、小さな聴き手たちをびっくりさせて跳び上がらせる、というわけである。

私の特別のリクエストに答えて、父は、子どもたちに、アブラハムじいさんを歌った歌も聞かせてくれた。それは、もともとコミックなものだったが、父の低い、おごそかな、はっきりしない声のおかげで、たまらないほど魅力的なものになった。(50)［Tait 1975: 193–194］

父は、私たちに読ませるために自分や他の人の本を送ってよこし、私たちが一九六〇年にウェールズに父を訪ねたとき、核武装の危険について、ティーカップごしに、私たちに詳しく話した。（右の引用部とは離れた箇所に記されているが、おそらくは同じ日の、子どもたちが寝静まった夜のことででもあろう――注：三浦）

「ええ、もちろんそれは恐ろしいことでしょう」私たち（キャサリンと夫）は言った。「それはよくわかります。でも、そのことで私たちに何ができるのでしょう？　私たちには影響力がありません。ワシントンに住んでいながら、私たちは投票さえできないんです。私たちには時間だってありません――人種差別に反対したり、生活費を稼いだり、自分の子どもたちの世話をするのに忙しくて」

「君たちが核の脅威のことで何もしなければ、差別される人々も、稼ぐための生活も、それに子どもたちもみんな存在しなくなるのだということがわからんのかね？」

確かに、そのことはわかっていた。それは明白なことだった。しかし私たちは何もしなかった。（中略）父の心が完全に核破壊防止に向けられ、私の心が小さな子どもたちを育てるという些細なことに向けられていた何年かのあいだ、私たちの間での本当のコミュニケーションは、ほとんど不可能であった。［Tait 1975: 176–178］

キャサリンは、夫とともにキリスト教宣教師となっており、布教のためウガンダへ家族ぐるみで赴く直前に父ラッセルの家へ寄ったのだった。その彼女が、父親のそれこそ宗教的な語調に当惑を覚えたことが、さらに長々と語られる。だが何よりも、小市民的幸福を犠牲にしての社会的義務遂行を個々人に要求する父親の姿が、キャサリンには問題であると映った。初めて見る小さな孫たちを喜ばせる父親を描いたキャサリンの報告は、ラッセルが、ごく平凡な些細な小市民的幸福を作りだし自ら堪能する力を豊かに持ち合せていたことを証明して余りある。それにもかかわらず、いやそれだからこそ、「全世界を守るのはもとより自分に直接身近な者を防衛することでもある（先に見た教員への返答）」というラッセルの社会的使命感が、自他に犠牲を求める強迫観念へと膨張したのである。

しかし、ティーカップごしのラッセルの質問に対して、キャサリンはこう答えることができたのではないか。すなわち――そう、生き残るために何かすることはきわめて大切であるに違いありません。おっしゃる通りです。しかし、現に健康でいろいろなことができる私たちが、日々生活するに、たとえば上からものが落ちてきやしないか、自動車が突っ込んできやしないか、食物に毒が入っていやしないか、心臓がいま止まりやしないか、と気遣いそれらを防ぐためにエネルギーを費やしすぎるとしたら、もっと人間的な高次のことは何もなされなくなってしまうでしょう、と。

ここには、前節の終わりで政治社会体制の人間的意義について述べられたと同じことが、小市民的日常生活の人間的意義というバリエーションで立ち現われてきている。ラッセルは人々に、小市民的な諸々の幸福を、むしろそれを究極的に生かすため、反核の社会的義務のために喜んで犠牲にせよ、と迫る。全ての人間的生活は、この偉大な義務の前にその意義が吹き消される。これは逆説的なニヒリズムである。

この背景をなす心理を推測することは、決して難しくない。ラッセルが自己のその心理を意識的に定式化して明かしたことはないが、グラッドウィン卿（一九六〇年までパリ駐在英国大使）への書簡の一節などは有力なヒントとなりえよう。

ある政策の賢明か否かを評価するにあたっては、悪い結果が出る可能性だけでなく、その結果の悪さの度合いをも考慮する必要があります。人類の絶滅は、可能なる最悪の結果なのです、それで、それが起こる可能性はたとえ小さいとしても、それの悲惨さは、それを起こしうるいかなる政策に対しても防止力となるべきでしょう。［1969a: 195］

数学者らしく、ここでは期待値が判断基準とされている。そして重要なのはまさに、期待値それ自体なのである。パスカルは、神の存在・非存在それぞれの場合に約束される幸福の量を期待値で計算し、神の存在を信ずべきだという結論に達した（『パンセ』「賭について」）。ラッセルの核戦争は、ちょうどパスカルの神に対応するだろう。全滅は可能性であっても、無限の悪である。勃発のいかに小さな確率をそれに掛けても、現実のいかなる悪よりも悪の度は必ず大きい。全滅を避けるためには、現実に与えられたあらゆる善を犠牲にしてでも行動する価値があるし、行動しなければならない。ここでもちろん、パスカルの神の特性であった無限の善の約束ということが、ラッセルの核戦争においては無限の悪（もしくは、無）に置き換わっている。(51)

しかし、そもそも人類の存続それ自体がよいことかどうかということを、ラッセルは疑おうとはしなかったのだろうか？　いまや孫を喜ばせる「完璧なおじいさん」であるとしても、娘キャサリンの目には、父親は最後まで厳しい科学哲学者の面影を引き摺っていたようである。彼女はラッセルを次のように見ている。

父は（中略）イスラエルの子たちを、彼らの愚かさと邪悪さが受けるに値する破滅からなおも救おうとしている予言者のように、叫んでいた。（中略）父の無茶な言動は、人々が静かな理性的説得にいっこうに耳を傾けようとしないという、父の絶望によって正当化されたかもしれない。（中略）しかし、私はなおも父の方法に疑問を抱いていた。（中略）世界共産主義の勝利よりは人類絶滅の方がよい、と思わない点では父と同じだが、私は、単なる人類存在をそれだけで善であると考えたことは一度もなかったし、人間の全く存在しない世界を狼狽せずに思い浮かべることができる。父は、人類は進化の偶然の産物以上の何ものでもないと私たちに教えたことで、知らず知らずのうちにこの冷淡な考え方に責任を負っていた。［Tait 1975: 177–178］

父親のかつての懐疑的世界観は、娘の中にこうして健在である（その反動でか彼女は、宣教師という父親の喜ばない仕事に天職を見出したのだけれども）。ここでキャサリンがいみじくも暗示したように、「人類は偶然の産物でしかない」という見解を含意するラッセル哲学の非人格的科学的宇宙観と、彼の熱情との間の矛盾は明らかだった。キャサリンはラッセル哲学を主に口頭で学んだようであるが、彼女の言っているような要素は、もちろん、彼の公刊された著述の中にふんだんに見ることができる。それらの最も基本的な表現は、たとえば次のものである。

私たちの人間的な欲望を満足させようという希望、つまり、この世界にはあれやこれやの望ましく思われる倫理的性質が備わっているということを証明したいという希望は、私の理解できる限りでは、哲学がそれを叶えるために何かしてあげられるといった希望ではない。（中略）善悪の観念が世界を理解する鍵を与えてくれるに違いないという信念が、哲学に避難所を求めてきている。しかし、この最後の避難所からさえ、もし哲学がいくつかの心地よい夢であるべきでないとするなら、この信念は追い出さねばならない。〔1914: 37–39〕

哲学は自然科学と全く同じように、善悪への訴えや人間的欲求を完全に排除しなければならない。このようなラッセルの冷たい哲学は、彼の行動にバックボーンを与えないまま、最後まで存続したのであろうか。哲学者の娘らしくキャサリンがちらと気にしたことをわれわれも同じく気にし、人間ラッセルを離れて少しのあいだ彼の晩年の哲学を追ってみるチャンスがここで得られたと言うべきだろう。

ラッセルが最後に出した理論哲学書き下しの書『人間の知識』〔1948a〕は、彼の最終的到達点を示す書と言ってよいが、そこで彼は、人間の直接経験における所与が、個々独立の感覚印象であるとする純粋な経験論（これは原子論者ラッセルの哲学に他ならなかった）だけでは、科学的知識の獲得を説明できないという結論に主として帰納法の研究から行きつき、カントの「範疇」もしくはヒュームの「関係」に似た非経験的な五原理を、人間の知識の根底に介在している枠組みとして提出した。(52) これは、全てを原子的事実にあるいは感覚与件に還元する彼初期のプログラムの完全な放棄を意味するとともに、証明されない信仰あるいは要請を人間的知識（活動）の基礎として立てる決意の現われでもある。ラッセルの五原理は、前提もしくは要請であって、それ自体知識ではない。つまりラッセルは、い、い、か、い、とにかく信ずることを自己の哲学の基底に据えたのである（「範疇（Kategorie）」や「関係（relation）」が先天的形式もしくは自然的・哲学的事実の記述としての含みを持つのに対し、ラッセルの「原理（postulate）」（要請、公理）は確かに格段に信仰性が強い）。

ところが、ジョン・ルイスが批判したように、（ラッセルのような）「合理主義者」が究極的に自分の合理的な手続きをいかなる合理的な根拠も持たない行為にもとづけうるならば、「非合理主義者」も全く同じことをやって、自己の非合理主義に対する合理的な弁明を持てることになろう［Lewis 1968: 47］。そして、その非合理主義者とは、あるときはラッセル自身であるかもしれない。ここに至って、ラッセルは、神や国家や性道徳を信仰する人々を原理的に批判できなくなったのと引きかえに、辛うじて、自己の活動を自ら批判せねばならない羽目に陥るのを免れたのである。

ラッセル哲学の最も基本的な部分は、こうして、不十分ではあれ、行動人ラッセルの持つ雰囲気と一応相似た雰囲気を備えるところまで発展することができた。ここまではよろしい。だが、実践的信念や行動を直接基礎づけるはずの肝心の倫理学においてはどうであったか。価値の哲学においてこそ、科学者ラッセルの懐疑は最高度に発揮されていたわけだが、そこにも信仰の影がせり出して、自らの行動を十分支えうるものと転じおおせたのか。

ラッセルの理論的倫理思想については、『倫理と政治における人間社会』［1954b］が最終的な到達点を示している。その本の「まえがき」によれば、これは先の『人間の知識』の一部に含められる予定だったが、倫理学を「知識」とみなしうるとは言えないという理由で独立の一冊として発表されたものである。この書の中心的な教説は、共存可能性の理論(the doctrine of compossibility)である。その趣旨は次のようなものだ。

欲望の充足に付随するものやその結果を顧慮せずに、それだけを切り離して考察する限り、ある種の満足を悪と見なす理由はない。しかし、欲望を手段と見なすとなると、事情は全く違ってくる。対をなす欲望でも、両立するものもあれば両立しないものもある。(中略)二つの欲望について言えることは、一連の欲望群についても言える。ライプニッツの言葉を借りて、いくつかの欲望が全て同一事態によって充足されうるとき、それらの欲望は「共存可能(compossible)」と言い、それができない場合には共存不能(incompatible)と呼ぶことにする。(中略)言うまでもなく、欲望群が共存可能な場合には、共存不能の場合よりも、欲望充足の総計は大となりうる。従って、われわれの善の定義に従えば、共存可能な欲望群の方が手段としては望ましいことになる。（中略）かくして、欲望を正と不正とに、あるいは大ざっぱに言って、善と悪とに区別できる拠り所となる倫理が導出される[53]［1954b: 59］。

さしあたっての問題は、「倫理学の基本」（一九一〇）の直覚的客観主義（善は定義不可能な、それにもかかわらず客観的な性質である）から『宗教と科学』［1935］の情緒的主観主義（善という客観的性質は外在せずあるのは各個人の欲望の吐露のみである）へと大きく転換したラッセルの倫理思想に、右の共存可能性の理論がまた新たな転換の一段階をつけ加えているかどうかである。ちなみに、『宗教と科学』におけるラッセルの情緒主義の結論的見解を拾ってみよう。

「価値」――その及ぼす結果とは独立にそれ自身で善もしくは悪であるもの――の問題は、宗教を弁護する人々が力強く主張するように、科学の領域外にある。私はこの点彼らは正しいと考えるが、私はさらに、「価値」に関する問題は全く知識の領域外にあるという結論を引き出す。［1935: 230］

人が「これはそれ自体で善である」と言うとき（中略）実際に意味されているのは「私は皆がこれを欲求することを望む」、あるいはむしろ「皆がこれを欲求せんことを！」ということだと思われる。彼の言うことが陳述として解釈されるなら、それは単に彼自身の個人的希望を確認しているにすぎないし、他方、それが普通に解釈されるなら、それは何事も陳述しておらず単に何かを欲求しているにすぎない。［1935: 235–236］

この説の帰結は重大である。第一に、なんらか絶対的な意味における「罪（sin）」のようなものは存在しえなくなる。［1935: 238］

先の「共存可能性の理論」を右の情緒主義と比較してみたとき、共存可能性の理論は内在的価値にではなく手段的価値にのみ関わっているがゆえに、情緒主義には背反していないことが明らかであろう。そして『倫理と政治における人間社会』を『人間の知識』に含めなかった事情からしても、情緒主義が捨てられているとは決して言えない。むしろ確認されている。そもそも共存可能性の理論は、ラッセルの「『残虐行為は悪い』と言うときわれわれは単に『私は残虐行為が嫌いだ』とかその他主観的なことを言っているにすぎないと考えることは、私個人としては我慢のならない気がする」［1954b: 110］という動機によって、情緒主義の消極性を脱しようとした実質的提案であるが、あくまで規範倫理上の（功利主義に近い）試案なのであって、メタ倫理上の情緒主義原理まで撤回されたわけではない。

そしてそれならば、情緒主義の主張者は、首尾一貫しているかぎり、自己の提示する倫理規範体系が「定言命法」ではなく常に相対的・試行的なものであることを自覚していなければならない。つまりは、ラッセル自身がかつて書いた警告――「雄弁への免疫を獲得することは、民主制下の市民にとってきわめて重要なことである」［1938: 313–314］――が、彼の中でいまだ生きているはずである。ラッセルの倫理学は、最後まで懐疑家の哲学であった。

ところが、ラッセルが人類生存のため皆の者立てと雄弁に命ずるとき、自分の道徳的格率を人々に押しつけるとき、彼自身の教義が単なる情緒表明である、あるいは試行的なものであることを自覚していたと言えるであろうか。そこには、懐疑家が行なう押しつけ的説得という奇妙なパラドクスがある。何よりも自分自身の「人道主義的」目的は万人にとって絶対的に正しいと感じられるべきだ、客観的かつ宇宙的な真理なのだ――そう固く信じ込んでいない人間が、大聴衆に向って次のような叫びを投じるかどうかは、確かに、一考に価しよう。

ヒトラーがユダヤ人全てを殺そうと欲したとき、彼の邪悪なることをわれわれはいつも考えていたものです。しかるにケネディやマクミランや東西両陣営の他の指導者たちは、全ユダヤ人に限らず、他のわれわれ全てをもおそらく殺すことになるであろう政策を追い求めているのです。彼らはヒトラーよりも遥かに邪悪です。（中略）私は、少しでも成果を期待できると思えることならいかなる非暴力手段に訴えてでも、そのような政府に反対できる一切の行動をとろうと思うのです。そして私は、同じように考えてくださるようあなた方全員に訴えるのです。彼ら殺人者どもに従うことはわれわれにはできません。彼らは邪悪《ウイケッド》であり、忌まわしい《アボミダブル》。彼らは、人間の歴史にこれまで生存したうちで、最も邪悪な人たちであります。そして自分のなしうることを行なうのが、われわれの義務なのです（これは演説 On Civil Disobeidence (15 April 1961) の末尾にラッセルが即席で付言した言葉。[1969a: 144]『タイムズ』など全英、および海外の各紙がこれを興味本位に報道した）。

邪悪、忌まわしい、の語調は、完全に使徒的に聞こえる。ラッセルは、自分自身の冷たい理論哲学から遥か離れたところへと昇ってしまっている。彼は、哲学者でありながら哲学不在の真空で格闘せねばならなかったのだ。「決断が持って生れた鮮かなる色は、思想の蒼みに塗られて消え失せる」（『ハムレット』第三幕第一場）の全く逆の状況がここに生じ、天からの絶対的正への奉仕を確信したドン・キホーテ型人物がそこに姿を現わしている。しかも彼の哲学は最後までそこへ応じてこずに、依然として「蒼」く、決断の絶対的倫理を拒否している。絶対的倫理＝神。すでに引用した『宗教と科学』で罪というものを否定したラッセルの念頭には、「神」に由来する不合理な罪の概念にもとづくキリスト教道徳への反対があった。その彼が、のちの核戦略やベトナム戦争に関する声明でさかんに「人道への罪」「人類への罪」という言葉を使用した。

最後まで神を信じなかったとはいえおそらく事実上の信仰者であったラッセルの悲劇を最も深く、簡潔に解説しているのは、やはり娘キャサリン・テートの、次の言葉であるかもしれない。

父は再三再四、不合理な信仰の慰みなしには人生に直面できない信者たちの臆病を攻撃した。（中略）クリスチャンたちは、人間を巨大な宇宙体系における重要な存在であると考え、万物の中心とさえ考えているといって嘲けられた。それでいて父は、人間とその保全を世界で最も重要なことと考え、来たるべきよりよい人生を期待して生きた。父は本質的には宗教的な人間であり、より信心深い時代であったら聖人（saint）となったであろう種類の情熱的なモラリストだった。［Tait 1975: 183–184］

私は、父が求めていたもの、父が生涯にわたって憧れていたえも言われぬ何かを私が発見したということを、父に納得させてやりたかった。神の探求は無駄とは限らないことを父に信じさせたかった。だが、それは望んでもむだなことだった。父は、あまりにも多くのでたらめなクリスチャンたち（中略）を知っていたから、彼らが蔽い隠していた真実を見ることは絶対にできなかったろう。父は、聖人になっていたはずだった。父は情熱、真実と正義への激しい憧れ、平和と愛の世界への憧憬を持っていたからである。［Tait 1975: 189］

キャサリンの子どもたちのうち一番大きい子が、後にもう一度、ティーンエイジャーとして祖父を訪ねている［Tait 1975: 195］。そのときはラッセルは、この孫に倫理のこと、人類救済のこと、世界のことを何か語ったに違いないと思われるが、あいにく、それについての詳細は残っていないようである。

第６章　ドン・キホーテ、立つ

１．誤った権威

ラ・ロシュフコーの『箴言』に、「老いてますますかくしゃくたることは、狂気を去ること遠からざるものだ」(416)というのがある。あるいは、「年とった狂人は、若い狂人より、もっと狂人だ」(444)とも言う。スペイン史学者のジェラルド・ブレナンは、ラッセルの強烈な使徒意識と「人類への憐れみ」を、ギリシア神話のプロメテウスになぞらえた〔Brenan: 1975〕。「プロメテウスの火」たる原子力を相手取った闘士にとっては、皮肉な評言かもしれない。

いずれにせよ、老ラッセルの活動は狂熱的だった。彼は、自分の信仰を大衆(と各国政府)に布教するためには、思いつく限りのあらゆる試みを行なった。世界科学者会議の提唱、「こんな行進をやるなんて迷惑千万だ」と非難されもしたと自身書いているデモ行進や無数の演説、声明書発布、坐り込み、戦犯裁判なる風変りな思いつきの実行にまでそれは及んだ。一九六三年九月設立の「バートランド・ラッセル平和財団」(Bertrand Russell Peace Foundation)は、核兵器廃絶運動を遙かに越えて、国際紛争調停、東西双方の独裁政権下の政治犯釈放などを含むあらゆる民主的・平和的思想の実現を追求し、それに反する動きをことごとく弾劾するというおそらく民間最大規模の事業団体であった。

政治的な影響力というものは、ときとして、曖昧な威信がものを言う。これは、「エネルギーが物理学の根本概念であるのと同じ意味で、社会科学の根本概念は権力であるということを、私は本書で証明しようとするものである」〔1938: 11〕

という変わった書き出しで始まる権力論の著者の、よく心得ていたことに違いない。そのラッセル自身の活動は、ある意味で、明らかに権威の誤用である。権威にはそれぞれ、その専門的威力の作用する領域がある。ラッセルが何かの専門家と呼べるとするなら、それは数学と論理学と哲学の領域の他にはなかったはずだ。もちろんラッセルは英語散文の名手とされ、評論文学でも不動の名声を得ているが、社会科学の領域では（教育学および倫理思想の若干を除くと）ラッセル思想はほとんど流通していない［家坂 1980: 60］。とすれば、確かに数理科学は最も他を侵略しやすい「強い」権威であるとはいえ、その領域での権威の担い手が、全然別の領域・政治や平和の問題へと名声を利用して進出し権威の行使を企てるとき、彼は己が力を誤用しているのではないのか。

ラッセルにとって、もちろん、そんなことは問題でなかった。人類の全滅を避けるためあるいはそれに関連するあらゆる問題に効果的ならば、何でも許されたのである。人類存続の前には、全ての価値と権威は平均化された。あるいはむしろ、誤用できるほどに大きなラッセルの権威が、人類の存続という絶対的な価値権威と一体化したと言ってもよい。学問上人格上のラッセルの権威が、価値上の人類存続の権威をかぶって世界に号令したのだ。

政治における権威の誤用は、その不当な効力ゆえに時として大変恐るべきものとなりがちである。しかるにラッセルの場合は、前章で見たような思想的矛盾を孕んだ権威誤用まで冒して挺身した彼の平和運動が、どれほどの実際的効果を達成したかを振り返ってみるならば、われわれは必然的に、論理の槍を手に単騎核ミサイルの風車に突進したドン・キホーテという、聳然《しょうぜん》にして悄然たる幻想に導かれずにはいない。

一九六二年一〇月のキューバ危機に際して、ラッセルは秘書とともにほとんど不眠不休の活動を続け、フルシチョフとケネディに何度も説得の電報を打ちまたその返事を受け取ったが、(54)もし彼が国際政治に重要な影響力を与えたと言えるときがあるとするなら、まずそれはこのときであった。ラッセルはいろいろな場所で「あの危難を解決したことが、あの一週間を私の全生涯のうち最も価値あるものにしてくれたということを私は確信できます」という趣旨のことを言っている（［1969b: 77］［岩松 1975: 26］など）。そしてこう書く。

> 私が何ら公式の地位に就いていないにもかかわらずあのような問題に首を突っ込んだことに、多くの人が驚いていたようである。しかし、これほど高度に組織された世界においても、どの大臣どの団体にも手も足も出ない事柄があり無官の一個人にはその事柄に打つ手があるという事実、今回の事件はそのことを示していると私は思う。フルシチョフの抱く自尊心は、破壊を口にし敵意を抱く合衆国政府に譲歩するのを許さなかったかもしれない。ところが、平和達成の念願だけが唯一の関心事である無力な一個人に同意することは、面子《めんつ》を失うこともなく、ずっと容易だったのである。個人にはもう一つの利点がある。個人は、同僚の役人たちと相談することを待たずに急速に行動できるということだ。あと二、三時間で事態が決定的となりそうなときに個人的意見を強く表現する重要な理由は、こういうことだったのである。（［1963: 12–13, 148］の同趣旨の二箇所を混合して訳出）

これは一見して、素晴らしい国際心理学である。ここで彼は、権威の誤用ではなく無権威の活用を強調したことになる。しかし、実際ラッセルの力が危機回避の結果にどれだけ貢献したのかを判断することはわれわれにはできない。ただ、フルシチョフがラッセルに諭されて考えを変えたということが現代史の一般的通説になっていないことは確かだ。[55] また一説によれば、キューバ危機は双方威信保持のポーズであって、とくにソ連側の行動ははじめから筋書の決まった、アメリカの能力と決意を試す計算された冒険に過ぎないということさえ言われている（たとえば六二年一〇月二五日、マクミランの下院における言明（*The Times*, October 26））。

それが真実でないとしても、そのような見解が危機中・危機後を通じてまことしやかに取沙汰されたということにより、「危機」さなかのラッセルのさかんな意気は、ぐるりと尻を向けて寝そべった獅子を前に百獣の王をさえ慴伏《しょうふく》せし

めたわが勇気を信じたドン・キホーテの図にいくらか似ていた、ということになってしまう。いずれにせよ、核戦略の

構図はその後も変わることなく保たれた。キューバ危機の回避は所詮アド・ホックな解決にすぎず、騎士が獅子を殺さ

なかったように、核戦略の恐怖そのものの終止がもたらされはしなかったのである。

また、バートランド・ラッセル平和財団の最大のキャンペーン、一九六七年のベトナム戦犯国際裁判いわゆるラッセ

ル法廷（五月ストックホルム、一一月コペンハーゲン）は、ラッセルが前年一一月ロンドンの予備会議に招聘し組織した世

界の一八人の知識人たちによる、人道的な怒りにまかせた大々的な権威の誤用であり、ベトナムその他から大勢の「証

人」を召喚しての華麗な祭典であった。「そう、どうして私たちが裁判官になるかと申しますと、それはきわめて単純
(56)

な理由からです。すなわち、私たちはことごとくバートランド・ラッセルから召集された者だからなのです。ラッセルは、

前々からそうしようという考えを抱いておられたんです。しかも私たちは、何か直接価値ある事だけをしつつあるのだ

と信じていました」（サルトル）[1972b: 151]といった奇妙な理由で馳せ参じた知識人たちは、いわば、二〇世紀のサンチョ・

パンサであった。さらには、ラッセルを奉ってデモに坐り込みに集結した市民のひとりひとりまたはその集合現象が現

代のサンチョであったと言ってもよい。

そう、あくまで人類の一員として、人類自らの価値観に執着した点で、ラッセルはプロメテウスというよりドン・キ

ホーテであった。

ラッセルは、その体格風貌からして、ドン・キホーテに似ていた。ラッセルの痩軀や尖った顔、かぎ鼻などは、ギュ

スターブ・ドレ描くにがり顔の絵の中に大変よく似たものがいくつか見出される。そうした観点からすれば、ラッ

セル晩年の活動の片腕となった若いユダヤ系アメリカ人ラルフ・シェーンマン（キューバ危機当時二七歳）がサンチョ・

パンサのように丸々と太ってはいなかったことは、ラッセルの生涯を美的に見たいわれわれとしては、返すがえすも残
(57)

念である。

ラッセルの風貌について、それが彼の若い頃からしばしばなぞらえられてきたのは、『不思議の国のアリス』に出てくる帽子屋であった。ケンブリッジではジョージ・ムーア、ジョン・マクタガートとラッセルのトリオは「トリニティ・カレッジのマッド・ティーパーティー」と呼ばれ、ドーラ・ブラックも初対面のときのラッセルを帽子屋みたいだと評している［Russel, Dora 1975］。ラッセルを帽子屋に見立てた漫画も雑誌その他に見受けられる。[58] が、ともあれわれわれが今関心を寄せるタイプの彼晩年の狂気のメタファーとしては、ナンセンス系の帽子屋よりもイノセンス系のドン・キホーテの方がふさわしいだろう。

ラッセルの死後五年にして、彼の悲願であったベトナム戦争終結は成った。しかし、それはラッセルの意図や行動には直接的にほとんど、というより全く関係がなかった。ラッセル生前は核廃絶の兆しすら見られなかったし、またキューバ危機以後平和勢力として淡い希望を託したソ連にも、そのチェコ侵入に対して抗議を発しつつ彼は死んでいかねばならなかった。端的に言って、彼の平和運動は、根本的なところでは結局何にもならなかったのだ。

もちろん、これも、世界平和そのものへの影響から見れば全くその通りであるが、ラッセルの活動が平和運動に与えた影響はＣＮＤ、パグウォッシュ会議をはじめとして確かに絶大であって、何にもならなかったという認識は改めなければならない。ただ、平和運動にのみ影響がとどまって世界平和までそれが及びえないならば、ラッセルの活動は、彼の意図・期待の大きさを基準にした相対的な意味では、構文論上の意義をのみ有し、意味論上はほとんど無であったことに変わりない。言語相互の構文的関係のみでなく言語外の実在＝世界との対応を重視して論理実証主義を批判（『意味と真理の探究』［1940］）し日常言語学派を切り捨てたラッセルにして、自己の活動がかような構文論にすぎぬとは確かに皮肉でもあったろう。実際的効果とは無縁な、活動の構文性あるいは単なる象徴性という事実は、たとえばラッセル法廷が、精密な手続きののち判決を下しておきながら、「戦争犯罪者」に対する刑罰は執行しえなかった（意図すらしなかった）ということに、端的に例示されている。

2. 刑罰と大衆運動

こうして、ラッセルは反核平和問題の象徴的な存在であって、体制にとって現実的な脅威となる存在ではなかった。最晩年の過激なラッセルの諸活動は英米政府にとって確かに頭痛の種であり、ラッセルの身近にＣＩＡのスパイが潜入しているという噂が立ったことがあったし、ラッセル法廷に対しては開催地としてラッセル側が望んでいたいくつかの国の政府から拒絶されたり米政府から妨害工作が行なわれたりということが現実にあった。しかし前者はラッセル平和財団内の内紛に伴う流言にすぎなかった節があり［Feinberg & Kasrils 1983: 381］、後者も声明以上の強硬な妨害があったわけではなく、アメリカおよび西側諸国の当然見せるべき態度がとられたという立場上の、あるいは美的な理由の域を出なかったもののようである。(59) 晩年のラッセルが実際に体制にとってどれだけの脅威であったのかなかったのか、それは一九一八年のときの彼の投獄と、一九六一年の投獄とを比較することによって明瞭となろう。ラッセル自身の変化を別としても、平和主義の存在が国家存亡に関わっていた第一次大戦当時のイギリスと、政府がもはや大戦争に直接関わらず建前はあくまで平和標榜であるはずの第二次大戦後のイギリス（セルバンテスの時代・無敵艦隊潰滅後のスペインと類似？）とでは、当然事情が異なっているはずだ。

六一年は、ラッセルの大衆不服従運動最高潮の年であった。二月一八日、トラファルガー広場（第一次大戦前夜、大衆の歓喜に彼が当惑したあの広場……）における二万人の大衆集会を指導し、ホワイトホール官庁街への五千人の平和行進の先頭に立って国防省玄関前に坐り込みを行ない、ついで四月の三日には街頭八万人の「過去百年で最大のデモ」（*The Times*）、一五日にあの「最も邪悪……」の怒りの演説、八月六日のハイドパークにおけるヒロシマ・デー抗議集会へと続き、ついに九月一二日にエディス夫人とともに（また百人委員会の若干のメンバーとともに）ボウ・ストリートに召換される。そのときの模様をラッセルは次のように書いている。

私たちがボウ・ストリートに出頭した朝、一〇時三〇分少し前、大勢の傍聴者の間を法廷に向って同志たちとともに歩いていったとき、そこはいかにも舞台のセットのような感じだった。人々がほとんど全ての窓に押し寄せており、そのうちいくつかの窓は鉢いっぱいの花で飾られて晴れやかだった。それとは対照的に、法廷内の光景はドーミエのエッチング画のように見えた。

大体において、法廷も警察も私が望むことのできる以上に優しく振舞った。裁判が始まる前、ひとりの警察官が、私たちの座っている狭い木製ベンチの苦しさを和らげるために、私の腰に当てるクッションを求めて裁判所内を探してくれた。それに対して私は本当に感謝した。クッションは一つも見つからなかったけれども、彼の骨折りを私は嬉しく受けとった。

禁錮二ヵ月の判決が私に言い渡されたとき、「シェイム！　シェイム！　八九歳の老人だぞ！」という叫びが傍聴席から起こった。私はその叫びに腹が立った。それが好意から出ていることは私にもわかっていた、が、私はわざと罰を受けていたのだったし、いずれにしても、有罪かどうかということに年齢が何らかの関係があるということは納得しかねたのである。（［1969a: 116］文章の順序を一部変更して訳出）

二ヵ月禁錮の判決は、一三六一年条令違反・治安紊乱扇動罪による（「平和の侵害」a breach of the peace という罪名は、この犯罪者の活動の意図と照らし合わせるとき、独特のアイロニーを生ずる）。ラッセルは、手加減されることを拒否した。しかし、もはや彼は、一九一八年に裁判官を激怒させたときのような、体制にとって現実的脅威たる壮年の危険分子ではなかった。尊敬されいたわられるべき老人であったのだ。

ラッセルは、「私はわざと（deliberately）罰を受けていた」と言った。さらにその法廷でのラッセルの陳述の終わり近くに、次のような一節がある。

非暴力不服従運動の展開をわれわれが余儀なくされたのは、それが、事実を一般に知らしめるための他のいかなる方法よりも十分に報道されるという事実によってであります。そしてそのような報道ゆえに、何がわれわれをしてかような行動をとらせたかについて人々が尋ねるようになったわけです。ここで今罪を問われている私たちは、投獄される心の用意ができております。と言いますのも、それが、わが国ならびに世界を救うために寄与する最も効果的な方法であると信じているからです。もしあなた方が私たちを有罪にすれば、あなた方は私たちの大義を応援し、従って人類を救うことになるのであります。（Statement at Bow Street, September 12, 1961［1969a: 145］）

上訴審まで争った一八年のラッセルとは異なり、いまや彼は、ソクラテス的服従の態度をとる――まさにソクラテスと同じ、お手のものの弁論を弄した上での逆説的服従。[60] ここには〈背徳としての論理〉の堂々たる形骸が保たれているのが見られる。だが、二〇世紀のイギリスは、古代アテネよりも遥かに情け深く、学識名声ある老人を大切にする国だった。弁護団と医師団の供述書が通って、刑はただちに一週間に切り替えられたのである。

ラッセル夫妻が運び込まれた先は、ブリックストン刑務所付属の病院であった。ラッセルは「投獄とはやはりいやな（frightening）経験である」［1969a: 117］と書いているが、実際のところ、禁錮とはいいながら実質的には安楽なホテル暮しに等しい待遇だった。一八年のときも兄伯爵の威光で快適な獄中生活を送れたが、それでもあのときは絶えまない監視、通信の厳しい検閲と面会制限があった。今度は食事は自由、面会も自由、電話も自由で、当局から言われたのは「何をしてもよろしいけれども、たった一つ、外には出歩かないで、ここで一週間だけ静養してほしい」ということだった。当局の全ての裁決、執行、応対が、単なる儀式にすぎなかったと言えるかもしれない。ラッセルは病室からメッセージをいくつも送って、自分の不在の間の平和行進・坐り込みを指導し、出獄前日、九月一七日のデモの「成功」の報に歓喜した。[61]

確かに何かが空回りしている。だが、言うなればそれは、現在まで続く市民平和運動そのもののドン・キホーテ性を表わしているのではないのか。その一般的性格は、ラッセルのような傑出した中核を戴いたとき最も明白となる。予言者のまわりに市民の熱狂の声が渦巻き高く響きわたれば響きわたるほど、非情に運動する政治システムの前における一般市民の無力さがいよいよはっきりしてくるのだ。市民的力の誇示である平和運動が却って無力を露呈させる。これは皮肉な逆説である。

この逆説ゆえに、世界に対するラッセルの空回り度の激しいときが、世界大衆との本当の融合がなしとげられたときに一致しているという、一見奇妙な事態が生ずることになる。世界の動かしがたい基本的な流れから疎外されたラッセル＝ドン・キホーテと民衆＝サンチョ・パンサとが、敵意ある世界のただ中にあって、絶妙の寄り添い合い、一体化をなし遂げている光景は、見方によっては恐ろしく滑稽でありうるのであり、皮肉なジャーナリズムの好餌ともなるであろう。ラッセ

16 THE GUARDIAN Monday November 12 1962

NUCLEAR DISARMERS VISIT LORD RUSSELL

With thanks for peace

FROM OUR OWN REPORTER

Penrhyndeudraeth, Saturday

Look hard at a public thanksgiving and you will find irony in it. ...is afternoon began on the boundary of an explosives factory and ...ded with the circulation of a fire bucket. In between came ...atitude for deliverance from the biggest catastrophe of all. And ...ien it was all over an old, old man retired to his hilltop home a ...ile or so away from here to savour the freshest of a long string ... public accolades; the greatest philosopher of his age, martyr, ...ank, and now—saviour of the world, no less.

This was how they saw Bertrand Russell in Penrhyndeudraeth ...day. Possibly a few of the villagers refused to be swept away on ... wave of high post-Cuba ...notion that was about the ...eets (they would be the ones ...ering narrowly from behind ...tage curtains) as nuclear dis...ners rolled in from Bangor, ...erystwyth, and other pacific ...ongholds. If so, they were alone ...h their doubts. For everyone ...e, a third world war was averted ... the night of October 22, 1962, ... a sheaf of telegrams dispatched ... way of Manchester, the his...ians had better remember) from ... ennobled heights of Plas ...rhyn.

...his get-together, we were reminded ... a bilingual leaflet, was Everyman's ... of saying thank you to Lord ...sell. And here were extracts from ... redeeming documents. Were these ...sed the words that stayed the ...ching of a thousand missiles? ...peliaf atoch i beidio a chael eich ...ruddo," was one text sent to Mr ...ushchev. That, surely, would be ...ugh to stop any belligerent in his ...ks. (And Manchester's part in this ...smission clearly cannot be ...remphasised.)

...ltic devices

...Thank You" was the inscription ...ied at the head of the column as ...formed up between the railway ...ion and the recreation ground of ...ke's Explosives. There were ... banners with strange Celtic ...ces which made them look more

...at the ground and there was an even greater silence in the crowd because they thought he was going to break down. But he didn't.

Never in his life, he said, had he experienced anxiety comparable to those hours three weeks ago. His had been but a small part in averting a world war and now that it had for the time being been averted there was no reason to settle down in complacency. For "you cannot rely upon it that every time we get to a perilous situation one side will have the sense to withdraw."

It was the duty of everyone to protest in every way he could against these devastating weapons. "We shan't," Lord Russell said, "get much help from the statesmen of the West, and I don't know how much help we shall get from the statesmen of the East." A volley of clapping as he finished and then the Welsh crowd, ignoring their own anthems—for they were honouring an Englishman—sang "For he's a jolly good fellow."

In anticlimax, Mr Clough Williams-Ellis quoted Voltaire, John Addington Symonds, and Bertrand Russell, and announced the establishment of a fund for Lord Russell to do as he wished. The homage was over. Lord Russell, supported by his wife's arm and those thin, careful legs of his, returned to his house. The column, dropping its pennies and sixpences into a fire bucket as it went, strode back into the village to plan the next strategy in the non-nuclear war.

The marchers on their way to Plas Penrhyn, Penrhyndeudraeth, on Saturday, to thank Lord Russell for his efforts in averting a third world war. Below, Lord and Lady Russell

ラッセル夫妻のうしろはラルフ・シェーンマン

反核主義者ら、ラッセル卿を訪う　平和への感謝をこめて

この大衆の感謝を見よ、そこにはアイロニーが感ぜられるだろう。この午後の出来事は、ある火薬工場ぎわに始まり、消防バケツのまわし送りにて終わった。その間、史上最大の破局からの救出への感謝表明が行われた。それが全て終了すると、ひとりの大変な老人が、そこから約1マイル離れた丘の上の家へと戻ってゆき、生涯多々あった大衆からの賞賛のうち最も新鮮なそれを噛みしめたのだった。彼は当代最も偉大な哲学者であり、殉教者であり変わり者であり、それよりも今や——世界の救い主なのである。

これは、今日、ペンリンダドレスのバートランド・ラッセルを人々がどう見ているかを表している。反核主義者たちがバンゴーからアベリストウィス、その他の本拠地からくり出してくる間、おそらくは、村人たちの中には、キューバ危機後街なかにあふれた高揚感の波に巻き込まれるのを拒否する者もいただろう（彼らは東屋のカーテンのかげからそっと外を覗いている人たちだろうが）。それら少数の人々は、彼らの疑念ゆえに孤独である。他の人々全てにとっては、1962年10月22日の夜、プラスペンリンの高貴な高みより一束の電報が（歴史家は記憶されるがよいと思うが、マンチェスターを経由して）発せられたことにより、第三次世界大戦が回避されたのである。

この集会は、二ヶ国語リーフレットによってみると、ラッセル卿への感謝の意を表する全ての人々のやり方であった。そしてここに、収集された記録からの抜粋がある。これらが果して本当に何千ものミサイル発進をおしとどめた言葉なのであろうか？“Apeliaf atoch i beidio a chael eich cythruddo,”これは確かに、いまや戦わんとする国を引きとめるに十分だったであろう。（そして、その通信におけるマンチェスターの役割は、明らかにいくら強調してもたりないほどである。）

ケルト族の銘句

「ありがとう。」これが、鉄道駅とクーケ火薬工場のグラウンドの間で形成された行列が先頭におし立てた文句であった。不可思議なケルト族的銘句の書かれた旗も見えたが、それらは彼らを実際よりもなにか好戦的なように見せるのだった。

小さな男の子たちが、背中に、「ぼくは死にたくない」という貼り紙をつけている。しかし、「バート、ありがとう。私たちは無事でした。」というプラカードに典型的に見られるごとく、概して、その行列は社交を求める感情のためのよい機会であった——そのプラカードは『意味と真理の探究』の著者には幾分ばかげて見えるかもしれないが、疑いもなく、心からの敬意のしるしである。行列が大通りまで進みプラスペンリンに通ずる丘の道にさしかかった頃には、人々は何百人にもなっていた。家の裏の野原で、彼らは救いの主とあがめる人物と対面したのである。彼をつれてくるために代表者が送られ、ひょろっとか弱い、背を真直ぐにした、冷たい風を防ぐように厚着をしたその人とともに戻ってきた。すると大きな歓声が野原にひびきわたった。マイクがこの英雄のまん前にすえられた。沈黙があった。ごく小さな子どもたちさえも、命ぜられなくともじっとおとなしくしていた。「あなた方がここに来てくれたことを知って、私はとても、とても感動しています」彼は口を開いた、そして黙り、うつ向いた。さらに深い沈黙が群衆の間にひろがった——人々は、彼がわっと泣き崩れるかと思ったのである。だが彼は泣かなかった。

彼は語った、自分の生涯にて、3週間前のあの日々に比べられるほどの不安を経験したことはかつてなかった。自分の役割は、世界戦争を回避するにごく小さなものに過ぎなかった。そして今や戦争が回避されたからとて、のんびりと落ち着いておられる理由はない。それというのも「われわれが危機に直面したときつねに、片方の陣営が譲歩するだけの良識を示すということは当てにできないからです。」

破壊的な兵器に対して、ありとあらゆる手段をもって抗議することは、全人の義務である。「われわれは」ラッセル卿は語った、「もはや西側の政治家からは助けを得られません。そして、東側の政治家からどれほどの助けが得られるかということもわからないのです。」彼が語り終えると、万雷の拍手が鳴りひびき、ウェールズ人の群衆は、彼ら自身の祝歌はなおざりにして——つまり彼らはこのイングランド人を心から賛美していたので——“For he's a jolly good fellow.”を歌ったのだった。

クライマックスが終わると、クロフ・ウイリアムズ・エリス氏がヴォルテール、ジョン・アディントン、そしてバートランド・ラッセルを引用し、ラッセル卿のための資金をつくることを宣言した。敬愛表明の式は終わった。ラッセル卿は、夫人の腕と彼自身の小刻みに動かす細い足とに支えられて、邸宅内に戻った。行列は去りぎわに消防バケツに銀貨銅貨を投げ入れてゆき、核戦争反対のための次なる戦法を練るために村へ帰っていった。　（三浦注：『ガーディアン』の本社はマンチェスターにある）

ルが獄(病院)に入った一年後、キューバ危機直後において生じたラッセルと一般市民との大いなる交流を報じた『ガーディアン』紙(November 12, 1962)は、まさにその典型的な例である(前頁は記事の翻訳)。

これがあからさまな滑稽化であることは言うまでもない。ラッセルに投じられた皮肉以上にむしろ豊富な、ウェールズ・ケルトへの地域的・言語的・民族的特殊意識の一々をここで解きほぐしている余裕はない。この場面の具体的な部分にも必要があれば後に立ち戻ることとして、今はただ、この記事から全体として感じ取れる核時代の実相を確認しておくことが重要である。この記事に描かれた光景は徹底的に(しかるべく?)皮肉られているとはいえ、これが人間の自然な情緒に沿った出来事であるという印象までもが歪曲されてはいない。その自然な情緒、民衆がラッセルに示した感動の念(「迸る感情」)は、言うまでもなく、核への反感動——拒絶反応の激しさそのものを示している。

ここでわれわれが教えられるのは、現代社会において、一般市民による反核・平和運動というものは、実際的にはともかくとして(滑稽化されうるほどのものにすぎないとして)美的にはなくてはならない現象だ、ということである。誰かが、そしてかなり多数の人が、それに打ち込むのでなければならない、ということである。

なぜならば、核時代の幕明けたる二〇世紀にこそ、この新しいしかも未曽有の大脅威に対するショック症状が大規模に、多少ともヒステリックな形で現われることは、人類という集合が有機的な生体であるならば、生物学的必然とも言えようからである。少なくとも核時代初期、恐ろしい慣れの訪れるまでの初期においては、そうだろう。核という現象には、大衆運動レベルのショックを惹き起こすだけの意味が、確実に蔵されている。大衆の苛立ち、恐れの具体的非理性的表出は、したがって、人類の感情的性質が健康である証拠であろう。そしてショックはショックであり、それ自身なのであり、いかなる効果を挙げうるかは本質的に問題にならない。

この観点からすれば、市民の反核平和運動は、(再び実際的にはともかく美的には)決してむなしい叫びなのではない。同様に、ラッセルという、有機体としての人類の最長老・頭脳・超自我的存在が人類の情緒を一身に体現したあのような一連の行動に出たことは、むなしいどころか美的必然性に完全に則っているのであり、中核たる一大人格のあのような反応がなければ人類は人類でない、とも言いうるほどに本来的かつ普遍的人間像を示すものである。言いかえれば、ラッセルがいたことによって、核の出現時の雰囲気はそれらしいものとなり、人類はその歴史的結節点にあたっても人間的であり続けられた、と言ってもよい。しかるべき哲人が大衆に号令しまた応えられるヒステリー的狂乱は、歴史への実質的改変力はないにせよ、こうして、核時代初期には、美的必要性を備えていたのだ。

しかし同時に、実際的なレベルに目を戻すならば、権威の誤用は、ラッセルを無力な大衆の層から一歩も出られなくしてしまった。大衆組織以上の影響力を持ちえなくしてしまった。原子物理学者たちが核爆弾の実地使用の恐ろしさを訴えたごとく、専門的能力の安全圏の高みから警告や垂訓を下すのではなく、肉体を使った実際行動のレベルに高名な理論哲学者が降りてくるという図は、現に、可笑しい。先の『ガーディアン』の記事の中で、「そのプラカードは『意味と真理の探究』の著者には幾分ばかげて見えるかもしれないが……」という句が重要な皮肉になることができたのはなぜなのか。かような専門的言語哲学の場違い。実践的な意味では、知性より情動の方を多く必要とする熱狂的アジテーションを行なうのに、そのために特別な哲人は本来必要ない。彼がやるのは、可笑しい。それはすでに、職業的道化の「さかしま」な振舞いに近づいてさえいる。[62] これは権威の誤用というより、権威の迷い込みといった方がふさわしいかもしれない。ラッセルは当然職業的道化でも契約的道化でもないだけに（ドン・キホーテと同じく）、こういう道化的事態は却って迫力を帯びるのだ。

このように、一方では普遍的人間像を示しつつまた明らかな実践上の場違い、ズレの可笑しみをも表わす――ここにおいてラッセルはまさしく、ドン・キホーテであった。核時代はドン・キホーテを必要としていた。それはプラグマティックな必要性ではなく、もっぱら美的な必要性である。ドン・キホーテ的人間の特徴は、ある種の時代的象徴性にもとづく美しさと、場違いからくる実践的むなしさなのである。

3．光と影

実践上場違いな参与《コミットメント》という事態は、すでに第一次大戦における回心から生じていたはずである。ラッセルの反戦運動たけなわの一九一六年、彼の兄フランクが、弟の晩年を予見してではあるまいが、書簡（七月一六日付）でまっとうな警告を与えている。

世界が君たちのような一流《ファースト・クラス》の知識人に求めているものは、行動ではなく――行動ならば並みの頭の政治家か扇動家で十分事は足りる――思想だ。思想は行動より遥かに貴重な性質のものだ。当代の問題をよく考察し、その結果を著述に具体化し、それが次世代の教師たちの間に徐々に浸透するようにしてほしい。（中略）人間というものについて単に経験を味わい単に知るだけだというのであれば、いま君がしていることは価値があるかもしれない。しかし、ぼくが言おうとしていることは、君が自分を無駄にしつつあるということなんだ。君は自分の才能を世界のために最もよく発揮することをしていないのだ。それがわかるようになるやいなや、君は自分の活動を変えることだろう。［1968:69］（傍点は原文イタリック）

「才能を最もよく発揮できない」にとどまらず、水爆以後は、世界から滑稽化されるところまで事態は進んだわけである。一九三一年に亡くなった兄フランクは、弟の運命を見届けることはできなかった。

しかし、ラッセル自身も、象牙の塔時代には、右のフランクの言と全く同じことを語っているのである。『数学の諸原理』を書きあげた日、一九〇二年五月二三日付のルシイ・マーチン・ドネリイ（一一年からブリンマー・カレッジ教授）への手紙に「大作《マグナム・オウパス》を完成して、ようやく、今まで忘れようと大いに努めてきたこと、世界には人間がいるということを思い出す暇と自由ができました」〔1967b: 163〕と述べた彼は、その半年後にやはりルシイへの手紙の中で、まるで他人事として次のように言っている。

ぼくは、政治に興味を持とうと努力してきました。しかし無駄でした――大英帝国もぼくにとっては現実の問題ではありません。ぼくには、母国も植民地も、年とった雌鶏がコッコッと鳴いて雛鶏を呼ぶのと同じ姿に映るのです。そうして一切が可笑しく感じられるのです。それにしても真面目な人々はそうしたことをさも重大なこととして考えるのですが、ぼくには、偉大な永遠の事柄と比較すると、全く重要なものではないように思われるのです。ロンドン人にとっては「永遠」なるものが月刊雑誌によって代表され、日刊新聞から大いに苦労しながら向上してそうした月刊雑誌を読むようになるわけですが、彼らはことごとく、ぼくの目には傀儡として、自然力の無計画な具象化として映るのです。彼らは、欲望を断ち、ついには瞑想することを学ぶときに訪れる解放を、決して成就することがありません。人間が神たりうるのは思索においてのみであり、行動と欲望においては、われわれは環境の奴隷であります。(November 25, 1902〔1967b: 167–168〕)

理論から実践に踏み出すとき、あまりにも潔癖純粋だった理論家は、思索の幸を見失い「永遠」(the Eternal) の祝福を奪われて、時事の汚濁した波に流されなぶられるままになる。「環境の奴隷」になる。清らかな理想は空転する。かのイスパニヤの郷士も、騎士物語の永遠の清い虚構に本の中で遊んでいるかぎり、幸せだった。場違いな踏み出し、そして精神的な理想と物理的な現実との間で無残に引き裂かれること、そこにドン・キホーテ・デ・ラ・マンチャの影が落ちるのだ。ラッセルはビキニ水爆実験の五二年前、北爆開始の六三年前に、当時の大衆に投影された未来の自分自身のパロディたりうる言をなしていたわけである。

ところで、右の手紙の語調から察せられるように、若い頃のラッセルは、自分と資質の似ていると思われる歴史上の理論家の逸脱にも敏感であった。理論哲学者としてのラッセルはライプニッツの研究から出発したのだったが、それの結実である『ライプニッツ哲学の批判的解説』〔1900〕（ラッセル二八歳）において彼は、一六年後に兄フランクから警告されることになるのと幾分類似した種類のことを、かの論理哲学者に関して述べている。

> 若い頃ライプニッツは、アルトドルフ大学の教授職を敢えて拒否し、宮廷のおかかえとなった。（中略）公爵を喜ばせるために、競争相手の哲学者に反駁するために、あるいは神学者の非難攻撃を脱れるためになら、彼はどんな努力も惜しまなかったものだ。（中略）悲しいかな晩年には彼は、諸公への余計な服従と彼らを喜ばせるため傾けた努力とによって時間を浪費することとなったのである。〔1900: 1–2〕
>
> 正教の闘士となったライプニッツは、自分の見解の帰結からしりごみして、建設的なお題目を永久の繰り言として唱えることの中に逃避した。（中略）これこそ、彼の哲学の最善の部分が何故に最も抽象的であり、最悪の部分が人間生活にきわめて近いかの理由である。〔1900: 202〕

最後の部分「彼の哲学の最善の部分は最も抽象的・最悪の部分は人間生活にきわめて近い」は、ラッセル自身にこそいっそう鮮烈にあてはまっているかもしれない。第一次大戦以来、ラッセルは専門哲学者からは下らぬと蔑まれた大衆向けの著作を書きまくった。ライプニッツにおけるキリスト教神学あるいは貴族パトロンへの配慮にあたるものは、ラッセルにおいては、ヒューマニズムの精神であったと言ってよかろう。ラッセルは自分自身が、ライプニッツの媚びた当の貴族階級に属していた。その立場の逆説的認識が、ラッセルの大衆ヒューマニズムだったのだろう。ライプニッツが貴い方向へ憧れたのに対しラッセルは俗の方向へ憧れた――ラッセルは、言うなれば、人道に媚びたのである。

ルシイへのあの手紙は、その傾向に流されようとする兆しのなくもない自分を引きとめ、「永遠」の象牙の塔に踏みとどまろうとする努力の逆説的な表現に他ならなかったかもしれない。そして結局彼はヒューマニズムのためにひきずりおろされた。ここには、平民出身の文人が階級コンプレックスから一種の貴族主義・反民主主義に走るといった、同時代にもよくあった事態（W・B・イエイツ、D・H・ロレンスなど）と正反対のことが起こっている。この意味ではラッセルの活動は、ドン・キホーテと比較した場合にも、しがない田舎郷士が公爵皇帝レベルの世界へ凱旋せんと勇んだあのにがり顔の騎士の意識とはまた正反対の含みをもって行なわれたと言えるだろう。

ラッセルの反ドン・キホーテ性としてその高い階級的地位ということは、もとよりさして重要でない。理想に燃えた人物は、（その地位がどうあれ）自らの理想を実現する世俗的な知恵と力を持たない限り、ドン・キホーテ的滑稽を示す。さて、ところがラッセルには現にその知恵と力があった（と多くの人々に信じられた）。これがラッセルの有する第二の反ドン・キホーテ性である。

平和運動にのめり込むことのできない大多数の人間から見ればいかに滑稽な勇み足であったとしても、現実にラッセルは多くの熱意ある人々を心酔させ、信奉者を得た。先の『ガーディアン』の記事に依るまでもなく、人々の心酔信奉の真実なることの証拠は無数に知られている。たとえば一九六一年二月一八日の大デモ行進では、坐り込みを終えて帰途先頭を歩いてゆくラッセルを、沿道の人々が例のごとく「彼はどえらいいい奴だから！（for he's a jolly good fellow）」と大きな歌声と歓声をもって迎え、ラッセルを感動させた。「私たちが暗がりの中を灯火に照らされながらホワイトホールへと引き返し、歓呼して支持してくれる沿道の民衆の間を通り過ぎたとき、私は非常に幸福だった」。[1969a: 113–114] ラッセル夫妻が有罪を宣告されて世界中にそれが報道されると、英国だけでなく他の国々でも抗議の集会や坐り込みが行なわれた。今やラッセルは行動的平和主義市民の世界的アイドルとなったのであり、そこにドン・キホーテ性があるとしても一つの世界的現象に拡大した形のものに他ならず、ほとんど全世間を向うにまわして孤軍奮闘したドン・キホーテとは明らかな相違が認められる。

先の『ガーディアン』の記事もそうであったが、ラッセル支持・賞賛の風潮がいかに広汎で根強く、戯画化に値するほどの大きさがあったかということを、もう一つ、『プライベート・アイ』誌一九六六年八月一六日号の記事から見ておこう。

ラッセルの顔写真がコラージュされて、ラッセル賞賛の風潮、そして間接的にラッセルその人が揶揄されている。ここで怒涛や凶暴な鮫、鯨などが何を指していると考えられるか、あえて解釈するにも及ぶまい。ここでラッセルの大冒

BERTRAND RUSSELL SWIMS ATLANTIC

In an amazing feat unparalleled in the history of the world Bertrand Russell the 94 year old philosopher and "Happy Pilgrim of Peace" yesterday swam the Atlantic Ocean in two hours.

The news was revealed in a special dispatch from the Ralph Schoenman

With him were the local secretary of The Committee of 100, the Organising Chairman of Bombs for the Viet Cong (Wales) Association and Mr. Schoenman himself.

MIRACLE

"As Earl Russell breasted the mighty billows of the deep" the report

バートランド・ラッセル
大西洋を泳ぐ

素晴らしい！

特電によると、ラッセル伯爵（「われわれが敬愛する指導者」）は、昨日午後6時に大西洋の凍えるような水にとびこんだ。「大西洋は、」特電は報じている、「嵐のような風雨が猛り狂っていた。怒濤のような波が、100万フィートもあるのがいくつもいくつも岩の岸に砕け散っていた。」

信じられない！

しかしラッセル卿は、この自然の猛威にひるまなかった。「血色がよく上機嫌な様子で、筋肉は若々しい活力に輝き、彼は渦巻く水の中にとびこんで、数分の後に外海へ乗り出した。

奇跡！

「ラッセル伯爵は大海原の強大な波を押し切って進みつつ、」特電は続ける、「仲間と冗談まじりのおしゃべりをし、ときどきとどまっては、彼の強健な拳でくり出す威力抜群の一撃で凶暴な鮫をやっつけ、あるいは同志の餓えを救うために鯨の肉をどっさり引き裂いたりしたのであった。」

2時間を経ずして一同はアメリカに上陸し、ホワイトハウス前の坐り込みデモに参加した。

（三浦注：上の訳は記事より抜粋。1948年10月、76才の時、ラッセルはノルウェー沖で飛行機事故に遭い（19人死亡）、北の海を数分間泳いで救助されたことがあったが、上の記事はこの事実をも反映していると思われる）

険は、ドン・キホーテの天翔ける木馬の大冒険そのほかのスケールに達している。だが、ドン・キホーテの大冒険がことごとく彼の妄想の中のものか、あるいは『ドン・キホーテ正編』を読んでこの狂人を騎士としてもてなし、楽しみの玩具としようとした公爵夫妻による提供物ばかりであったのに対し、ラッセルの、『プライベート・アイ』が揶揄・誇張したような冒険は、キューバ危機の際などには、心理的にはそれを凌ぎさえするスケールで、真剣な民衆とともに本当に味わわれたのである。

もう少しラッセル―ドン・キホーテの相違を探ろう。第三に、ドン・キホーテが今も昔もありえなかった騎士道物語の虚偽によって狂ったのに対し、ラッセルの「狂気」は核爆発の厳然たる現実によってもたらされた、ということがある。ラッセルの少なくとも外界認識は適確だった。ラッセルのドン・キホーテ性は、事実誤認にあるのではなかった。再びキューバ危機を考えると、かりに「米ソそれぞれにあらかじめ陰のレベルでは解決システムができあがっていて本気で恐怖した者は馬鹿をみたのだ」ということが言われるとしても、しかし、ラッセルの言う次のような事実は疑いえなかったであろう。

> フルシチョフがソ連船舶と合衆国封鎖艦船部隊との現実的衝突を本気で企画しはしなかったとは大いにありうることである。だが、彼がソ連船に引き返しを命じた数時間前に、あらゆる種類の突発事態から、彼の阻止せんと望んだ衝突が発生させられたかもしれない。気象上の理由で、モスクワとソ連部隊との通信連絡の断絶が起こったかもしれない。米ソいずれの側にも、一八九八年におけるメイン号事件のように敵側の行動にその原因ありとする偶発的事故が起こったかもしれない。米ソいずれの側にも、指示命令よりも行き過ぎた措置をとるほど熱心の度を越した指揮官がいたかもしれない。……［1963: 141］

またキャサリン・テートは言った。

> ベトナム戦争のときの戦争犯罪裁判所は、その戦争に強く反対していた私のような人々によってさえ、広く懐疑的に受けとられた。私たちは父の申し立てた事実を、その声の調子ゆえに拒絶した――だがそれらは、後に私たちが認めざるをえなくなったように、事実であった。［Tait 1975: 177］（傍点は原文イタリック）

このように、ラッセルにドン・キホーテ的胡散くささがかりにあるとしても、それはその知的認識に由来するのではなく――風車を巨人と、羊の群れを大軍勢と見誤ることは決してなかった――もっぱら情緒的な面にのみあったのである。第四に、認識のそうした確かさゆえに、ラッセルは客観的な自己意識をともかくも保つことができた。彼は、ジャーナリズムによる自己の滑稽化をはじめとする世間の冷たい反応をしばしば正確に感知しているし［1963: 36］、また機知の死が完了した初めの頃すでに彼はこう書いている。

> 私自身が世界情勢について何をなしえ、なすべきであるかに思い至るとき（中略）絶えざる議論が私の中で二つの異なった見地の間で交わされる。一方を悪魔の代言者の見地と呼び、もう一方を真面目な共和主義者の見地と呼ぼう。（中略）私は、政治問題に自分の意見を表明する責任感を持つように育てられた。この感じは私の中に、理性が保証する以上に深く植えつけられているが、悪魔の代言者の声の方は、少なくとも部分的には理性の声である。「君にはわからないのか」このシニカルな人物は言う、「世界に起こることが君には依存しないということが。世界の人間が生きるか死ぬかは、フルシチョフや毛沢東、ジョン・フォスター・ダレスにかかっているので、われわれみたいな一般人にはかかっていない。彼らが「死ね」と言うならわれわれは死ぬだろう。彼らが「生きよ」と言うな

らわれわれは生きるだろう。彼らは君の本など読まないし、読んだとしてもそんなものは馬鹿げたものと思うだろう。君は、一六八八年、君の家族と他の幾人かが王を解任し別の人を雇ったような時代に生きているのではない、ということを忘れている。君の頭を公事で悩ませるなどというのは、時勢についてゆき損ねているに過ぎないのだよ」。おそらく悪魔の代言者は正しいだろう。[1956: 48–49]

自覚しているドン・キホーテは、厳密にはもはやドン・キホーテではないだろう。ただ、すぐ次にラッセルは自嘲の言を翻す。

——しかしひょっとして彼は間違っているかもしれない。独裁者たちはそう見えるほどには全能でないかもしれない。ことによると世論は彼らをゆすぶり動かせるかもしれない、ともかくある程度は。そしておそらく書物は世論を創り出すのに役立つだろう。こうして私は、悪魔の代言者の嘲笑を無視して自分を押し通す。[1956: 49]

つまりはラッセルの「自覚」も、実は自分が本質的にドン・キホーテだとの真の自覚ではなく、むしろ世界（の一部にせよ大半にせよ）が不当に自分をそう見なしている、あるいは見なすかもしれないということへの潜在的反発が、静かな内省の衣を着て表われたものにすぎないかもしれない。顕著には、『タイム』誌一九六四年一―二月号に寄稿を求められた際に「私は『タイム』は人を小馬鹿にした雑誌だと考えるし、私自身の仕事については、意図的に歪曲して報ずるという全く破廉恥なことをしてきているのを知っている」云々と書き送った(63)ような無条件反射としての反応にふと表われるようにである。ドン・キホーテも、しばしば僧侶などから、遍歴の騎士なぞは実在せぬし無用であると決めつけられ、世人の認識欠如を認知し自覚した上で、自らの正義と大なる有用を依然確信しながら多言をもって反発したものだった。

しかし、微かにせよ無力の自覚が一線を画する。ラッセルの「私は社会悪を減らしたいと切望する。しかし私にはできない」（『自叙伝』第一巻まえがき。80頁にすでに引用）といった苦悶の言葉はやはり切実に響く。そうした言葉が憤激の中に点在する平静な内省の瞬間辛うじて発せられるのだとしても、そのことは、自己の無力の現実に見合った明瞭な自覚の生きていること、完全な「遠心的」人間（ツルゲーネフ）からのともかくもの解脱が可能であることを示している。ここで明らかにラッセルは、純粋なドン・キホーテの枠を超え出ているのである。

さてそれでもなお、晩年のラッセルの姿にドン・キホーテ的滑稽と悲愴の香気が強く感ぜられることは否みようがない。右に四つほど挙げてきた反証は、ラッセルのドン・キホーテ性の複雑さと厚みを逆に証しているとも言えるのである。地位と知恵と力と名誉を持ち、相応の自覚もあったドン・キホーテ。ここにはドン・キホーテ的シチュエーション一般に加えて、社会的と個人的の二つの特殊様相、すなわち、知恵や力・名誉に対するパロディ的様相と一種の内的悲劇的様相とが絡み合う。知恵と力と名誉をもってしても世界を変えられないという現実は、近世イスパニヤと比べたときの二〇世紀世界の社会的客観的基軸の脆さを表わすし、知恵・力・名誉を正当に自覚しつつ同時に無力をも自覚するとは、もともと無力にして無反省の騎士にはない実存的深さの煩悶を示すはずである。

前に見た二つのラッセル滑稽化記事も、この二つの様相を背後に持っていることは察せられる（社会的様相の方を陽表的に、もう一方は陰伏的に）。そして思い出すに、あれらの記事が二つながらさらに強調していたことは、ラッセルが大変な老人であるということだった。ここで誰の目にも明白にあれらの記事は、ドン・キホーテ的であるとともにドン・キホーテ的以上の可笑しみを手に入れることができたのである。極度の老齢という、この元祖ドン・キホーテにはない（一七世紀における五〇歳よりも二〇世紀における九〇歳の方が確かにより老いていると言えよう）要因が今一つ加わって、言わば大ドン・キホーテの霊気がラッセルの周囲に放散されていると言ってよい。あるいは、ドン・キホーテにない知恵と名誉を備えた代りに、少なくとも槍を扱い痩せ馬に跨って突進するだけの肉体的力が老いによって奪われて、〈心身反転版ドン・キホーテ〉が屹立したと見ることもできようか。

老いということに必然的に付随する衰えのイメージと、ラッセルの生動的《ビビッド》な怒り・悲しみ・恐れとの間のアンバランスは凄絶でさえある。老人であるということが可笑しみのポイントになっているという事実から逆に、老ラッセルの怒りと焦燥の激しさそのものが想像され構成され、改めて印象付けられるメカニズムが働いているとも言えるだろう。

しかしラッセルの怒りはあくまで本物である。一九六五年一〇月一四日、ロンドン、マハトマ・ガンジー・ホールにおける「核兵器撤廃青年運動」（青年ＣＮＤ）の集会で「労働党の外交政策」と題する講演を行ない、「現英国政府が外交政策で犯した罪は二種類あります。その一は、小さい方の罪ですが、没落しゆく英帝国の残照によりすがろうとする絶望的な努力であります。その二は、より大きな罪で、アメリカの言語道断な残虐行為を支持していることです」［1967a: 85］と労働党政府を批判し、五一年間所属していた労働党からの脱退を宣言したが、そのさいラッセルは、怒りにまかせて壇上で自分の党員証カードをずたずたに引き裂いた。ちょうど一年前にはウィルソン労働党政権の誕生を心から喜んだラッセルであってみれば、「公約を違えた」政権への、失望を通りこし

た激しい憤怒を衆目に表わすにはこうするしか他になかったのかもしれない。

これは多くの人に困ったスタンドプレーと受けとられ、そのとき一緒に壇上にいた反政府主義の下院議員ウィリアム・ワービーは当惑して途中で集会を脱け出し、『タイムズ』の記者に次のように話した。

ラッセル卿が脱党することに私は何の反対もありません、それは完全に彼個人の自由ですから。しかし、労働党政府の外交政策に関する真剣な論議のために開催された集会が、見えすいた派手な舞台演出(stage management)によって、労働党への反対デモンストレーションに強引に変えられてしまったあのやり方には、私は強い反発を覚えますね。（*The Times*, October 15, 1965）

また、CND委員長つまり集会主催者であるオリーヴ・ギブス夫人も、一五日の『ガーディアン』に、ラッセル卿の行為《ジェスチャー》は“staged managed”だったと思うという談話を寄せた。サンチョ・パンサもしばしば主人の狂乱に困惑したが、それと同じ構図がここにある。ラッセルの脱退が労働党政権にとってどれほどの痛手になったかはわからないが、明らかにドン・キホーテ的ひとり相撲および行動それ自体の可笑しみをわれわれに向って暗示している。

しかし、当惑を覚えたのは比較的冷静なサンチョだけであった。ワービーの話が示しているように、集会の人々のほとんどがラッセルに合流したのである。『ガーディアン』は次のように報じた。

彼は党員証をポケットから取り出すと、ゆっくりとそれを四つに引き裂き、そして紙片を目の前のテーブル上に投げつけた。彼がテーブルから離れると、狂喜した聴衆の拍手喝采が爆発して、数分間にわたって続いた。卿のまわりに写真班がいたので、誰かが「紙片を上に掲げて新聞記者に見せてやれ！」と叫んだ。ラッセル卿は言われた通りにした。さらに聴衆は彼に党員証をもっと破らせようとしたが、卿は四つの紙片を上に掲げて見せるだけで終わった。(The Guardian, October 15, 1965)

もっと破れと叫んだ人々の意識は、ドン・キホーテをまわりから焚きつけて狂態を演じさせた人々のそれよりはずっと真剣なものだったに違いないにせよ、多分に相似の要素を含んでいたことであろう。反政府集会は彼らにとって、本来の目的にかかわらず、熱が高まれば高まるほど興趣を与えるものとなるはずだから。怒れるラッセルは、そのための格好の立役者だったのだ。

ただ、ラッセルが見るからに力強い怒気を漲らせてアクションを披露したと想像してはならない。『ガーディアン』の同じ記事によれば、「ラッセル卿は演説を続けるのに大変な苦労を覚えているようだった。彼はしきりに咳をし、秘書のラルフ・シェーンマン氏がたびたび身をかがめて彼に水の入ったコップを手渡してやっていた」。これはあの『プライベート・アイ』のような、ラッセル老衰を悪気で言いふらした記事ではなかろう。彼はなんといってもこのとき、九三歳である。

衰えた肉体と強烈なスピリット。この激怒する老人は、古くはオーソドックスな道化として社会を徘徊した余所人《よそびと》や障害者にもまさる——そして甲冑に身を固めた騎士にもまさる——「異形のもの」なのであり、政府が何かするたびに街頭やホールに現われるこの老哲学者のまわりには、ただちに反政府集会という「道化的知の空間」が形成される［山口 1975］［高橋 1977a, b］。それは政府の狂気を糾弾するこれまた非日常の特殊空間であり、市民生活の平板な日常性を破る一つの超越とカタルシスの場を提供するはずだ。(64)

それにもかかわらず、ラッセルの意図・言説・行動の全ては、現実世界にほとんど所期の効果を表わさないように見える。懸命に何かを意味しよう＝変化を及ぼそうと足掻きつつも、意味されるものが一向に現われてこない。しかし、意味されるものは不在なのではない。単に行方不明となっているにすぎない。どこにあるのか？　それは、ラッセルの言動を注視すればたちどころに見えてくる。怒号や感嘆文は、冷静な陳述と違って、一般に世界について何かを語るのではなく、ただ自らを開陳する。[65] そして確かに自らを開示する——平叙文よりずっと強く。すなわち、彼の言動それ自体、彼の人格それ自体が〈意味されるもの〉なのだ。世界を変えようとする彼の意図・言動は現実的意味を喪失するが、そうして空虚化した意図言動それ自身へと即座に舞い戻ってくる。そこには、意味するもの＝意味されるものとして、ラッセルの人格と人間的雰囲気が充満する。

華麗な「道化的知の空間」が、ラッセルに密着した特定の反政府集会の場を越えて、彼を見たり噂に聞いたりできる世界のあらゆる場所へと拡がってゆけばゆくほど、意味空間の方はラッセルひとりに狭まり貼りついて、何事も起こりえない中で、何事も起こしえない彼の姿そのものへと世界を注目させるだろう。われわれにとってドン・キホーテ一流の騎士道的世界解釈の内容よりもその人間そのものの方が面白いのと同様、こうして、老ラッセルの言動のことごとくについても、彼の語ることよりも彼の姿が全体で示すことの方に、われわれはいっそうの興味を惹きつけられることになる。

先ほど私は、ドン・キホーテ的人間の特徴は美しさと実践的むなしさと述べたが（第2節末尾）、その言い換えでもある〈語りよりも姿〉というこの事態こそ、ドン・キホーテの定義的特徴をなすと言ってもよいだろう。ラッセル＝ドン・キホーテの言葉や行動は、その明示的な意味内容通りに世界のことを語っているよりも実はいっそう多く彼自身についていろいろと暗示している。ラッセルの言動は、所期の対世界的意味よりもずっと多く、対ラッセル的意味を有しているのである。

4．道化の告発

ラッセルの死の直前まで、彼の行動をめぐるからかい気分の、あるいは少しもの悲しいような記事が、しばしば新聞紙上を賑わした［家坂 1980: 28］。しかし、ここで何が起こっているのか。ラッセルがドン・キホーテであったということは何を意味するのか。どうしてラッセルは、尊敬される反面、ジャーナリズムの嘲笑をうけ世のなぶりものにされなければならなかったのか。「世界の美的自己感覚」のような考え（１１０頁）をわれわれはすでに思い巡らしていたが、ビキニをはさんでここではそれとほぼ逆の状況が成立しているると言えるかもしれない。

文化人類学的に見ると、道化には「厄除け《マスコット》」としての意味があるという。ラッセルの叫びは、いわば世界の罪の「かたち」である。核戦争の恐怖、人道にそむくことの罪、各種の悪の世界内現存を叫ぶその具体的な声を滑稽化し遠隔化することによって、それらの恐怖や悪を魔術的に排出しようとする、無意識的なジャーナリズムの人類防衛機構の作動というものが、ラッセル道化《どうけ》の風潮の背後にあったと言えないだろうか。一九六三年三月二八日の『ニューヨーク・タイムズ』紙上にベトナム戦争を弾劾するラッセルの投書が載せられた後、行なわれた同紙とラッセルとの間の一連の紙上論争において、同紙はしばしば侮辱的な表現でラッセルを片づけようとしたし、またM・L・キング牧師がベトナム戦争反対の傾向を強め始めたとき『ロサンゼルス・タイムズ』はラッセルを引きあいに出してキングを「合衆国のバートランド・ラッセル」「バートランド・ラッセルの哀れむべき運命を分かつ人」と評した（August 20, 1965）のだったが、これらの新聞の嘲笑攻撃も、ラッセルが憤りながら指摘したように［1967a: 14］、ジャーナリズムは体制の先鋒をかついでいる、という単純なそして意識的な力学には実はとどまらないのではないか。それらの記事の論調からはむしろ逆に、報道界も民間の運動として基本的には反体制に向う衝動を持ちながら、世界そのものの忌むべき悪に対しては目をつぶり、無視することで無きものにしたいという呪術的な願望が底に働いている事実が読みとられるように思われる。

しかも、社会通念によれば偉い学者であり尊い貴族にして老人である人をからかうという価値転倒によって、社会は新鮮に蘇りうる。さらに核への恐怖・戦争を悪とする意識も一つの通念としての社会意識だとすれば、それをも一緒に価値転倒の空間の中で消滅させ、社会全体が新しくなろうとする。「社会的に尊敬すべき人」かつ「社会的に守られるべき正義を叫ぶ人」であるラッセルを滑稽化するということは、よって、二重の価値転倒であり、社会の蘇生効果も強力なものとなるだろう。これは社会にとってすぐれて魔術的な、道化の効用である。

ラッセル滑稽化の社会の意志は、あるいはもっと端的に実効性を狙った含みを有していたかもしれない（かつてラッセル賞揚が反ソ陣営の強化に利用されたように）。以下「西欧」「西欧精神」といった語をかりに有機体的、擬人的に用いることを許してもらえるとすれば、ラッセルの活動は、西欧文明の極限形態〈核戦略〉の時代における、西欧精神の西欧的自己反省を体現している――言うなれば西欧精神の西欧精神自体に則った自己反省のアレゴリーである。西欧文明を代表する科学思想の歴史的中心地イギリスにおける分析哲学者かつ社会的名門の一員であるという文明的社会的立場から、そして、ヘブライズムの情念とヘレニズムの理知を一身に体現しているように見える人格的属性から、その二面からラッセルは、「西欧」の化身なのだ。西欧科学が人類にもたらしたプロメテウスの火を自ら封じ込めようと奮闘する、悲壮な反―プロメテウスなのである。。

ここにおいて、ラッセルの運命に実効性が期待されうることになろう。というのは、巨大な西欧名士の姿を借りて猛烈な自己批判を展開することによって自らの罪を消滅せしめんとする西欧、すなわち、贖罪を図った西欧という図が浮かびあがってくるのである。贖いはラッセル個人の苦悩である。この贖罪は、冷戦初期に現にラッセルが世界的名誉をふんだんに与えられ象徴的存在にまで成り上がっていたがゆえに、今やいっそう効果的であった。

しかるに一方ではラッセルは、西欧の象徴であるどころか、一九五四年以降は、ドン・キホーテなのである。ドン・キホーテはアウトサイダーである。〈ラッセル＝最も強烈な内部告発の声〉をそうした上すべり的存在と化すことによって、告発される側の基底構造は安全に保護される。しかしラッセルの声は、こうして異物化されると同時に依然として最も西欧的な伝統を担った、西欧の自負と名誉のアレゴリーたることを失わないと世界中から認められている。ゆえに、それは立派な自己批判を行なうだけの良識と反省の意思を西欧精神が有している証しとなるだろう。このように、中枢の典型的アレゴリーにして上すべりの異端的異物であるという不思議な両義性を持たされて、ラッセルは、弾劾しているつもりの西欧核文明の自己防衛機構にいつのまにか組み込まれてしまっているのだ。

　西欧の自己贖罪方式の相はさまざまである。それはラッセル個人の苦悩であるほか、それによって世界に喚起される「感動」や「無力感」でもあり、あるいは世界がラッセルの叱責罵倒を甘んじて受けるということ自体でもある。こうして彼の行動に必然的偶然的に付随する全ての現象が西欧精神の免罪に利用されるだろう。生けにえとしてのラッセル。ここにおいて、その生けにえの儀式の祭司たるジャーナリズム自身がよく好んでラッセルを形容するところの、自己の主義を貫く殉教者(martyr)的道化としての姿さえも消え、主義を貫かされ罪を一身に背負わされる犠牲羊《スケープゴート》的道化としてのラッセルが人類文明の前衛に捧げられているのだ。

『善良な市民のアルファベット』Sの項(高位の重荷を引き受ける)を参

S
Sacrifice
—Accepting the burdens of a great position.

照しよう。もちろん、ラッセルは犠牲でもあのSの絵の道化のように丸々と太っているはずはなく、ドン・キホーテと同じく憂いのためにつねに痩せていなければならない。憂いで痩せていれば痩せているほど贖罪の生けにえとしての価値が増すという、全く倒錯的な犠牲羊！

簡略に図式化しておきたい。第一に西欧の「内からの」批判者ラッセルの姿が悩み深くヒステリックであればあるほど、西欧文明は免罪される（次頁・表1）。次に、「外からの」もしくは「周辺的」批判者ラッセルの姿が滑稽で無茶extravagance（キャサリン・テート）であればあるほど、批判への疑問・批判への批判を呼び、西欧文明は間接的に是認される（表2）（ちなみにこの「間接的是認」に少し似た心理のことを、大江健三郎が反核ストライキについて一九六五年に懸念していた［大江 1965: 113–114］）。

そして、それらの基底におそらくもっと無邪気なものとして存在するのが、〈世界の悪を極度に自覚し顕在化させようとするラッセル〉という世界内の核《コア》を滑稽化遠隔化することにより、そのコアに貼りついた悪をともども排出しようとする魔術的な構図である（表3）。

これらの構図を全般的に支配しているのは、ひたすらラッセルに集中する滑稽の感覚質、あるいは滑稽化の原理である。しかし、こうした状況において、本当に笑われるのは一体誰なのか。われわれは、まず文明論的には、ラッセルの体現している本来偉大なるべき西欧の「論理」を、そして人格的にはラッセル個人のヒューマニスティックな理想とその行動を、正当に笑うことができるのか。狡猾な西欧精神の術中にはまって無反省にラッセルを笑っている世界中の人間は、どういう立場にいるのか。

ヒトラーは、少なくとも、人間愛《ヒューマニティ》を装うことはしませんでした。しかるに現政権の席を汚しているあの人々は、選挙前には人類同胞愛《ヒューマン・ブラザーフッド》という最も高貴な崇高な理念を公言したのであります。［1967a: 91］

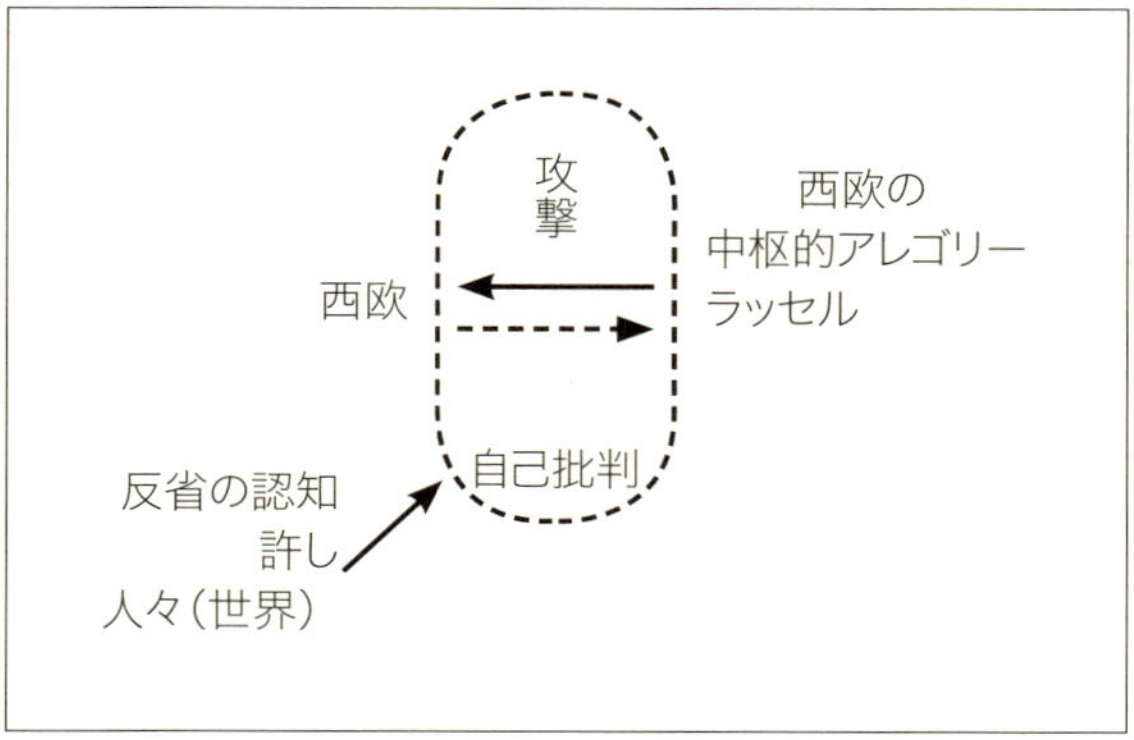

表1

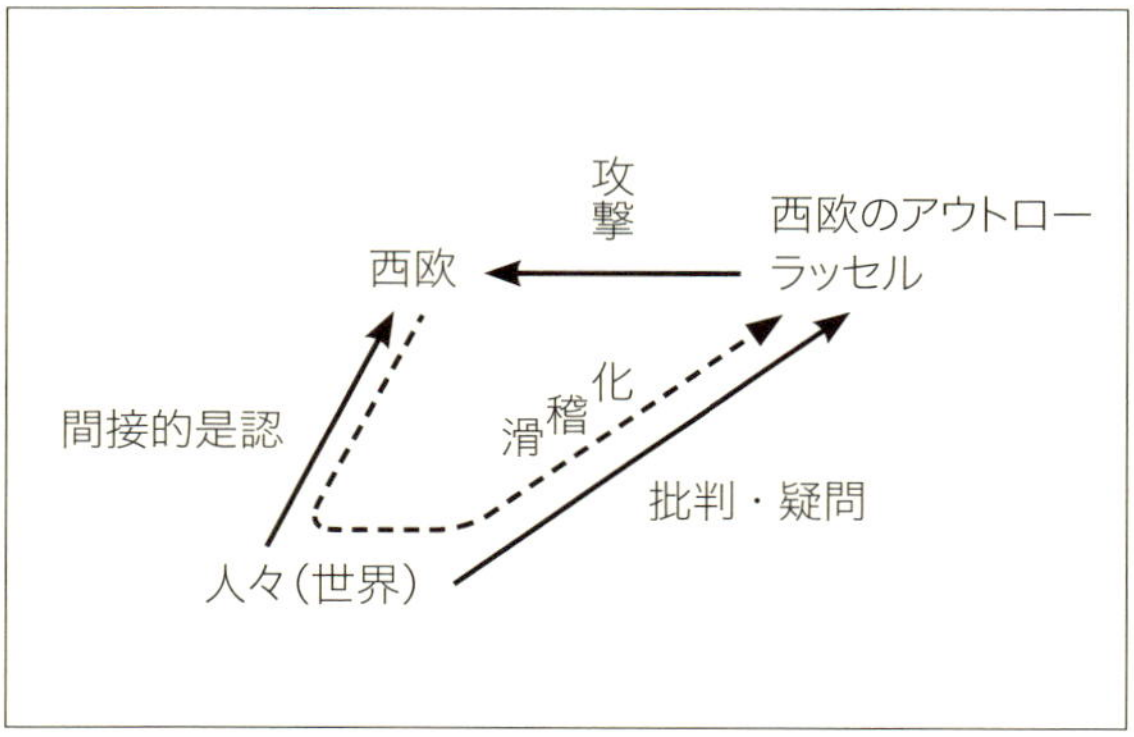

表2

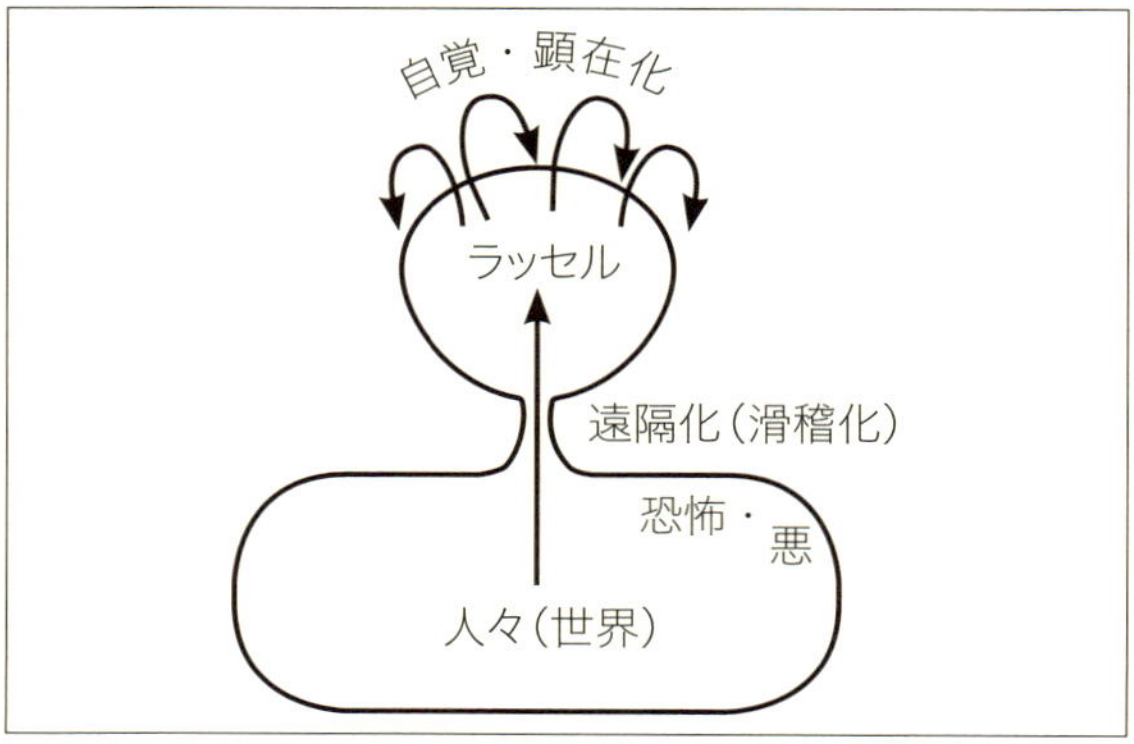

表3

虚偽と私利私欲と力に支配された（と少なくとも解釈できる）現実の世俗的世界がなお自己保存を図るのに対して、誠実と人類愛と平和を要求するラッセルの原理、それが一見いかに狂おしい動きを見せようとも、本来笑ってすまされるべきものなのか。

ドン・キホーテについて、ドストエフスキーが姪ソフィアにこう書き送っている。

（「一人の真に完全な、美しい人間の描写」と『白痴』の執筆動機を述べた後、）

美しきものは、理想でありますが、理想はわが国のものにしても、開化したヨーロッパのものにしても、まだまだ遠く完成されていません。（中略）キリスト教文学における美しき人々の中で、もっとも完成されたものはドン・キホーテです。しかし、彼が美しいのは、同時に彼が滑稽である、ただそのためにほかなりません。［ドストエフスキー 1868: 114］

「人を笑えばもうその人を赦したどころか愛する気になっている」［ツルゲーネフ 1859: 13］からといってドン・キホーテの独り善がりをことさらに美化するのはおそらく間違いだろうが、彼の、数限りない打擲《ちょうちゃく》に耐える姿を見、そしてなかんずく、彼が山羊飼たちにふるまいをうけながら語った「黄金時代」（平和と豊饒・処女の愛と純潔・真実と率直にみたされていた世界）を脳裡に描き、「時代が移り悪意がいよ〳〵つのってからじゃが、遍歴の騎士の制《おきて》が定められて、きむすめを守りやもめをかばい、みなしごや苦しむ者を救うことになったのじゃ」［セルバンテス 1605a: 210］という決意を知るとき、われわれはまさに、右のドストエフスキーのドン・キホーテ評に同意せずにはおれないだろう。

先に見てきたラッセル自身の言や娘キャサリンの証言で、ラッセルもまた、世俗世界ではすたれたキリスト教的（？）愛を説く「美しい」人格を有することが知られる。もちろん、ラッセルが似ていたであろうドン・キホーテ（あるいは、情緒的激しさを別にすれば、ムイシュキン）はきわめて美しい人格なのだと言うことによって、世界を憂え実際的効果をもたらすことを望んだラッセルが少しでも慰められたはずはないだろう。だが、問題はただひとりラッセルの問題なのではない。真摯な言動ゆえにその時々の世界の事情に従って毀誉褒貶の凶暴なうねりの洗礼を受けざるをえない白痴のごとく純真な一個の哲学者、その彼の天上的価値観と地上的価値観とがぶつかり合うところに生ずる滑稽感は、いったい、何事の可笑しみを表わしているのか？　無垢な哲学者の、空回りする怒りが可笑しいのか、それとも、かような高潔な理想家の努力を空回りさせ笑いのめす世間の方が可笑しいのか？

キャサリン・テートはこう書いた。

> 父は……ひたすら、非核武装のためのますますかん高くなってきたキャンペーンにその名声の全てを無駄に消費していた。[Tait 1975: 176]（中略）人類をその絶滅に対して立ち上がらせることの方が、賛えられる賢者としての父自身の地位を守ることより、遥かに重要だった。[Tait 1975: 176]

ここには、偉大な父親に対する賞賛と批判の入り混じった感情、道化と化しつつある偉人への気遣い、そして憐憫の情さえもが、愛情の抑圧力の下から強くにじみ出てきている。だが、ラッセルの娘ではないわれわれは、この問題に関して、ラッセルのことと並んであるいはそれ以上に世界のことを気遣うことが許されよう。『ニューズウィーク』一九六二年八月二〇日号はラッセルをこう評した。「人類はこの惑星上で未来を持つというなかなか古風な（quaint）信念に晩年を捧げている」と。この類のラッセル揶揄の例はわれわれはすでにいくつか見てきた。ラッセルがこうした状況に投げこまれているということそれ自体が、彼の従来の抵抗精神・抵抗活動を、より高次元において受け継いでいるとは言えないか。

つまりこういうことだ。かつての抵抗精神〈背徳としての論理〉においては、ラッセルは、自己を意図的に背徳の立場に置くことにより（逆説的に）論理を世界に押しつけんと企てた。それが機知の死以後は、彼は、自己を意図に反して滑稽の立場に投げ込むことにより（これも逆説的に）理想を忘れた世界に理想をアピールしうるようになっているのではないか。〈背徳としての論理〉では、ラッセルの対世界非難があからさまになればそれは「失敗」であった。しかし、そのような不様《ぶざま》な失敗が声高に重ねられれば重ねられるほど逆に、失敗は失敗の域を越えて、成功した〈背徳としての論理〉より高い次元での世界告発へと高まりえたのかもしれない。それを行なうのはラッセルの語りではもはやなくして、彼の姿である。これは、〈背徳としての論理〉がその機構を保ちつつ意味論的レベルから語用論的レベルへと進んだ形態である。そう、〈滑稽としての理想〉とも言うべき境地であろうか。

〈滑稽としての理想〉は、社会悪およびその下で安心している人々（大衆）の誤りを告発するだけでなく、それより一段高次のレベルで（それはラッセルからすれば無意識にということでもある）、自分の現実活動をドン・キホーテ的なものとしデモに立ち上がる自覚的行動的市民をサンチョ・パンサにしてしまう一般世間・大衆の誤りをも告発している。ドン・キホーテの思い姫ドゥルシネーアが、悲愴な騎士のすばらしい口上に対して、「あれ！　めっそうもねえ！　おべんちゃら聞いてる耳がわしにあろうかよ！　わきっちょへどいて、わしらを行《い》かしてくんなせえ。お礼言ってもいゝだから」［セルバンテス 1615a: 162–163］のごとき下卑た返辞をする口の臭い田舎娘であったように、ジャーナリズムの口をかりてラッセルの叫びを茶化す人類は、この哲学者の誠実な奉仕を堪能できるレベルに達していなかったのかもしれない。第一次大戦勃発時トラファルガー広場でのあの当惑以来、自己の破滅に真剣に対応しようとしない人類の姿はラッセルには信じがたく、邪悪《ウィケッド》な政府首脳の（あるいは、先に述べてきたアイディアの線に沿えば「西欧精神」の）幻術のため目くらましにかかっている人類に向って、その幻術解除のためラッセルは奮闘したのであるに違いない。「たゞ幻術の解けたるドゥルシネーアの姿を見ることさえできたら、わしは、望みうる幸福という幸福が全部一時《いちどき》にやってきた思いをいたそうぞ」［セルバンテス 1615c: 228］というドン・キホーテの感慨は、そのままラッセルのものでもある。ラッセルの「愚行」は、目のくらんだ人類の愚かさ・奉仕されるものとしての不適格を、自《おのずか》ら逆説的に告発することになったのだ。

この告発は、ラッセルの姿が半ば偶然に開示するというだけにとどまってはいない。彼の明確な語りが——機知の死の直前のちょっとした語りが、生きた機知の遺産として〈滑稽としての理想〉に鋭い支援を送っているのをわれわれは見ることができる。『善良な市民のアルファベット』のNの項（頓馬——有難くもない奉仕を人類のために）に注意しよう。

ここで諷刺されているものは一体なにか。文字通りにとると、もちろん、見当違いの奉仕をする頓馬な人間が笑われている。これは深い層では、ラッセル自らの運命がいよいよそちらに流れつつあることを感知しての、自己近未来予言の寸言だったかもしれない。

しかし、さらにもう一つ深い層では、これは、価値ある奉仕を有難迷惑視する人類・奉仕されるに値しない人類を諷刺する警句でもあるだろう（ちなみに画家は自分自身を戯画化することで哲学者と一体化しているかのようだ）。もちろん、当時ラッセル自身がそのような含みを明瞭に意識してNを詠んだ、とここで断定する必要はない。だが少なくとも創作動因においては、そして晩年のラッセル対世界のいきさつを知る者の目には、まず間違いなくNの項は、頓馬を告発するより遥かに強く、人類を告発しているのだ。

イギリスの老畸人バートランド・ラッセルは、結局、この世界の中で、単に相対的狂人であったにすぎない。あるいはむしろ、真の狂人ドン・キホーテが世界の相対的狂気を告発したのに対して、前節で確認したラッセルの精神病理学上の正気を考えると、彼は真に狂った世界への真に正気な精神の挑みかかりを体現した英雄あるいは聖人だったかもしれないのであり、その限りでラッセルは、ドン・キホーテとは陰画《ネガ》―陽画《ポジ》関係にあるとさえ言ってよい。だがこれは差異であって差異でない――〈滑稽としての理想〉が重大な共通の架橋である――、つまりラッセルは、核時代に相応した、いくつかの点で別様の現われをとっているにせよあくまで典型的なドン・キホーテに他ならなかった、と言えるだろう。

その意味で、ラッセル自身がかつて『西洋哲学史』［1945］の「聖アウグスティヌス」の章において、得意のウィットでキリスト教と共産主義との対照辞書を作ってみせた（表４）のに倣ってわれわれも、今までの考察をまとめて次のようなラッセル＝ドン・キホーテ対照辞書に仕立てあげたとしても、あながち見当外れとはならないであろう（表５）。

キリスト教＝共産主義の対照表がそれぞれの信奉者を等しく怒らせたのと同じく、この表も、ラッセル崇拝者に（そして場合によってはドン・キホーテを愛する者にも）快く迎えられないかもしれない。ラッセル＝ドン・キホーテのこの構図に沿った意識は以後の諸章でも持ち続けることにするが、私がひとまずここで言いたいのはこうである。往年、数学と哲学を破壊し再建した後、舌鋒と機知でさんざんに世界を蹂躙し怒らせた哲人が、自ら怒る側にまわって逆に世界から笑いものにされたとき、真にヒューマニスティックな弁証法的統一体の光がきらめいたのだ、と。晩年のラッセルに本当にふさわしい言葉は、本章冒頭に掲げたラ・ロシュフコーの格言よりも、ウィリアム・ブレイクの「愚者は愚行に

エホバ	＝	弁証法的唯物論
救世主	＝	マルクス
選民	＝	プロレタリアート
教会	＝	共産党
再来	＝	革命
地獄	＝	資本家の処罰
千年王国	＝	共産主義社会

表4：『西洋哲学史』［1945: 383］

黄金時代	＝	ビクトリア時代
騎士	＝	哲学者
ドゥルシネーア姫	＝	人類
サンチョ・パンサ	＝	ラッセル平和財団
霊水	＝	経験主義論理
幻術師	＝	政府首脳
巨人	＝	核兵器

表5[66]

徹して知者となる」〔Blake ca. 1793〕をもじって「知者は愚行に徹して聖人となる」と評することだったかもしれない。もちろんここで「愚行」とは、あの『アルファベット』Ｆ（愚かな）、Ｎ（頓馬）、Ｑ（いかがわしい）のような諷刺的意味を担っているわけである。

第4部

平和運動と自己

第７章　啓発された利己心・聖なる利己心

1. 老人と青年

意図して語るところよりも意図せざる姿そのものが意義深い。そんなドン・キホーテ性に気をとられていると、ラッセルが実際に何を語りかけていたかを見失ってしまう恐れがある。われわれは、ラッセルの状況的思想の例として『倫理と政治における人間社会』［1954b］のコンポッシビリティ（共存可能性）の理論などを第5章において簡単に見た。しかし、その理論と表裏一体ながら核状況への人間的対応という点でより重要な形態をとった思想がある。それは、これまでも全著作の通奏低音として脈々と流れていながら、その同じ『倫理と政治における人間社会』において初めて明示的に打ち出されたラッセルの社会倫理の原則で、しばしば「啓発された利己心」（enlightened self-interest）と呼ばれる。この語句の初出は、エドマンド・バーク『フランス革命の省察』（一七九〇年）のようだが、ラッセルはこの概念を最も明瞭な形で駆使した一人である。

政治的議論において倫理学的考慮に訴える必要があるのはまれである、なぜなら、利己主義も啓蒙されたものになると、普通、一般的善に則って行為するよう、十分に動機づけてくれるものだからである。［1954b: 106］

われわれは世界戦争には二度とも勝ったが、戦争がなかったならば今は遥かに豊かになっていたはずである。人間がもし利己主義に動かされるものであるとしたら（中略）全人類が力を合わせたであろう。そこにはもはや戦争もなく、陸軍も海軍もなく、原子爆弾もなくなっていたであろう。（中略）外国の書物や外国の思想が、それ自体いかに優れていようと、入り込んでくるのを防ごうとする役人の大軍などいなかったであろう。これらは全て、人々が隣人の悲惨を望むのと同じくらい熱烈に自分自身の幸福を望んだなら、ただちに実現したことであろう。（中略）利己主義以下に転落するほとんどの場合、人々は自分たちは理想主義的な動機から行動しているものと信じている。理想主義として通用しているものの多くが、擬装した憎しみか擬装した権力愛である。［1954b: 173–174］

これらの引用（必要ならすでに96―97頁に引用したものも思い出すとして）以上に、ラッセルの「啓発された利己心」の内容自体の説明としてここでつけ加えるべきことは何もない。ビキニショックの年に出版されたこの著作において、啓蒙思想の極致と言うべきこのような説法が、意図的に使用され始めたのである。

この思想の特色は、もちろん、利己心という一見非道徳的に思われる原理に強く訴え、惑乱した人間の目をそれによって醒まさせようとするところにある。人類にとって、いや自分にとって一番有利な道は何か。冷静に考えよ。計算せよ。知性で判断せよ。この論法は、理想主義の愛や人道を前面に押し出す情緒的な倫理ではなく、それとは反対の、冷厳な利己心を実際満足させる道を選べと指令する現実的な論理である。これはすなわち、「狂信主義は一部は情的な、一部は知的な欠陥である。このような狂信主義への戦いは、人々に優しさを与える幸福と、科学的な精神習慣を生む知性との二つによって行なわれる必要がある」［1938: 312］といった、ラッセルに以前から固有の、倫理においても情緒のみに流れぬ知性重視の思考法をとってきた一般的傾向の一つの特殊な現われと見ることができよう。そのような知性への訴えを、人間の最も強い衝動である利己心への訴えと一致させてそれを利用するところに「啓発された利己心」の教えの力強さがある。

しかし、この思想の真のポイントは、利己的存立の欲求に本当に従って行動すれば、それは競争よりも協調の方が有利であるゆえに、愛や人道にもとづいた（コンポッシブルな欲求実現の）行動と結果的には一致することになろう、という（願望にも似た）洞察にある。ラッセル自身の説教の真の動因は、『自叙伝』第一巻まえがきのあの言葉（80頁に引用）が端的に表現していた通り、愛と憐憫につながる理想主義的な情緒であったに違いない。しかし、直截に愛や人道を叫ぶだけでは間に合わぬ状況を核兵器は生み出した。全滅は万人の利己心に反する、という信念にもとづいて、ラッセルは、人道の動因を利己的理知の訴えに一致させようとしたのである。この説教法は、核戦略下に一貫して続けられた。

理想主義的な動機に呼びかけることは、有効な働きをすることもあろうが、必ずしも必要ではなかろう。必要なのは、国民的な利己心という動機に訴えることだけであろう。［1959a: 13］

理想主義的な動機だけでなく、最も素朴かつ執拗な自己本位の動機も、東西両陣営はその相違を戦争の脅威によって解決しようと求めるべきでないということを至上命令とするのである。［1959a: 33–34］

ここでわれわれが気づいてもよいことは、ラッセルのこのような対大衆、対政府啓発の手法が、いみじくも、ドン・キホーテがサンチョ・パンサを鼓舞したやり方と酷似しているということである。

かの郷士は、一人の百姓に対して、「じきに攻め取るはずの島の太守に取り立てよう」という約束を結んで、すなわち従士の世俗的利己心に訴えることによって、自己の高潔な理想のための味方につけた。同様にこの哲学者も、地球市民および政府に向って、死にたくないという物理的意味での彼らの利己心に訴えることにより、彼らを、物質的危機解消のみならず道徳的情操的ユートピアの実現にあたっての味方につけようと目論んだのである。サンチョ・パンサは妻子を振り捨ててドン・キホーテの旅に従った。地球市民の若干も、投獄や失業の危険を顧みずラッセルとともに行動した。そしてともに、残る大多数の人々の批判と嘲笑を浴びた。そしてサンチョも一部地球市民たちも、理想家につき従った動機が根本的に利己的なものという点で、同じなのである。

ドン・キホーテとサンチョ・パンサの間には、次のような幸せなやりとりがある。

「サンチョ、一日々々と、おまえは」と、ドン・キホーテが言った。「おろかでなくなり、賢くなってくるぞ」

「そりゃあね、おめえ様の賢さが、わしにいくらかうつったでがす」と、サンチョが答えた。〔セルバンテス 1615a: 178–179〕

ラッセルの目にも、第一次大戦前夜に浮かれ騒いだ民衆に比べ、自分と一緒に反核行進をする民衆の方が遥かに賢くなっていると映ったであろう。その間ラッセルが公刊した二〇冊以上の一般向け書物の「賢さ」が民衆に「うつった」のだと考えても、その売れゆきからすれば、あながち見当違いではなかっただろう。

しかし、サンチョの意識がドン・キホーテのそれと完全に一致することはなかったと同様、大衆はどこまでもラッセルとは異なった行動原理に従って動いていた。これは別に不幸な行き違いではない。ドン・キホーテにとって万人が騎士たるはずがなかったように、ラッセルにとっても万人が哲学者である必要はなかっただろう。ラッセルは、市民のひとりひとりに理想家になってほしいとまで願ったのではなかった。一九一四年トラファルガー広場の光景以来、彼は「人々が自己本位(selfishness)以下に転落する状況がきわめて多々ある」〔1954b: 174〕ことを身に沁みて感じていた。したがってそこが啓発の第一歩、いやむしろ目標そのものとなったのである。

もちろん、民衆およびサンチョ・パンサの行動を、意識的な打算だけで説明することはできない。ツルゲーネフは、サンチョ・パンサについてこう書いている。

利益やもっとよくなる条件に対する希望でもってこの献身を説明するわけには行きません。サンチョ　パンサには健全な悟性が多過ぎる位あります。遍歴する騎士の従者の身では、戦以外に殆んど何も期待できないことは非常によく承知しています。その献身の原因は、もっと深い処に求めなければなりません。それは、こう申していいとすれば、民衆のこの特質よりもいいものがあるかどうかわからない位にいい特質、即ち幸福で尊敬すべき眩惑に陥いることのできる特質、(悲しいかな民衆は別の眩惑をも知っています)自我を忘れる感激に陥いり、直接自分の利益を無視し、しかも貧しい人にとってはその日その日のパンを無視するのと殆んど同じ意味になるところまで無視することのできる特質に根ざすものなのであります。偉大な、世界史的な特質ではありませんか。〔ツルゲーネフ 1859: 18〕

民衆のこの眩惑の特質というもの――キューバ危機直後の例、反政府集会での例などを、確かにわれわれは前章で見た(そしてツルゲーネフの言う「悲しい別の眩惑」とは何なのかもわれわれにはすでに明らかなはずである)。だが、その民衆の特質は、どこまで自律的か。ドン・キホーテが死の床にあるとき、サンチョは、単に主人を慰めるためばかりでなくおそらく彼自身本気で、二人してまた武者修業に出かけようと泣きながら言う。しかしドン・キホーテの方は最期に至って正気に戻り、自らの狂気の遍歴を悔いて告解をすませる(ちなみに、死に際してもこのような覚醒がなかった点でも、ラッセルはドン・キホーテ以上のドン・キホーテだった)。われわれは、郷士の理想が民衆へと乗り移ってまた新たな展開か、と一瞬思わされるが、そうはならない。「遺言をしてから三日間、生きていたが、失神の発作がたびたびあった。家中がうろたえた。しかし、姪はたらふく食べたし、家事婦は酒を飲み、サンチョ・パンサはうれしそうだった。遺産を何かもらううれしさは、故人が当然残す悲しみを一部相殺したり、やわらげるものである」〔セルバンテス 1615c: 341〕と、民衆の間にはささやかな利己心のみが残るのである。だが、彼らが生きている理想家に密着しつつその利己心を然るべく啓発されたとき、確かにそれは理想家の無我に接近しうるだろう。

平和運動の中心的な力の一つがスチューデント・パワーであるのに応じて、ラッセルの最も近くに集結した人々、とくにラッセル平和財団の要人には、青年が多かった。ラルフ・シェーンマンが一九六〇年七月に初めてラッセルを訪れたとき二四歳であったのをはじめ、クリストファー・ファーレー、ケン・コーツ、パメラ・ウッドなどほとんどが二〇代から三〇代であった。ここで、ラッセルの平和運動につき従う青年たちとラッセルとの、平和・反核に対する関わり方の意識は、明らかに異なっている。〈ラッセル―民衆〉の構図は、〈老人―青年〉の図式によって理解したとき、最も著しくその本質を開示する。死にゆく老人と、これから生きる青年と。未来を望むに際しまず自分が生きたい、これが青年に本質的な第一の願望だ。

ラッセルが著書の中でくりかえし恐れを表明した、核実験による放射性降下物は、若い活発な体細胞・生殖細胞には迅速に作用しうるとしても、ラッセル自身の新陳代謝の鈍くなった肉体に影響を顕わすまでには彼がさらに何十年と長生きする必要があるだろう。今にも起こりうる全面核戦争の恐怖にしても、自分が生きたいから、という動機は、すでに九〇の老人にもないわけではなかろうが、若者が抱くその動機と同質であるはずがない。老哲学者の心にあるのは、人類文化への愛惜の念、あらゆる分野でやるべきことはなしたと実感しうる充実した長い人生を得られた自分にひきかえ明日もわからぬ核爆発の影に怯え過ごさねばならぬ(はずの)若い人々への憐憫の情、美しい理想が失われ代って世界を支配している狂った原理への憤り、そういった感情である。それらは根本的に、非利己的な心理なのだ。

このようなラッセルと民衆、ラッセルと青年たちとの心の相互の関わりの仕組みを予知的にみごとに説明した文章が、第二次大戦直前の彼の著書の中にある。


　予言者や賢人は、ほとんど例外なく、権力以外のもの――たとえば知恵、正義、普遍的な愛など――を尊重して、人類の大半に、これらのものこそ個人の成功以上に追求する価値のあるものだと説いてきた。予言者なり賢人なりが変えたいと願っている社会制度の何らかの部分のために悩み苦しむ人々が、この予言者なり賢人なりの意見を支持するのには、当然な個人的理由がある。その結果として生じうる革命運動が不可抗な力を与えられるのは、苦しむ人々の自己本位の倫理が、予言者・賢人の非個人的な倫理と合して一つになるときである。［1938: 261–262］

ラッセル自身の姿をたまたま予知的に言い当てているとはいえ、もとよりこれは、歴史的な反復現象の説明にすぎない。が、それゆえに、ラッセルがいかに史上典型的な賢人（sage）もしくは予言者の型を再現していたかということを、この一節は明らかにするのである。

右の文章は、革命について述べている。ラッセルの運動は、何万何十万という市民を動かしかつ新左翼の思想・運動と呼応しながらも、非暴力不服従の根本方針ゆえに現実の革命を惹き起こすにはむろん至らなかった。とはいえ、その活動の性質は明らかに反体制的革命的なものである。そこには、体制側の（啓発されうる）利己心に働きかける革命的力としての、市民の（啓発された）利己心と賢人の非利己心との合一があったのだ。

2. 核時代の聖人

「苦しむ人々の自己本位の倫理」が合して一つになるところの「予言者・賢人の非個人的な倫理」とは、ラッセルの場合に何であったかというと、再び『自叙伝』第一巻まえがきに照らすならば、愛と憐憫、とくに憐憫（pity）である。

人類との感情的一体化を表わすpityなる語には、同時に、すでにラッセルが一般人類とは分離した立場から彼らを看ているという、プロメテウス的な前提が仄めかされている。憐れむという情緒は、それが強く大きくなるにつれ、感情移入の度に比例して対象化の度をも同時に増さずにはいないはずだから。憐れむ主体はあくまで高みにいる。懊悩する一般大衆の世俗的利己心から隔絶した核時代の聖人としてラッセルが立ちえたのは何故か。そう改めて問えば、一つには彼が哲学者であったこと、もう一つには彼が老人であったということによるだろう。

哲学者であることについては、ラッセルは次のようなことを書いている。

危険が実在するところでは、哲学が生み出すような非個人的な感情が、最良の治療薬である。（中略）希望や願望が個人生活を超えて拡がる人は、欲望のもっと限られた人が恐れる場合にも恐れない。（中略）彼は人類を一つの統一体と見、歴史を自然への動物的隷属からの漸進的な脱出と見ることができる。不幸に際して、気違いじみた狼狽を避け、ストア的な忍耐力を強めることは、哲学を持たぬ人よりも持つ人の方がずっと容易だろう。私は、そのような人が常に幸福だとは言わない。われわれの住んでいるような世界では、常に幸福であることはほとんど不可能だ。しかし私は、真の哲学者は、起こりうる悲惨をじっと見つめたとき、絶望や恐怖に苦しむことは、他の人々よりもずっと少ないと思うのである。［1956: 170］

また、老人であることについては、ラッセルは次のように言った。

戦争で殺される恐れのある若い人たちは、生命が与えうる最もよきさまざまなものを欺し奪られたという苦い感じをもつのが当然だろう。しかし、人間の悲喜こもごもを知り、なすべきあらゆることを仕遂げた老人の場合には、死の恐怖はなにか卑しく恥ずべきことである。死の恐怖を征服する最良の法は――少なくとも私にはこう思われるのだが――諸君の関心を次第に広汎かつ非個人的にしていき、ついには自我の壁が少しずつ後退して、諸君の生命が次第に宇宙の生命に没入するまでにすることである。個人的人間存在は河のようなものであろう――最初は小さく、狭い土手の間を流れ、烈しい勢いで丸石をよぎり、滝を越えて進む。次第に河幅は広がり、土手は後退して水はもっと静かに流れ、ついにはいつのまにやら海へ没入して、苦痛もなくその個的存在を失う。老年になってこのように人生を見られる人は死の恐怖に苦しまないだろう、自分の気にかけ育《はぐく》む物事が存在し続けるのだから。そして生命力の減衰とともにものうさが増すならば、休息という考えはむげに斥けたものでもないだろう。[1956: 52]

この二つの文章は、明らかに、達観せる賢人、無私の広大な視野を獲得した聖人の言葉にふさわしい。世にいう聖人とはいかなる考え方をする人かを模範的に例解してくれた、そんな文章である。

しかし、実際にラッセルが本当にこれらの文章通りの人であったと考えてよいだろうか。われわれは、ラッセルが社会問題については哲学者として発言してはいないとすでに公言していること [Schilpp 1944: 730–731]、そして、右の文の数年後には、「年を経るごとに静穏どころかだんだん反逆的になってくる」（１１７頁に引用）と言っていることを思い出すべきだろう。実際のラッセルは、機知の死のはじめ頃に自ら描写した典型的聖人とは、実は全くかけ離れた心理状態の晩年を送ったことがわかるのである。

右の第一の文章の末尾を見よう。しかし現実には、ラッセルは核の恐怖に際して、絶望や恐怖に苦しむこと、哲学者以外の人よりもむしろずっと大きかったのではないか？　第二の文章の河と海のイメージを見よう。しかし現実には、死して没入すべき海、つまり人類の普遍的生命そのものが核戦争によって消滅しようとしているのではないか？　ここに老いの安らぎはありえない。逆にラッセルは、自分自身に残された年数が少なくなれば少なくなるほど、人類に残された年数も等しく少なくなりつつあると感じ、脅かされたのだ。ラッセルは紛れもなく、核時代の聖人だった。それゆえにこそ彼は、他の時代にあり得た聖人たちのように、落ち着いた風格を終始漂わしているわけにはいかなかった――「聖人物に凝滞せず」（楚辞「漁夫」）ではなかった。結局彼は、俗世界のもつ死の恐怖を含めたあらゆる雑念と煩悩をまとめてそっくり抱え込んだ、俗巨人としての聖人だったのだ。

前節で眺めたように、ラッセルは一見、もっぱら非利己的な理想によって大衆の利己心を鼓舞していたようにもみえる。しかし完全にそうとは限らない。ラッセル晩年の狂奔の努力は、慈善的な博愛奉仕でないのはもちろん、人類に対する利他的な憐憫に主に動かされたものでさえなかった――憐憫という話をどんなに強い感情として解しても。右の引用文中こういう一節があったのを思い出そう――「自分の気にかけ育む物事が存在し続けるのだから」。生きたいという青年たちのあからさまな利己心と同じレベルにおいて、人類に生きつづけてほしいというラッセルの願望は、すでに彼個人の利己心と分かち難いもの、いや、利己心そのものだったようである。

3. 生命との融合

一九六六年一一月一三日から三日間、ロンドンのマハトマ・ガンジー・ホールで開催した戦犯裁判予備会議の後で記者団に発表した声明の最後に、ラッセルはこう言っている。「この裁判によって沈黙の罪を犯さないですませることができるというのが、私の切実な信念なのである」［岩松 1968: 289］。つまり、この裁判は、人類への義務としての裁判であると同時に、同じ声明の中でラッセルはこうも言っているのである。

私は、傑出した人物から構成される厳粛な裁判を開催するのは必要だと結論して間違いないと信じています。これらの人物は権力によって傑出しているのではなく、私たちが楽天的に「人類文明」(human civilization) と呼んでいるものに対して、知的ならびに道徳的に貢献している程度によって傑出しているのです。（中略）私たちはいかなる軍隊も持たないし、人々に私たちの言うことを聞いてくれるような強制することもできない。しかし、もしも文明がはかない幻想以上のものであるべきだとすれば、文明にひたすら貢献しようと努力してきた人々が、文明の名において語る権利、および文明を擁護する権利を主張することは許されるべきです。(Speech by Bertrand Russell to Press Conference called by International War Crimes Tribunal, November 16th,1966)

つまり、ラッセル以下の知識人たちによる裁きは、権威の誤用であるどころか、きわめて正当な権利だったのである。右の声明の趣旨は、このラッセル法廷の一二年前の、ノーベル賞級の科学者九名の署名を加えたラッセル・アインシュタイン宣言や、それに続くパグウォッシュ世界科学者会議の意識でもあったろう。それは、ラッセルの平和運動が、単なる使命感や責任感にもとづくものではなく、より深くは権利としての行動、つまり利己心の発動であったことを証しているわけだ。

ラッセルは「人類文明」と言った。彼がキューバ危機をふり返って「この短い時間のうちに、シェイクスピアの詩、バッハやモーツァルトの音楽、プラトンやニュートンの天才にふれる楽しみもおしまいとなったであろう。一歩一歩、芸術・科学・美術の面で文化を築き上げる一切の営みも、永久に——この地球に関する限り、終わりとなったであろう」と言ったとき、その「営み」の年代的末端には、彼自身の『プリンキピア・マテマティカ』が燦然と輝いているはずだった［1969b: 125］。二歳のとき、祖父邸を訪れたビクトリア女王の前で立派なお辞儀をし、一七歳のとき差しでグラッドストンのお茶の相手を努めて以来、イギリスという一流国の超上流階級知識人として常に地球文明の中心を歩み続け小さからぬ足跡を残した自覚を有するラッセルとしては、それだけに、一つの大河としての自分が人類の大海原に参加している実感は強烈であり、その文明そのものが堕落してゆく光景、さらに今は限り失われてしまうという想像は、とても耐えられるものではなかっただろう。

　晩年ラッセルが死ぬまで住んだ北ウェールズ・ペンリンダドレス村の自邸から、彼はよく、平地が山並みへと続く美しい眺めを見渡したというが、その見渡しによっておそらく人類そのものを睥睨していたであろう彼のそのときの意識は、まさに、人類文明を自己の所有地とするものの意識であった。わが人類の全文化。これが今にも消滅する——自己の正当にして最も大切な財産を奪われる感じ、さらには自己の全実存の永久の死、をそれは意味していただろう。ラッセルが各国政府に放った呪詛の言葉は、こうして、自己の権益を奪われんとする動物の本能的防衛の叫びに他ならなかった。押しつけられる死に反発する青年の利己的叫びとラッセルの叫びとは、ミクロ—マクロの対照を響かせながら、同質のものとして完全に共鳴していたのだ。

　ラッセルは言う。

　　悲観論者は論ずるかもしれない——なぜ人

写真提供：Keystone Features/Hulton Archive/gettyimages

> 類を保存しようと思うのか。われわれは、悩みや憎悪や、今まで人類の生活を暗黒にしてきた恐怖やらの、莫大な重荷を終わらせる見込みが立って、むしろ嬉しくはないだろうか？　苦痛と恐怖の長い悪夢の結末に来て、ついに平和となり、ついに静かに眠れる、この地球の新しい将来を歓喜しつつじっと見つめようではないか？　と。（中略）しかし、悲観論者は、真理の半分だけを持っているにすぎない、そしてそれは私の心にとっては、重要性のより少ない方の半分である。人間は、残酷さと苦悩に密接に関わる能力を持っているばかりでなく、偉大さと素晴らしさの可能性をも持っている。（中略）人類がその成長発展をフルに遂げうるとすれば、（中略）貧困・病気・寂寥は、ごくまれな不幸となるだろう。合理的に幸福を望むならば、それは現在あまりに多くの人々が悲嘆に暮れてさまよっている恐怖の暗夜を追い払うであろう。そして進歩の発展につれて、現在はごく少数の優越者の輝かしい特質であるものが多数の人々の共有となりえよう。これら全てが、われわれの前途に横たわる幾千世紀の間に可能であり、また事実ありそうなことなのである、もしもわれわれが、目標たるべきその成熟に達する前に無分別と狂乱のうちに自分自身を破滅させてしまわないならば。いやいや、悲観論者には耳を傾けまい。もしそうするなら、われわれは人類の未来への叛逆者になるからである。［1961a: 127–128］

そう、あたかもドン・キホーテにとって立ち寄る街道宿のことごとくが城であり行き会う女すべてが美姫貴妃《びききひ》であったように、ラッセルにとってこの世界は、悲観論者には想像もできないほど輝かしく価値高いものであった（または、ありえた）。理想家の目には全てが輝いている。しかもラッセルの場合は、世界の美化は、ドン・キホーテにとってのドゥルシネーアのごとく永久に手の届かぬ憧れの対象にはとどまらない。覚醒した名士の目には、全てが親しく触知しうるもの、わがものである。だからラッセルは第一になによりも自分のために、人類滅亡を避けたいと思ったのである。

価値高き世界といえば、もう少し消極的な側面からも見てとれる。ケネディ、ダレス、フルシチョフらの政治家、そして『ニューヨーク・タイムズ』その他の報道機関を相手取ってさかんに論戦説得を展開し、それらの良心にゆさぶりをかけようとしたラッセルの行動は、世界への怒りの表明であるとともに劣らず信頼の確認でもあった。世界を叱責鼓舞することは、逆に、価値高き世界・信頼しうる世界への最も偽りのない賞賛である。そして、ラッセル自身意識していたと否とにかかわらず彼が二〇世紀の一大道化であったとして、道化本来の〈正気―狂気相対化作用〉も本物の絶対的狂気に対しては無意味であるとすれば、ラッセルが堂々たる道化として立ちえたということ自体、現代世界の狂気がまだ絶対的な域に陥ってはいないこと・正常化への潜勢を蔵していること・価値ある現在と未来を有していることの証しなのではないか。つまり彼の道化的努力こそ、世界への彼の肯定的心理を、創発的な形で裏書きしていると言えるだろう。

かくして、ラッセルの平和運動は、怒気＝世界拒否と、世界への執着、および人類への希望が三位一体をなした複雑な意識を孕んでいる。その根底にあるのは、紛れもない利己主義である。しかるにまた「憐憫」の語が示すとおり、ラッセルにはやはり利他的慈愛の精神が溢れていたことも動かない。ラッセルにおいては、利己心と利他心とが全く同じ目標・同じ対象に向いている、つまり融合しているのである。

とりわけ、ラッセルを動かしたのが生動的な利己的衝動であったということは、単なる理想家ドン・キホーテの心より遥かに深い執念の存在を示すとともに、単なる合理主義者や情愛ある聖人に期待できるより遥かに強大な活力を保証する。それゆえか、ラッセルにおける利己的な要因が漠然と感知されるがために却って、世界の平和運動家たちはラッセルの行動から大いなる感銘を受けることになっているようなのだ。ラッセル信奉者の中には、次のような情緒的な文言でラッセルへの帰依を言い表わす人が少なくない（後に原水爆禁止日本国民会議議長を務めた岩松繁俊の文章）。

なぜわたしはささやかながらラッセルとともに怒り、憂え、たたかうのか。それはラッセルがわたしに手をさしのべ、ともにたたかおうと手をかたくにぎってくれるからである。なぜわたしはラッセルのためにはたらくのか。

それはラッセルがわたしにたいしてともにはたらこうと呼びかけるからである。［岩松 1968: 315–316］

これはラッセル崇拝の雰囲気の特徴を典型的に表わしていると思われる。一九五二年の四度目の結婚以来、エディス夫人の好助手ぶりのおかげでラッセルの通信の記録がほぼ完全に残されているというが、晩年のラッセルは、週に千通近くの手紙を一般市民から受けとっており、そのほとんどに返事を書いていた。そこには青少年からの手紙も多く見られ、ときどき、一〇歳に満たぬ子どもからも語りかけてきた。

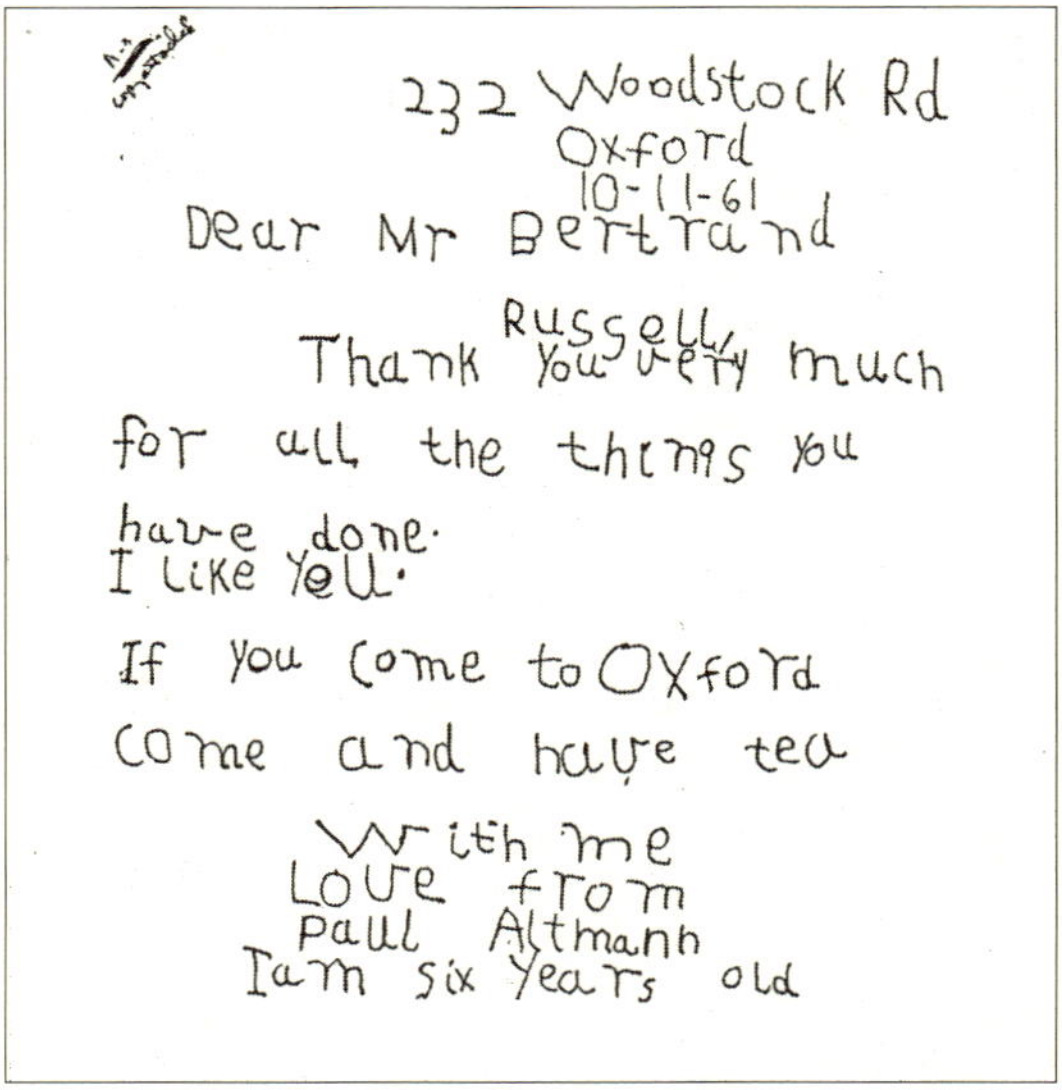

232 Woodstock Rd
Oxford
10-11-61
Dear Mr Bertrand Russell,
Thank you very much for all the things you have done.
I like you.
If you come to Oxford come and have tea with me
Love from
Paul Altmann
I am six years old

日付（一九六一年一一月一〇日）から見ると、ポール・アルトマン君からの手紙は、ラッセル投獄の年、一連の抗議デモ最高潮のさなかということになろう。この幼いThank youは、ちょうど一年後ラッセル邸裏に集まった市民たちの「ありがとう」と、正確に同じである（あの中にも「ぼくは死にたくない」と貼り紙した子どもたちが参加していた）。その市民たちにラッセルが表わそうとした「感謝」の念［1963: 36］、そして小さなポールへの「素敵なお手紙ありがとう……」という返辞も［1969b: 35］、単なる慣習的用語なのではない。それは確かに、自己の利益に関わる行動を勇気づけてくれる人々への、利己心からの感謝である。感謝が感謝を喚び、その感謝がまた感謝される。ラッセルと地球市民とのそれぞれの利己的感謝の念は響応しあっている。世界が滅亡する事態を真に我が事として防ごうとしたラッセルの焦燥が、こうして、大人から幼児に至るまでの感動を喚起したのである[67]。

利他的にとどまる限り冷たいものとなりがちな、あるいは見られがちな愛を、血の通った温かいものとするのは、逆説的なようだが、愛を与える側の利己心である。利己的愛は、受ける側のほんものの感動を呼ぶのである。このことの人生訓的な一般論としては、核時代到来の二〇年近く前に、あからさまに大衆受けを狙った本の末尾でラッセルが書いた次のような一節がある。

伝統的な道徳家たちは、愛が非利己的なものでなければならないと言うだろう。ある意味では確かにそうである、つまり愛は、ある点以上に利己的であってはならぬものだ。しかし、愛とは、自分自身の幸福が愛の成就と堅く結びついているという性質のものであるべきだ、ということは疑う余地がない。もし、ある男が、ある令嬢の幸福を熱望し、同時に彼女は自分に理想的な自己犠牲の機会を与えてくれるだろうと考えて、そういう理由によって彼女に結婚を申し込んだとすれば、彼女がそれによって果して本当に喜ぶかどうか、私は疑問だと思う(この種の「愛」は、まさにドン・キホーテのドゥルシネーアへの愛によって例解されていただろう――注：三浦)。もちろん、われわれは自分の愛する人々の幸福を願わなければならない。しかし、それはわれわれ自身の幸福と引き替えにではない。事実、自分自身と自己以外の世界との対立、これは自己犠牲の教義の中に含まれているのだが、その全ての対立は、われわれが自分の外部の人や物に本当の関心(genuine interest)を抱き始めるや否や、消えてなくなるものである。このような関心を通して、初めて、人間は生命の流れの一部である自己を、たとえば衝突のとき以外は別の球と何らの関係も持ちえない撞球の玉《ビリヤード・ボール》のような硬い孤立した存在ではないところの自己を、感ずるのである。(中略)そのような人間は、自分の後に続き来たる人々と全然別個のものと自分を感ずることはない。最も大きな歓喜の見出

されるのは、こうした生命の流れとの深い本能的な融合においてである。［1930: 246–248］

われわれはここで、本章前節に出会った河と海のイメージに戻ってきたようである。却ってこの壮年時の文章の方が、ラッセル晩年の状態を的確に言い当てているのではなかろうか。彼自身の河と海の教えを、老いの達観によってではなく、核の脅威のもとの利己心によってラッセルは実践することができたわけである。

ラッセルは奉仕や自己犠牲を行なったのではない。素晴らしいと思うものを惜しみ、自他いっしょくたの権益を守るために、やりたいことをやったまでだった。これは、彼が大衆に説いた「啓発された利己心」よりも進んだ形態において啓発された利己心――生命と融合せる利己心、そう、河と海のなにか聖なるイメージにちなんで、「聖なる利己心」であったと言えるかもしれない。

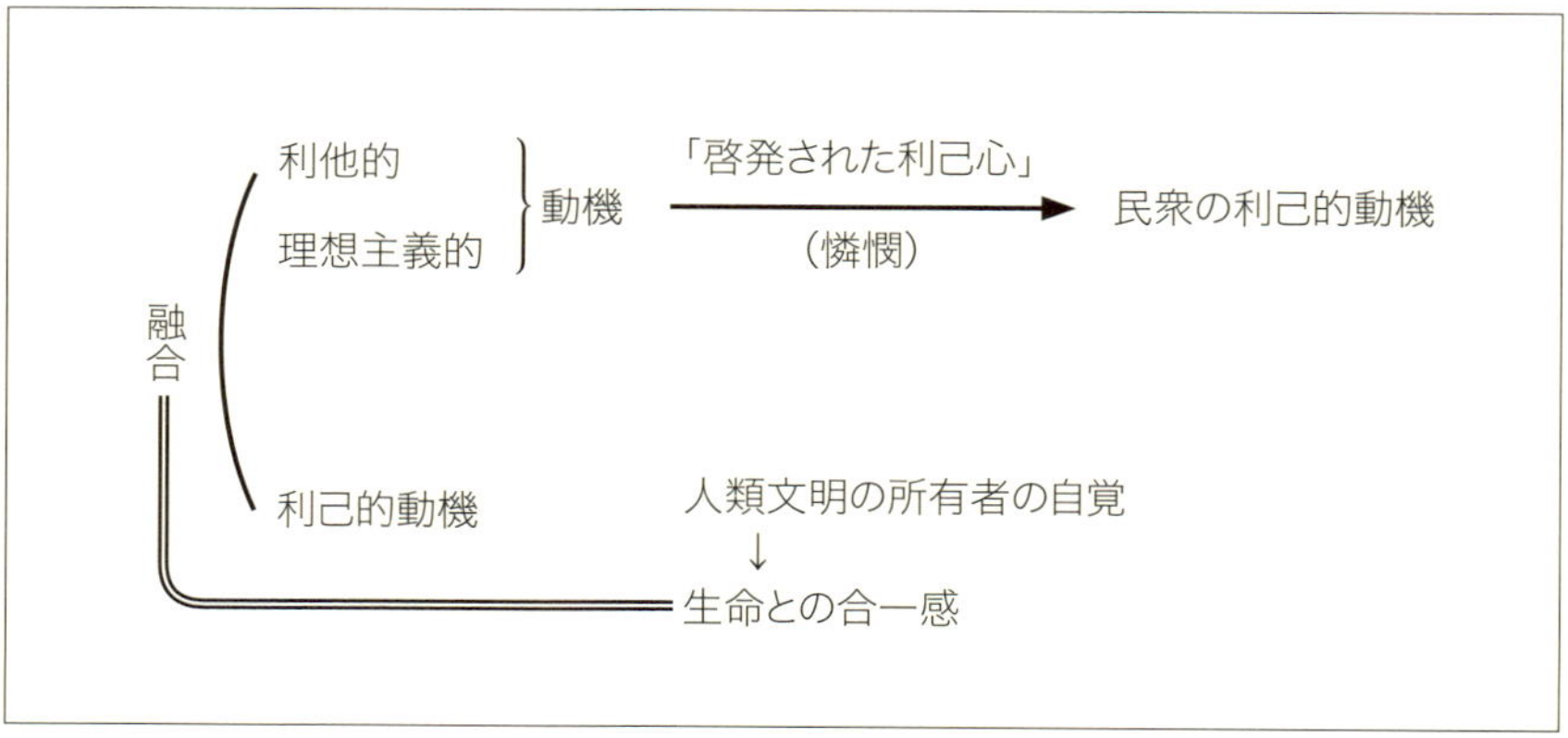

表1

第8章　ファウストとしてのラッセル

1. 悪の伴侶

ラッセルが、第一次大戦に遭った自分をメフィストフェレスに会ったファウストに擬しているということは、序章ですでに簡単に引用した。そこを完全に引用し直すならば、次の通りである。

私の人生は、一九一〇年の前と一九一四年の後とでは、はっきり違っていた。それは、メフィストフェレスに会う前と会った後のファウストの人生と同じであった。私はオットリン・モレル夫人によって回春を味わい、それが世界大戦によって持続させられた。戦争が人を若返らせるとは奇矯に聞こえるかもしれないが、事実、あの大戦は、私の偏見を振り落とし、多くの基礎的な問題について改めて考え直させてくれた。そればかりか、新しい種類の活動を始めさせてくれた。この新しい活動に対しては、数理論理学に立ち返ろうとするとき決まって私を悩ませていたあの味気なさを感じることがなかった。そのために私は、自分自身を超自然ならざるファウストとして考える習慣に陥るようになったが、そこでメフィストフェレスに相当するものは、第一次世界大戦であった。［1968: 15］

「ラッセルのパラドクス」として知られるあの発見――一九〇一年春に自分が見つけ、翌年六月一六日フレーゲに書き送った集合論の矛盾が、数学からその本来の美を永久に奪ってしまったことについて、ラッセルは『私の哲学の発展』

の第一七章「ピタゴラスからの後退」に述べている。

数学の基礎に潜む矛盾の解決は、真であるかもしれぬが美しくはない理論を採ることによってのみ可能であると思われた。[1959b: 212]

集合論と数学全体の崩壊は、まさに「真理」と「美」との相互背反の訪れだったのである。

ラッセルは確かに、ファウスト的人間だ。一九〇〇年からまる一〇年にわたる苦闘の末『プリンキピア・マテマティカ』を完成させるとともに数理の専門的探究からさっぱりと足を洗ったラッセルは、まさしく学問と知識では世界の理法を認識しえぬと失望したファウスト博士である。(68) 大著を完成させたとはいっても、幾何学に関わる続巻は断念せざるをえなかった。世界の秘密を知り窮めるためには精霊なり悪魔なりの力をさえ借りたいと願ったまさにその心境に、一九一〇年以後しばらくの間ラッセルも陥っていたに違いない。(69)

ともあれ大判二千頁にも及ぶ百科事典のような大著の完成によって、ラッセルの心は解き放たれた(ちなみにそれまでの九年間、妻アリスを含めて一切の女性と性的関係を持たなかったという)。解放は急激であった。そこに第一次大戦が勃発した。オットリン・モレルほか大戦前後にラッセルの前に現われた女たちは、さながらグレートヒェンかヘーレナである。

オットリンは、ガーシントンの別荘を芸術家や知識人のサロンとして提供した、当時有名な奔放なホステスであって、ラッセルもそこでジョセフ・コンラッド、D・H・ロレンスなど多くの文人と引き合わされ生涯の友人を得たりしたのだが、一九一〇年に知り合って翌年から二人は恋愛関係に入った。ラッセルとオットリンについては、彼女の夫フィリップ・モレルとアリス(ラッセルの最初の妻)をも巻き込んで、いかに緻密な恋愛小説も敵わぬほどの緊迫した状況が展開され、二人の愛は大戦勃発後しばらくすると行き詰まることになる。ラッセルは、T・S・エリオットの妻との恋愛事件なども経て、やがて戦争たけなわの頃、徴兵反対運動を通じて女優コレッティ・オニールと知り合う。

私がはじめて彼女と同衾したとき（中略）突如として獣の咆哮に似た勝利の叫び声が街頭に起こるのを聞いた。私はベッドから飛び下りた。そしてツェッペリン飛行船が炎に包まれて墜落するのを見た。大衆は、勇敢な飛行士が苦悶しつつ死んでゆく有様を思い描いてその喚声を発しているのだった。そのとき、コレッティの愛こそが私の救いであった。逃れられぬその残酷さからの隠れ家ではなく、これが人間というものだと悟らざるをえない心の苦痛からの救いであった。（中略）戦争世界の酷さと恐怖が私を打ちひしいでしまったが、私はコレッティに密着して離れなかった。憎悪にみちたこの世界にあって彼女は愛を保ってくれた。それは、愛という語のあらゆる意味における、いたってありふれた愛から最も深い愛まで全ての愛であった。［1968: 26］

キャサリン・テートは、「彼らは絶望の中で互いに身を寄せ合い、自分たちを憎しみの海の中で愛の島だと考えた」［Tait 1975: 46］と評している。これはおそらく、ラッセルの恋愛遍歴を通じて、中国におけるドーラ・ブラックとの愛に比すべき最高の一時期と言ってよいであろう。ラッセルが全面的に否定し、憎んだ戦争を背景としてこそ、彼の生涯で最も陶酔的な愛の一つが開花しているという事実は、何を意味するのか。大戦は確かにラッセルの回春（rejuvenation）を確実にしたのだ。そして彼自身が述べていたように、これはこと恋愛に関してばかりではない。ラッセルは書簡その他において、見逃されやすいがきわめて注目すべき発言をしばしばなしているのである。戦争中オットリンに書いた手紙（一九一六年九月）の中に、次の一節がある。

当局がぼくに対して態度をやわらげる兆しが見えます――ちょっと残念なような気がしますがね！（中略）ぼく

は、こうした間にさまざまなことを悟りました。自分が真に求めているものを妙なことで発見することがあるものだし、またそれが常にとても利己的なものだというのも妙なものです。ぼくが永遠に求めてやまないのは――意識的にではなく、心の底の方では――刺激です。すなわち、ぼくの頭脳を活き活きとさせ、元気旺盛ならしめておくような種類のものです。思うにそれは、ぼくを一個の吸血鬼（a vampire）たらしめるものなのです。ぼくは成功という本能的感情から最も刺激を得ます。失敗はぼくをだめにします。［1968: 74］

あるいは彼は、自分の反戦活動を次のように評する。

（第一次）大戦が終わったとき、私が知ったのは、自分のそれまでやってきた全てのことは、自分自身に対して以外全然何の役にも立たなかったということだった。［1968: 40］

これは逆に言えば、大戦中の活動は大いに自分のためになった、ということに他なるまい。おそらく同じことが、核時代の平和運動についても言えるのである。ラッセルは第二次大戦後の自分の活動について次のように書く。

私の不安は次第につのった。まわりの人々をして、彼らおよび全人類の前途に待ちうける危険をわからせることのできない私の無能さが、私に重荷としてのしかかった。おそらくそれは、苦痛とはしばしばそうなのだが、私の楽しみを増してくれたようである。だが苦痛は、私が他の人々をしてわが苦痛の原因をともに認識させえないという失敗にだんだん気づくにつれて増大した。私は、『変わりゆく世界への新しい希望』を新たに、より深く吟味し直す必要を感じ始めた。そこでその試みを『倫理と政治における人間社会』の中で行なったが、それが完結して、

> しばらくの間、私の恐れを効果的な形で表現する熱望は満足させられた。［1969a: 32］

> その放送（ＢＢＣの「人類の危機」（一九五四）――注：三浦）は、個人的にも社会的にも大きな効果があった。個人的な効果というのは、私の個人的な不安が一時和らいだことと、この問題に対する適切な言葉を発見したという感じを私が持つに至ったことであった。［1969a: 72］

これらは、ラッセルが、世界の悲惨と狂気に直面して、それを観察し知的な糧を得るという喜びを味わう用意があったこと、そしてそれ以上に世界を説得する難しい仕事そのものが大いなる楽しみでもありえたこと、を物語っている。あるいは彼は、九〇歳誕生日直前、一九六二年五月一三日付『オブザーバー』にこう書いている。

> 私はかつて、老年に達したら自分は、世界から引退し優雅な文化生活を送ろう、若かりし日に読むべきであったあらゆる偉大な本を読もうと考えていたものである。どのみちそれは、怠惰な夢であったろう。重要であると信ずる目的を抱いて働く、という長年の習慣を破ることは難しい。それで私は、たとえ世界が今よりも良い状態にあったとしても、優雅なレジャーを退屈だと思ったことだろう。それがどのようなものであろうとも、私は、起こりつつあることを無視することは不可能だと思う。［1969a: 134］（傍点三浦）

これは、ファウストの「もし私がのんびりと寝椅子《ねいす》に手足でも伸《の》ばしたら、もう私もおしまいだ」［ゲーテ 1808: 114（1692–1693）］という言葉と比べることができるだろう。重要なことは外部の悪がどうこうではなく、自己の内の行動欲求のあり方だというわけである。

これだけの記述が現に存在する以上、われわれが前章で考えてきたラッセルにとっての平和運動の意味というものは、ここでさらに一転しうるかもしれない。すなわち、利他的であれ利己的であれ注意の焦点はともかくも外界にこそあった聖人的動機に加えて、そこには、もっと個人的な、精力的な自己向上の衝動に発したと言うべき、吸血鬼的動機も確かに併存していたのだということである。戦争や世界の諸悪は、ラッセルにとって、この意味で確かに〈常に悪を欲して善をなす力の一部〉であった。まさに、ラッセルの精進を刺激促進する伴侶メフィストフェレスだったのである。

そのメフィストフェレスは、まさに戦争についてファウストにこう語った。「戦争だろうと平和だろうと、なんかしら自分の利益になるように引き出す努力が賢いのです。あらゆる都合《つごう》のよい瞬間を、注意して待ち構えるのです」［ゲーテ 1833: 373（10236–10238）］。これは、先のラッセルの諸々の言葉が自認する動機を誇張して言い表わしたものに他ならないだろう。のみならず、ときには対ソ戦争を唱道して「悪魔に魂を売った」と世界中から評されたりしたことなどを考えると、戦争という悪魔をラッセル生涯の伴侶と見ることは、並のアレゴリーを超えて大変うまくいきそうだ。

ファウストは知識の無力に失望した後、官能的享楽、ついで美の追求を経てそれらにも限界を見出したのち、最期の満足を得るべく公共の創造的事業へと意欲のはけ口を求めた。ラッセルは中間段階を経ることなしにただちに（あるいは中間段階と同時に）人類のため社会のための事業に飛び込んだと言うことができる。そしてそれはファウストと同じく、〈聖なる利己心〉のような高尚な動因を持ち出さずともそれ以前に、もっと端的に俗な意味で「自分のため」と言いうる反戦活動・反核活動だったのだ。錯綜した外界に向って燃えるような好奇心と探究心を投じ熱烈な行動に挺身することが、とりもなおさず自我の内面に自己向上の満足をもたらすことだったのだ。ラッセルはあるとき確かに次のようなことを洩らしてはいる（一九一六年、オットリンへの手紙）。

　ぼくはこの頃は、あなたの内的生活を全くと言っていいほど知りません。ぼくはもっと知っていたかったんです。（中略）ぼく自身の存在はというと、今のところ、きわめて目的的になっていますので、もはや内的生活というもの

はほとんど持てない状態です——しかし暇ができれば持てるでしょう。〔1968: 67–68〕

だが、ファウスト＝ラッセルのような人間にとっては、真の内的生活 (an inner life) の充実とは、究極的には世界のために奉仕し、たゆまぬ前進を続けあくせくすることによってのみ、もたらされたのではないのか（ラッセルのベストセラーの題名『幸福の征服』(The Conquest of Happiness) が、人生への彼のこの姿勢を最もよく説き明かしている）。ラッセルは、自己の前半生は、父親＝夭逝したアンバーレイ子爵の人生の反復に他ならないという奇怪な想念を抱いており〔1967b: 82〕、自己の内面を見出すことをも兼ねて——いや、おそらくそれを主たる目的として——一九三七年、両親の書簡と回想録を妻のパトリシアとともにまとめ、膨大な『アンバーレイ書簡集』として出版したが、これを彼は（現実からの逃避であるがゆえに）「真に重要なものではない」〔1968: 193〕と考えていたのである。

ラッセルのような、始めから「選ばれた人間」としての意識を確固と持つ者にとって、小市民的な生活様式は絶対に満足をもたらしはしなかった。デモを沿道の人々に見送られ歓声をもらったときのラッセルの幸福感や、キューバ危機解決のときの「全生涯で最も価値ある一週間」という感慨をわれわれは真に受けるべきだろう。一九三六年にラッセルが戯れに書いた自己の死亡記事によれば、彼は九〇歳で、つまりまさにキューバ危機の年一九六二年に死ぬことになっていた〔1950: chap.12〕。そこで世界の死すべき瞬間を乗り切ることによって、同時に彼自身が生き延び寿命を伸ばすことができたとも言ってよいかもしれない。

ラッセルは自らを「吸血鬼」(vampire) と評したが、実際老年に至ってこそますます活動的に街頭行進したり、演壇上でカッカしたりすることは、低血圧気味の彼の体調をちょうどよい状態に保ったことだろう（『アルファベット』Y（若さ）の項を見よ）。われわれは第5章はじめのあたりで、ラッセルに応じて戯れに、彼は創作の安楽を中断してしまったために一六〇歳まで生きられなくなったかもしれぬと述べたが、やはり真相は、精力的な反核平和運動がラッセルに、ファウストと同じ一世紀の長寿をもたらしえたということだったかもしれない。

2. 血の諸相

ファウスト性とひと口に言っても、その中にはさまざまな意味合いが含まれうる。自己理想への邁進、精力にはけ口を与えることによる生命力の確認、さらになお微妙に異なったいくつかの意味をもそれは持っている。それらはみな、徹頭徹尾、俗世的なものである。

まずすでに何度も考えてきた、大衆との一体化という点が重要である。書斎においてファウストはメフィストフェレスに語った。

君にいったじゃないか、快楽などは念頭にないんだと。
私は目もくらむほどの体験に身をゆだねたいのだ、
悩みに満ちた享楽や、恋に盲《めし》いた憎悪や、気も晴れるほどの腹立などに。
知識欲の圧迫から逃れたこの胸は、
今後どのような苦痛をも辞しはせぬ。
全人類に課せられたものを、
私は自分の内にある自我でもって味わおう、
自分の精神でもって最高最深のものを敢《あ》えてつかみ、
人類の幸福をも悲哀をもこの胸に積みかさね、

こうして自分の自我をば人類の自我にまで拡大し、
結局は人類そのものと同じく私も破滅しようと思うのだ。〔ゲーテ 1808: 119(1765–1775)〕

われわれが何度も見てきた、ラッセルの大衆への合一感の希求は、根本的にはファウストのこの自我の拡大欲求に通じているのだろう。ラッセル晩年の烈しい活動も、前半生、彼の頭脳が最高潮の頃の努力が一般大衆と切り離された「味気ない」ものにすぎなかったその空しさを埋め合せようとする、「目もくらむほどの体験に身をゆだね」る心を、ヒューマニズムの名のもとに、人類の未来の名のもとにカモフラージュしたものだったかもしれない。[70]

またラッセルは、最後の哲学書『人間の知識』を書いた一一年後、『常識と核戦争』などを書いたのと同じ一九五九年に、自己の（社会・政治思想は除いた）理論哲学の解説書である『私の哲学の発展』を出版したが、その中の、日常言語学派への幾分感情的な反論を展開した章で次のように言っている。

自分がしばらくのあいだ世にもてはやされた後、時代遅れだと捨てられるのを見ることは、必ずしも愉快な経験ではない。この経験を上品に（gracefully）受けいれることはむずかしい。〔1959b: 214〕

このことゆえにラッセルは、上品ならざる平和デモにひたすら挺身したのだろうということが、皮肉な意味でなく言えるかもしれない。ラッセルが平和運動家として自らを開いたとき、それとは対照的に、哲学においては彼は自らを閉じた。とっくに他界しているかつての弟子ルートウィヒ・ウィトゲンシュタインの思想が流行を形作り始める中、ラッセルはもっぱら自己の哲学に定位して回顧的考察を行なった。そこでは、若い頃『哲学の諸問題』〔1912a〕などでさかんになされたような、哲学そのものへの省察も、消えはせぬにせよ薄れていた（まさに真理の現われを待つ A man who likes truth to be his statements から、真理領域への自我の拡張を専らにする A man who likes his statements to be true への変貌である)。

ファウスト博士の生への失望も、超自然の霊や悪魔を呼び出そうとしたことからまず推測されるように、そして何よりもあの作品の宇宙的規模そのものから推し測られるように、世界の奥深さに対する学理そのものの絶対的弱さを思い知ってのこと、というよりは、むしろ自己の学理技術の挫折、虚ろな名声のみまつわりついて実質的な達成を行ないえなかったことへの苛立ちに発した方が遙かに大きかったはずである。真の事態は、徹底的に個人的である。学理と世界とどちらの方が奥深いかなど、もはや問題でない。

希望には富み、信仰もかたく、
涙ながら、吐息をつき、手をすり合わせて、
在天の主に願って無理矢理にでも、
あの疫病を根絶やして戴こうと思ったものだ。
今あの人たちの賞讃の言葉は、まるで嘲笑のように聞える。
君には、私の胸の中が分ってもらえまいが、
親父にしろ私にしろ、
人にほめそやされるような値打はなかったのだ。
私の親父は世に知られていない実直な人間で、
自然および聖なる作用について、
真剣に、といっても彼独特の流儀で、

勝手気ままな努力をしつつ考察をしていた。
錬金術師の仲間にはいって、
いわゆる黒い厨《くりや》に閉じこもり、
際限もない処方書に従って、
互に性《しょう》の合わぬものを混ぜ合わせた。

（中略）

こうして薬はできた。患者は死んだ。
誰がなおったか、と聞く人もない。
このようにしてわれわれは恐ろしい煮つめ薬を持って、
山々谷々をめぐり歩き、
疫病そのものよりも遥かにひどく猛威をふるったものだ。
私自身、この毒薬を幾千という人々に施し、
彼らは衰弱して死んだ、そして私はこの通り生きていて、
この恥ざらしの人殺しが褒め者にされるという経験をしているのだ。［ゲーテ 1808: 74–75（1026–1055）］

このように言うファウストに弟子のワーグナーは答える。

どうしてそんなことで、おふさぎになる必要がございましょう。
先人から伝えられた技術を、

良心的に且つ精確におこなっていけば、
それで立派な男一匹の仕事というものではございますまいか。
先生がお若い時分、お父様をご尊敬なさった以上、
その伝授を欣《よろこ》んでお受けになるのは理の当然でしょう。
その後成人なさってから学問を一層ご促進なされば、
やがてお子様が更に高い目標にもご到達なさろうというものです。［ゲーテ 1808: 75–76(1056–1063)］

しかし、ファウストにとっては、子孫がどうしようが、自分が己の力で医学を窮めそこねたことのみが重大であった。このことはもはや、地霊に頼っても悪魔に頼ってもとり返しがつきはしない。ラッセルは、自分の子孫たるオックスフォード言語哲学などより自分の哲学の方が絶対に優れていると最後まで信じ続けられた点で――これは医学と哲学の性質上の相違にもよっているのだが――ファウストより遥かにましであったと言えるだろう。しかしやはり、かの悩める博士と同じく、もはや自分には現在的貢献をなす力なしと見限って、(手頃な言葉で言えば、その代償に)現実世界の血の冒険の方へ飛び込んでいったのである。微細な個人の誇りと精進が宇宙的―地球的規模の舞台で演じられてしまったところに輝き出る対照性の悲劇、これがラッセルとファウストのドラマだと読むことができよう。

また、第三のファウスト的意味として、このようなことも考えられる。前章で見たとおり地球文明の中枢的担い手・所有者の意識を有していたであろうラッセルは、その自分に関わらずに権力が地球を動かす(しかも悪い方に)ことに我慢がならなかった。わが世界から自分が弾き出される屈辱を味わった。核反対・戦争反対は、机上のパンフレットでも現実行動でも効果上はそう大した違いはないかもしれない。しかし、漠然とした抽象的な国家権力に対するにあたって、

現実行動を起こすことでその国家権力の象徴である警察力を目の前に具体的に呼び出すことにより、対決の実感を得、自己を納得させ意義を確かめられるようになるであろう。おそらくこうしてラッセルは、公権力と交互作用する肉体的感触を得ることをもって、自分を地球文明の中枢へと少しでもひきずり戻したのだ。指導的名士としての矜持の保全。これも自己精進の一つの形態である。

この他にもファウスト性にはさまざまなバリエーションが含まれうるが、一々見てゆくには及ぶまい。ラッセルの平和運動には間違いなく、実に多彩な意味において、ファウスト的自己精進の動機が大きな比重を占めている。これはもはや、世界の平和運動家を感激させ青年たちから叫びの唱和を得る聖人としてのラッセルを示しはせず、もっと個的に世界から切り離された一実存バートランド・アーサー・ウィリアム・ラッセルを示すのみである。

こうした「自分のため」のファウスト的平和運動ということで、ラッセルの言葉は自己に反射してくる。本章冒頭で彼自身の言葉として見たように、行動は世界のためにならずとも自己のために響き返ってくる。彼の活動は対自己的（対ラッセル的）意味をもつ。このことをドン・キホーテの章、１５７頁のあたりで述べられたことと比較しよう。あそこにおける「対ラッセル的意味」と、ここで見た彼の活動の実存的意義とは、もとより、密接に通じあう。その違いは、非自意識的存在ドン・キホーテと自意識的存在ファウストの性格各々にそのまま対応して、前者は外から捉えたとき、後者は内から捉えたときの、ラッセル自身に関する「意味」だと言えるのである。[71]

さて、ラッセルが悪の存在を喰いものにする自分自身を「吸血鬼」と形容していたことをもう一度思い出そう。吸血鬼はほとんど悪魔に近い存在だろう。「ファウストがメフィストフェレスその人なのである」とツルゲーネフは言い［ツルゲーネフ 1859: 70, 94］、また、「理想的な演出では、ファウストとメフィストフェレスはそっくりの双生児によって演じられるべきである」と喝破したのはW・H・オーデンだったが［オーデン 1962: 110］、これは、ラッセルをファウストと見立てた場合にも全くあてはまるだろう。

私の眼につくのは、ただ人間どもが無暗に苦しんでいるってことです。
この地上の小神様はいつも同じ工合にできていて、
天地開闢の日と同じく変ちきりんな存在です。
せめてあいつらに天の光の影などお与えにならなかったら、
ちっとはましな生活ができたんでしょうがね。
人間はそれを理性などと呼んで、それはただ、
どんな獣よりももっと獣らしくなることにばかり利用するんです。
こう申しちゃなんですが、私には人間という奴が、
例のいつも飛んだり、また飛ぶつもりで跳ねたり、
じき草の中にもぐっては昔ながらの小唄をうたう
脚のながいきりぎりすのように思われてなりません。
せめていつまでも草原の中で寝ていればまだしもですが、
掃溜《はきだめ》でも見つけると、すぐに鼻を突込むんです。［ゲーテ 1808: 25-26(280-292)］

メフィストフェレスのこのような人間観察と、ラッセルのあの第一次大戦勃発時の大衆観察（61―62、66頁に引用）あるいはルシイへの手紙にみられた大衆蔑視（146頁に引用）との類似に、われわれはここではっきりと気がつくべきである。人間がそのような下らない存在であることが、ラッセル、ファウストおよび悪魔の精力的喜びの源となりえたのだ。[72]

しかしもちろん、懐疑的精神の死とともにラッセルは「否定の化身」たることをおおかたやめている。彼は、悪の存

在を吸血鬼のように利己的な精進に利用していると同時に、やはり基本的には前章に見たように、その悪の消滅＝人類存続の確保を、彼自身のいっそう高次元の利己的問題として感じていた。これは確かに逆説的な状況である。言ってみれば、二つの半ば矛盾した事態、現在の暗黒と未来の光明とが相俟ってラッセルを動かしていた。前者＝現実は努力の幸福を約束し、後者＝仮想は人類の幸福を夢見させたのだ。

暗黒と光明との矛盾統合的な合一、これは確かに、人類のための仕事に乗り出したファウストの心でもある。メフィストフェレスがいかに「あなたは平生《へいぜい》かなり悪魔の沽券《こけん》がついてきているんだ。およそこの世で絶望した悪魔の恰好《かっこう》ほど、だらしのないものはありませんぜ」〔ゲーテ 1808: 239(3371–3373)〕と言おうとも、善への志向の有無において、ファウストと悪魔は決して同一ではない。ただ、ファウストは、彼が晩年いかほど強く善を望んでいるときも、行動精神と事業欲、そしてさらには所有欲という、閉じられた自己本位の動機が圧倒的にその全活動を支配していた。

もうそれを我慢することができなくなっている。
それを口にするのも恥ずかしいが、
丘の上にいる老人たちを立ち退かせ、
菩提樹のところも自分で使いたいのだ。
自分の所有でないあの僅かな木立が
私の世界所有権をそこなっている。
あすこに私は広く周囲を見渡すため
枝から枝に足場をつくりたい。
遠くまで視線がおよぶようにして、

自分のなした一切の仕事をながめ、
賢明な識見をもって
人民の広い住み場所をつくり出した
人間精神の傑作を
ひと目で観察したいのだ。
富貴の身なのに、自分に欠けたものを
感じるほど、ひどく悩ましいことはない。［ゲーテ 1833: 439–440（11238–11252）］

すなわち、ファウストの望んだ「自我の拡大」とは、自我の壁が堅固なまま拡がっていって外界を全てとり込むという一方的拡大である。それがラッセル晩年の〈聖なる利己心〉となると、同じく自我の拡大でも、（１７７頁に引用したように）「自我の後退」(recede)と表現された。すなわちこれは、自我と外界とを相互に拡大し浸透させあう形での自我拡大・融合的拡大のイメージであった。この意味で、二人を比べた場合、事実においても意識においても、ラッセルの方がより「聖人」のステレオタイプに近い。一見メフィスト度でまさっていたラッセルは、ファウストより非メフィスト的であったとも言えるのである。

そうするとここにおいてわれわれは、自叙伝においてラッセルが自分をファウストに比しているからといって、あれが、自己のファウスト性を実存の問題にまで掘り下げて明瞭に認識した証しであると決めつける必要はない。むしろあれは、物語としての構造上の類似を、気づいたまま素朴に提出してみせたものに過ぎないということもありえよう。しかし、ファウストとは徹底的に精進家の自己意識をもって活動する人物類型であったとすれば、ファウスト性にとって本質的なのは、まさにその、ファウスト性そのものの明瞭な自覚ということだろう。

したがって、ここで考えてみたい疑問は次のようなものである。悪の存在を、「目もくらむほどの体験に身をゆだねたい」冒険好きの血のために利用している、というそのことを、ラッセルは実際どこまで自覚できていたのか？　ラッセルの心の中には、自分のために活動するファウストがいる。反対に、世界のために突進するドン・キホーテもいる。彼自身の意識において、いずれの姿の方が大きいものとして感じられていたのか？

しばしば論じられる〈ドン・キホーテ対ハムレット〉〈ファウスト対ドン・ファン〉の比較と並んで、われわれは、ラッセルを媒介として、〈ドン・キホーテ対ファウスト〉という人物類型上興味深い比較にすでに気がついているのでなければならない。人物対世界という観点から見るならば、この比較は、前二者のポピュラーな比較よりもいっそう広く深い問題を孕んでいるとも言える。ともに世界のために生きた人物でありつつ、また同時にそうでない。ドン・キホーテがそうでないのはその意思にもかかわらず現にそうなり損ねた点においてであり、ファウストがそうでないのは現に世界のためになったにせよ真の動機が別である点においてである。ラッセルは、この二つの対世界的性質を微妙に併せ持っていた。それでは一体、根本的なところで彼の自己認識はどうなっていたのだろうか？

3．ドン・キホーテ、ファウスト、聖人

〈ドン・キホーテ＝道化〉になることと同じく〈ファウスト＝聖人の顔をした悪魔〉であることも、ラッセルにとっては不本意なことと感ぜられていたかもしれない。次のような事実がある。第一次大戦中、反戦運動で意気投合したラッセルとＤ・Ｈ・ロレンスが共同講演を企画したことがあったが、ラッセルのヒューマニズムとロレンスの反民主主義思想（これをラッセルはファシズムの先駆と評した）とは始めから離反の種を蔵していたに等しく、ふたりの間の書簡は次第に険悪なものとなっていった。ラッセルは次のように回想している。

私が、その惨禍のゆえに戦争に反対すると、彼は、偽善だと言って私を非難した。

「君が、君の根底の自我が、究極の平和を欲しているなんてことは少しも真実でない。君は、人を打ったり叩いたりする欲望を、間接的に、不実な方法で満足させている。『おれはお前たち全部、嘘つきや豚野郎を憎む、そしてお前たちをなんとか扇動しようと頑張っているのだ』と言って、直接的な正直な方法でその欲望を満足させたまえ。さもなくば、君が真実になりうる数学にしがみつくかだ。しかし、平和の天使としてやって来るのなら――いや、ぼくは、同じ役割でもティルピッツ[73]の方を千倍も高く買う」

この手紙が私に与えた破壊的効果を理解することは、今や難しくなっている。彼が私にはないある種の洞察力をそなえていると私は信じそうになっており、私の平和主義は血の欲望(blood-lust)に根ざしていると彼が言ったとき、私は彼の方が正しいに違いないと思った。二四時間のあいだ、私は自分が生きるに適しないと思い続け、自殺を考えた。しかし、そのときも最後になって、もっと健全な反応が起こり、そのような病的な考えとは手を切ることを決心した。私の説ではなく彼の説を私が講じなければならないと彼が言ったとき、私は反駁して、もはや彼が校長ではなく私が生徒ではないということを忘れるなと彼に告げた。彼はその前にこう書いてきていた。

「君は全人類の敵だ、憎しみの欲求でいっぱいだ。君を発奮させるのは、虚偽への憎悪ではなく、人々への肉と血の憎悪であり、それは心的なねじ曲がった血の欲求だ。なぜ君はそのことを認めないのか。ぼくたちはもう一度赤の他人になろう。その方がいいと思う」

私もそのように考えた。［1956: 107］(傍点は原文イタリック)

ラッセルともあろう強靭な精神力の持ち主が、ロレンスの言葉になぜそれほど動揺しなければならなかったのか。回想時のラッセル自身と同じくわれわれにも理解することは難しい。ただ言えることは、ロレンスの言は、ラッセルのファウスト性（もしくはメフィスト性）、戦争を精力剤として利用する隠れた傾向を、極端な言葉で表現した批評として読めるということだ。

あるいはもしかすると、ロレンス自身がラッセルに対してメフィストフェレスたろうとしていたのかもしれない。ロレンスは、フロリダにユートピアを建設する希望を語り、人々が「血の知識」で結ばれるその共同体における「会長」となれ、とラッセルに迫った（一九一五年九月―一二月の五通の手紙）[Moore 1948][由良 1967]。ラッセルはこのようなロレンスの中に「悪に与する積極的な力」を見出したが、しかしまた同時に「彼も私に対して同様の感じを持つに至った」[1956: 104–105]とも言うのである。実際、ロレンスの語調は、彼がラッセルに書き送った現存二三通の手紙の終わりの方になると、ラッセルを悪魔と呼ぶ寸前のところまでいっている、いや、右の引用文の中でラッセルがとりあげているその手紙の中には実際、（ラッセルの記述には出てこないが）あからさまに「悪魔的（devilish）」という語が現われている[Moore 1962: 367]。また、『恋する女たち』（一九二〇）の中の、ラッセルを形象化したといわれるジョシュア卿という人物――「のべつ幕なしに警句をとばし、馬のいななきに似た耳ざわりな笑い声をたてて一座を嘲る五〇がらみの従男爵」[ロレンス 1920: 352]――には、あの馬の足をした悪魔の姿が反響しているかとも思われる。

ともあれ第一次大戦後のラッセルは、自分のファウスト的傾性の虚実にかかわらず、それを意識させられるのを激しく拒否した。しかし、事態がより悪化していた晩年のラッセルにおいては、自己のファウスト性ということはまた違った意義を持ちえたのではなかったか。つまり、いまや自分が一種の道化にまで転落させられるほど世界が悪魔的となった以上、ファウスト性に付随する悪魔性などは、メフィストフェレスとの掛け合いにおいてすでにおおかた道化じみていたごとく、邪悪の影などもはや秘めてはおるまい。そのうえ、たとえ自分の活動がドン・キホーテ的だと認識して（させられて）がっかりするとしても、その同じ活動成分がファウスト的に自己へ余さず注入されうることが認識できておれば、失望し気力を失うには至らないであろう。

ファウストがときに「騎士」と呼ばれることからわかるように〔ゲーテ 1833: 161(6984)〕、行動の外形だけを見れば、ファウストとドン・キホーテはきわめて似通っている。ラッセルに向っては世間の冷笑と嘲弄だけでなく確かに真剣な非難攻撃も浴びせ続けられたのだった(注48参照)が、シドニー・フックやバーナード・レビンらの激しい攻撃の言葉がなぜ貴方に集中するのか、あれらをどう思われるかというインタビューに対し、九五歳のラッセルは答えている、「私が思うには、彼らは私を批判するのが効果的だと思っているからではなかろうか。私には他に理由は見当らない。しかしそれは私をかえって勇気づけているのだが」(*Ramparts*, May 1967)。

これは、自分が決して恐れられぬドン・キホーテとは限らないことを切に自分に言いきかせ、ファウスト的な満足を確認しようとした言葉ではないだろうか。実際、老骨ラッセルのあの断固たる持続的活動を見るに、彼の活動がファウスト的性質を有していたばかりでなく、彼がそのことを強く意識していたに違いないとわれわれは考えたくなる。

しかし、これまで引用してきたとくに第二次大戦後のラッセルの言には、大きくは核の恐怖を、小さくは各方面からの批判攻撃を精力剤として利用している事実の兆候は感じとれても、意識として明確化されていたとは言い難いのではないか。ロレンスの言葉を一九一五年当時あれほど気にしたのは、根本では、それがラッセル自身のひそかなファウスト的自覚に正しく触れたものだったためであろう(「彼の正しさを信じそうになった」というのは、「信じていた」からに他なるまい)。しかるに回想時(一九五六年)にそれが全く気にならず、かつて動揺したことを訝しんでさえいるのは、そのときはすでにファウスト的意識が聖人的自覚の中に併呑消化されてしまっていたからではないのか。

「世界のため」という意識に溺れドン・キホーテ的に猛進する中で、「自分のため」とふと冷静に反省してみた、それはむしろ怒りの中の機知の点在と言えるのではないか。しかもその点在的反省はどうやら本物ではない。「BBC放送の個人的効果」について述べた先の引用(190―191頁)に続く部分はこうなっている。「社会的な効果の方は、もっとずっと重要なものであった」。――結局、かの機知は、外向的に怒りに奉仕するというのとは別の意味で死んだ機知、虚ろなる知性の内向的自己観察であり、機械的慣習的ウィットの発露であり、やはりドン・キホーテ的使命感とその行動の成果を信じての驀進《ばくしん》が真のラッセルの姿であったのだ。形骸化したウィットのこうした残存は、ファウスト的含蓄の背景を得てまた新たな種類の悲哀を漂わせる。

だが、自覚といえば、一方のドン・キホーテとしての自覚は実際どうだったのか（ドン・キホーテはファウストとは逆に、自己の本性を自覚しないことがその本性の一部であったことに注意）。第６章第３節で見た通り、この界面におけるラッセルの自己認識は、嘲笑される無益な行動という、ドン・キホーテ化条件をなす客観的事実のやむをえざる認知に他ならず、ドン・キホーテ性そのものの自覚ではなかった。彼はドン・キホーテよりもずっと明瞭に己の力の範囲と限界を弁《わきま》えてはいたが、それは、三たび引用するならば「私は社会悪を減らしたいと切望する。しかし私にはできない」という焦燥・苦悩の形をとったのであり、かと思えば、先ほど見たように「勇気づけられる」とあえて反立の方向へ熱を入れる仕方でなされたのであって、いずれにしても自己を対象化した知性的な認識ではなかった。つまり、いわば表面的な機知にとどまったファウスト性認知とは反対に、ドン・キホーテ性の方はそれを深く受けとめすぎたために明瞭な自覚にまで到達しなかったと言えるだろう。しかも、まだしも一度は明示的になぞらえられているファウストとは異なり、ドン・キホーテとラッセルが自己を評したことは（私の知る限り）一度もないのである。[74]

つまるところ、ラッセルには、相対立し中和しあうはずのドン・キホーテ意識もファウスト意識も、どちらも真の意味では確立していなかった。明瞭となっている彼の意識は、『自叙伝』第一巻まえがきのあの文章から直接響いてくるように、せいぜい、両者の外形の最大公約数としての「聖人」としての自意識に他ならなかった。

しかし、自覚がどうであれ、というよりその自覚の曖昧さゆえにこそ、ラッセルがドン・キホーテ性を鮮やかに示しているのが事実であることはすでに見た。同様に、ファウスト性の自覚の有無強弱にかかわらず、われわれは、いったんラッセルの何気ない機知のような「自分のため」告白に触発されるや、その深奥に濃厚に潜んでいるラッセルのファウスト性にはっきりと気づかざるをえないのである。いや、むしろ、漠然とながら自覚があったゆえにラッセルがドン・キホーテ以上のドン・キホーテであったように、彼は、今度は自覚が漠然たるものにすぎなかったがゆえにファウスト以上のファウストであったと言うことができるかもしれない。外部世界の悲惨、衝撃、とくに核の問題の大きさゆえに――人物は同質でも世界の方は全く異なっていたがゆえに――おそらくラッセルはファウストより遙かに、外部世界への真実の配慮に煩わされねばならず、したがって自意識に凝り固まりえなかった、ということだったのだ。

　ここで前章末尾に提示した図式を、表１のように改めた形で再び提出しておくのがよいだろう。

　もとより、ファウストも本質的には聖人の一種であったに違いない。２０１―２０２頁で引用したファウストの言葉においても、彼は、ひたすらな自我拡大の欲望を「恥ずかしい」と言っている。そして、ファウストのその恥ずかしい求めを執行したメフィストフェレスが、行きすぎにより丘上の老夫婦を驚愕死させたことを知るや、ファウストはメフィストを呪い、重苦しく悩むのである。ラッセルを活気づけた戦争や核も、その活気づけの力の本質は、ラッセルの真剣な呪いと悩みの対象となる性質にこそ起因してい

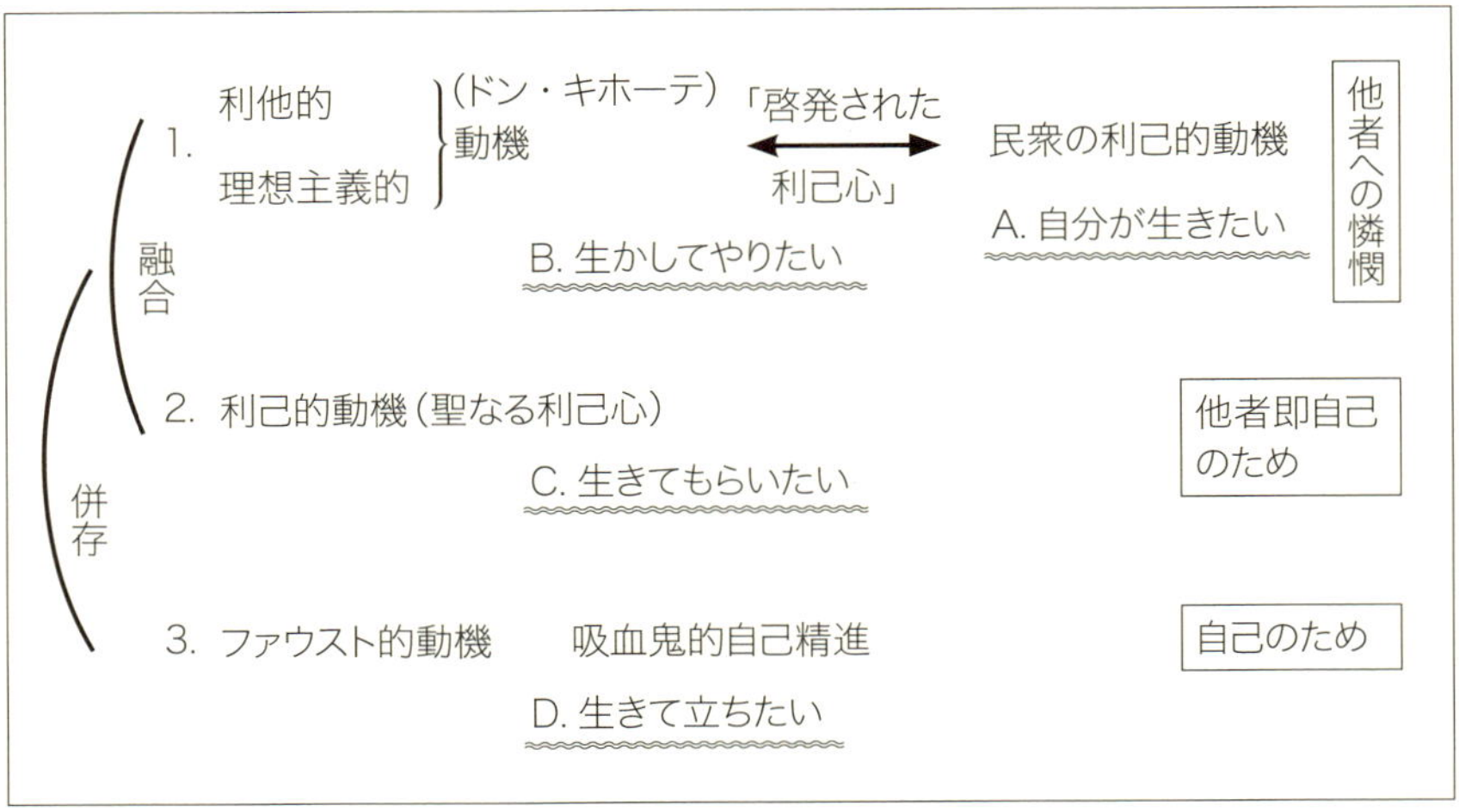

表1

た。真の意味で悪が「悪を欲して善をな」しうるのは、おそらく、悪を本当に憎む資質をもった一種の聖人に対してだけであった。

したがって、史上、聖人と目されるほどの人ならば表1の動因を多かれ少なかれ全て有しているものだ、と評することが可能である。しかしここで重要なことと主張しうるのはこうである、すなわち――ラッセルにはその全ての動因がそれぞれ史上並外れて強いものとして存在してさえいると感ぜられるが、もしそうだとすれば、第3章で眺め図式化した(81頁・表2)ラッセルの懐疑と情熱、機知と怒りが人間性一般の矛盾の拡大モデルとなりえたように、彼のこの諸動因の強さは聖人一般の拡大モデルとなると言えるのではないか。そしてこのことは、運搬に四輪馬車を要する膨大な原稿を非人称的な記号で埋めた冷たい論理学者としてラッセルがそもそも世に出たことを思うならば、歴史上の事例として、大いなる驚きではなかろうか。

さてここで私は、もう一つ、ドン・キホーテの場合に倣って、ファウストとラッセルの対照辞書を作ってみたい誘惑に当然駆られる。ただファウスト性ということは、外から客観的に評定しうるドン・キホーテ性とは異なり、本来個人心理の範囲内に極限された現象であって図式化はいっそう難しい。いずれにしても、ファウストにちなんでその前に、そして本章最後に述べておきたいのは、ラッセルの死についてである。若き日をともに闘った同時代の友人たちはとっくに世を去り、親しい教え子であったウィトゲンシュタイン、ウィーナー、エリオットらにも次々と先立たれとり残されて、激しい精進に生き甲斐を見出し続けながらも孤独であったに違いないラッセルの最期――死の前々日まで声明を書き続け前日も散策と酒を楽しみつつ、冬のウェールズを襲ったインフルエンザのために自邸で静かに息をひきとったラッセルの最期、あれは、孤独の寂寥の逆説的表出の果て、激烈の精進家の単なる個人的結末にすぎなかったのだろうか。

ファウストは最後に、瞬間に向って「留まれ、お前はいかにも美しい」と、近代人の永久の進歩向上の理念を否定する句を口にした。そして死んだ。ラッセルは、ドン・キホーテ臨終の覚醒を持ちはしなかったと同様、ファウストの賭の言葉を口にもしなかった。しかし、ラッセルの死それ自体が、ビクトリア朝的・ヨーロッパ的無限向上の原理の、地上における一つの終焉を象徴していたとは言えるかもしれない。これに関してはいろいろな解釈が可能である。

たとえば、ラッセル四八歳の冬から春にかけて、中国において肺炎のため危うく命を奪われかけたことを、われわれは第2章で見た。そのときちょうど彼は中国の古い文化を賞讃し、「進歩への信仰の残滓を精算し、生涯で始めて保守主義者になった気がした」［Wood 1957: 136］という状態にあったことに注意してみたい。九七歳における彼の死も、あの中国での肺炎に似た呼吸器の病気、流行性感冒によるものであった。つまりちょうど四九年の猶予ののち、彼に反進歩への罰が下ったとも見られるかもしれない（核戦略への反応は、ある意味で競合的進歩的技術文明への反逆か？）。しかし、生前のラッセル＝ファウストは、あくまで自己（と世界）の進歩向上を夢見つづけていた。ファウストが最後に拡大欲求を突然放棄するのが誰の目にも不可解で不満足に映ずるのと同様、ラッセルに時折見られると思われる立ち止まりもおそらく、重大な根本的変化ではなかったはずである。

孤独の中、おおかた聖人的でない自己理想の追求をきわめつつ死んだファウスト博士の魂は、その自己本位の活動が現実の善行と一致したがゆえに、メフィストフェレスの手をのがれて天使に救済されることができた。「絶えず努め励むものを／われらは救うことができる」（［ゲーテ 1833: 485（11936–11937）］天使たちがファウストの不死なるものを運びながら漂い、発する言葉）。ラッセルの場合も、その行動がとうてい全的な慈愛・憐憫や〈聖なる利己心〉のみでなく俗な自己

学問	＝	理論哲学
ワーグナー	＝	日常言語学派
神の恩寵	＝	人類の理性
メフィストフェレス	＝	第一次大戦（以降の戦争）
地獄	＝	核戦争
「憂愁」	＝	ビキニ水爆実験
賭の言葉	＝	世界政府樹立

表2[75]（167頁の表5と比較せよ）

向上の欲求によって大きく動かされながら、またそれら動因の強さ複雑さゆえに戦争や核という狂気を前に一般人には理解しがたい対抗的狂気によって足掻くことにもなりながら、後世は彼を、二〇世紀の良識の王として讃えるのではあるまいか。事実、一九七〇年二月四日『タイムズ』九面全面にわたるラッセルのワールド・オビチュアリーは、生前の毀誉褒貶を超えた、東西あらゆる国からの最大限の賛辞によって埋められた。さまざまな文学上のキャラクターになぞらえうるラッセルも、その祝福された死は、誰のにもましてファウスト博士の死によく似ていたのである。――人間界の弔辞に天使のバラの代りはできないにせよ。

第5部

核の世界

第9章　滅亡のイメージ

1.「人類」への想像力

「私は、たとえ世界が今よりも良い状態にあったとしても、優雅なレジャーを退屈だと思ったことだろう。それがどのようなものであろうとも、私は、起こりつつあることを無視することは不可能だと思う」[1969a: 134]（１９１頁にすでに引用）というラッセルの言をもう一度思い出そう。「世界が今よりも良い状態にあったとしても」「それがどのようなものであろうとも」。

ラッセルをファウストとして捉えたことにより、われわれは一歩進んで次の疑問に導かれる。すなわち、ラッセルにとって、核や戦争という悪は、己にとっての善に転化しうる偶然的副作用を有するものの、本来的には悪であるものだったが、そのようなものにはとどまらず、それ自体が固有の積極的意義を持つ現象だったのではないか、ということである。確かに自己精進ということならば、核でないもっと小さな悪であってもその機会を十分提供しえたであろう。核状況でなければなしえなかったような特別な善が、スケールにおいてのみならず質的な意味においても、何かあったのではなかろうか。

むろん、核戦略のような史上類例のない巨大な悪だからこそ、ラッセルは、第一次大戦時のあの幽霊のような疎外感を振り捨てて、大衆に感情移入し一体化できるだけの狂奔活動へと自然に没入することができた、とは言えるだろう。しかしこれは、量的な差異ではあっても、核が他の諸悪から質的に区別される標徴を与えはしない。核が真に独特であるのは、ラッセルに（そして彼のみならずわれわれ一般に）人類という概念を明瞭にたえず意識することを強いたということだろう。核兵器の出現によって、初めて人類は、無理心中により一体で滅亡する能力を獲得したのである。

第一次大戦のとき、ラッセルはウィルソン米大統領に、「あなたは、あの偉大なエイブラハム・リンカーンの為したことを凌ぐ素晴らしい奉仕を、人類のために為される機会をお持ちです」〔1968: 28〕と、和平調停を要請する公開状を送った。

> 何の権利があって私があなたに訴えるのかと問う者があるかもしれません。（中略）それは、人類のためにヨーロッパがなしてきた業績、またなおもなすべき業績のたくさんあることを、心に留めている者がヨーロッパに一人もいないなどと思われたくないからです。世界は、思想において、科学において、芸術において、政治理想において、将来の希望において、その保有している大部分を、ヨーロッパの諸民族に負っているのであり、ヨーロッパから得ているのであり、恩をうけているのであります。（中略）ヨーロッパで権力を持っている全ての者が、それぞれ自国の利益であると誤信している物事のために代弁している間は、私は絶大なる確信をもって、ヨーロッパの名において、全ての国のために代弁せざるをえないのであります。ヨーロッパの名において私は、平和をわれわれにもたらして下さるようあなたに訴えるものであります。〔1968: 30–31〕

第一次大戦は、ヨーロッパの危機であった。ヨーロッパが世界文明の恩人であり指導者であったとしても、それはまだ「人類」の危機ではなかった。しかし、「アメリカの専門家が危険地帯と信じていた区域外にいたにもかかわらず日本人漁夫を汚染した」〔1956: 216〕ビキニの水爆、人間の意図とは無関係に自然の風向き次第でどこまでも拡がることを実証した死の灰は、どの国とかどの文明圏とかを超えたまさに全人類の危機を告知した――その年のラッセルのＢＢＣ放送演説の題名こそ「人類の危機（Man's Peril）」であった――のである。ラッセルの想像力は、そしてわれわれ一般の想像力が多かれ少なかれそうであるはずだが、初めて、知的なレベルより深く生理的実感のレベルにおいて、人類という単一の全体を意識しうるところへ発展したのだ。

想像力といえば、第一次大戦以来のラッセルの精力的活動の主たる原動力が、現実体験にではなく単なる想像力にもとづいていたということは不思議のようでもある。ラッセルの市民との往復書簡に、次のようなものがある（一九五六年一〇月）。

「先生の『いずれが平和への道か』（一九三六年――注：三浦）を読みまして、先生が当時絶対平和主義者だったことがわかりました。けれども私の理解したところでは、先生の考えを変えさせたのはヒトラーの非人間的な政治でした。さらに今は、たとえ別のヒトラーが現われようとも、先生はもとの「絶対平和主義」に戻ると思います――原子兵器の力のゆえに。……ここで私は提言したいのですが……多分先生は、感情をゆさぶるような環境におられた経験が一度もなかったでしょう――もしあったとしたら、一九三九年のときの先生の理論は修正されたでしょう。当時の先生の理論は、やむをえなかったことではありますが、冷たい感じでした。もし先生が、いつか、爆弾で手足を切断された婦人や子どもたちに直接触れられたとしたら、きっと先生は絶対平和主義者のままでおられたと思います……」

「拝啓　（中略）あなたは、私が今までに、戦争のため長い間災難に苦しんでいる罪のない人々に接したことがあるかどうかお尋ねですが、私はそういう人たちに接したことがありません。今度はこちらから逆にお尋ねしましょう――あなたは今までに、アウシュビッツで莫大な数の罪のないユダヤ人がガス室に追い込まれたのを目撃したことがありますか。もしなかったら、あなた自身の句をここに引用しましょう――「あなたの理論は、やむをえなかったことではあろうが、冷たい感じです。　敬具」［1969b: 143–144］

ラッセルは、戦争の惨禍を目のあたりにした経験はない。第一次大戦では、ロンドンにいて軍用列車の出発を見たり時おりツェッペリンを目撃したりしたにすぎず、第二次大戦中は戦火の見えぬアメリカにいた。朝鮮戦争勃発時はオーストラリアで大いに歓迎されており、ベトナム戦争のときはずっと北ウェールズの静かな邸宅に暮らしていた。むろん、アウシュビッツや広島長崎の惨状を実地に見たわけもない。しかしそれでいてラッセルは、人間に可能な極限レベルと思わせる情緒的動揺をもって、戦争や核問題を受けとめたのである。それはひとえに、彼の想像力のゆえだった。この点において彼は、同じ二〇世紀のヒューマニスト・聖人的存在でも、アフリカで医療活動を続けたアルベルト・シュバイツァーや、祖国の国家的不統一の苦悩を一身に背負ったマハトマ・ガンディーなどとは根本的に違っている。[76]たいていイギリスという動乱から離れた地にあって、現地の平和と繁栄を享受しつつ、可能的な死と残虐に想像世界で触れていたのだ。

核時代はまた情報時代でもあった。ラッセルは、政府の核政策や世界各地での紛争に関する報道を見るたびに、そして彼の手足となってベトナムにまで出向き各種資料を収集したラッセル平和財団理事たちからの情報に接するたびに、怒りに身悶えた。そして、状況対応のためにメディアの拡散力を利用しようとしたあのベトナム戦犯裁判という思いつきもまた、すぐれて感覚的な一想像力の産物だったと言えるだろう。家永三郎はラッセル法廷の準備の報道に接し「このような着想」に「電撃を受けたようなはげしい衝撃を身に感じた」と書いている。[77]国際的な情報時代においてこそ、ラッセルのような、惨禍に直接とび込まず超越しながらの、〈着想型〉実践的ヒューマニストが登場できたのである。

想像力は、ラッセルの感覚や情緒のみならず、知性にも強く作用している。「自由か死か」というシドニー・フックとの争点にからんでラッセルはこう書いている。

共産主義を、その最悪の敵が主張しているくらい悪いものだと想像しても、それでも続く幾世代のうちには改善が起こってくることが可能であろう。反共産主義を最も極端なスターリン主義者が考えるほど悪いものだと想像しても、同じことが言える。過去の歴史には、多くの恐ろしい専制政治があった。しかしそれらはやがては改善されあるいは一掃された。人間が生存し続けている間は、改善は可能である。しかし、共産主義にしろ反共産主義にしろ、どちらも死骸の世界の上には建設されえない。(78) ［1961a: 43］

歴史認識にもとづく希望、これは未来への生きた想像力の証しでもある。人類の存続を自由や社会体制如何よりも絶対に優先させる狂信的とも思えたラッセルの主張は、実は（１１９―１２０頁あたりでボヘンスキーに即して考えたごとく）「物質的」な独断であるどころか、逆に深い懐疑的想像力に裏付けられた精神的な希望の表明であったとも言えるだろう。こうして、「人類」の危機を想像力で触知すると同時にその危機打開の鍵をも想像力に求めたラッセルの、その想像力そのものは、目に見える晩年の変化としてはどのような形をとって現われてきたのであったか。

2. 視覚の台頭

ラッセルは第一次大戦中にいくつか想像裡の幻を経験している［1968: 18］。また、『ボルシェビズムの実践と理論』［1920］執筆の際に、それの出版が世界のために果して本当によいかどうかといった逡巡を、星空と語りあうことによって解決したというエピソード(5)や、ビーコンヒル・スクールを開いていたテレグラフハウスの、東西南北四つの窓のある塔の一室で著述に耽った一時期のスピリチュアルな経験(79)などは、ラッセル生来の旺盛な想像力の雌伏を感じさせて余りある。核時代という特殊な時代の到来とともに、ラッセルの潜在的想像力が、目に見える形での胎動を始めたのは当然である。

すでに見たように、ビキニ以前の核時代幕明けの頃、ラッセルは、将来の核戦争の惨禍を案じながらも、核という悪が自分の文学的想像力を解き放ったことを喜んだ。そして彼は、二つの短編小説集の中に、さまざまな空想を結晶化して盛り込んだ。その中にとくに目立つのは、『郊外の悪魔』〔1953b〕に収められた「赤外線透視機」という作品に見られるような、火星人のイメージである。以後火星人は、創作以外のラッセルの著作にも時折現われるようになってくる。[80]『人類に未来はあるか』〔1961a〕の第一章冒頭部分などがそうだが、たいてい、地球人類の愚行をレポートする存在として火星人が持ち出されてきているようである。

ラッセルが俄かにつきまとわれるようになったこのイメージの、奇妙に単純化された、しかしそれゆえに却って恐ろしい作品として、一九六二年の九〇歳誕生日を記念して出版された『要約版　世界の歴史』〔1962〕がある。これはあまりにも小さな本なので、ラッセルの著作リストに載せられることはまずない。この小品は、『善良な市民のアルファベット』と同じガバーボカス社から、やはり同じフランシスカ・テマーソンの絵入りで、五月一八日に出版された。

初版は金色紙で作られているというが、現在は入手できない。ラッセルの死の年に『アルファベット』との合本としてガバーボカスから再版されている〔1970〕。

火星の幼稚園で用いる教材、という趣旨は、『アルファベット』の趣旨と類似している。ラッセルが自伝でこれは「世界の終わり」について書かれたと言っているとおり、人類滅

HISTORY OF THE WORLD

in epitome
{For use in Martian infant schools}
Since Adam and Eve ate the apple,
man has never refrained from any folly
of which he was capable
The End

Bertrand Russell
April,1960

世界の歴史

要約版
{火星の幼稚園で用いるために}
アダムとイブが林檎を食べてから
人間はありとあらゆる愚行を決してやめなかった
行ないうるかぎりは
おわり

バートランド・ラッセル
1960年4月

『要約版　世界の歴史』から文章のみ抜粋

亡後、火星人がこうしていとも簡単に人類史を要約しているのだとすると（最後のThe Endは、この本の終わりであるとともに人類の終わりをも表わしている）、執筆の日付と関わっていくつかの問題が出てくるが、詳細の考察は別の機会に譲ろう。(81)

もとよりこの『世界の歴史』は、遊びにしたところで、内容的にはさほど気の利いた優れた作品であるとは言い難い。鍵となる「愚行（folly）」という言葉にも、九年前の『アルファベット』の各単語が担っていたようなエレガントな諷刺がこめられているわけではない。だが、ラッセルがこの時期に、このような――彼自身自伝でjeu d'esprit（機知の遊び）と言っている――作品を出したことそれ自体が重要である。機知の死はすでに完了している。その中で、国会下院ほかにおける盛大な誕生日祝賀会の祝福のうちから、この作品が一抹のエスプリの残滓を抱えてとび出したわけだろう。煎じ詰めればこれは、地球の滅亡によって失われた知的文明の宇宙的意義が、火星人によって保たれるという想像である。同じ九〇歳誕生日の直前、ラッセルが『オブザーバー』紙に執筆した次の文章がそれを直截に語っている。

> 楽しい空想に逃避して、火星や金星には地球よりももっと幸福でもっと正気な生活形態が存在するかもしれないと想像したくなることが時々あるものだが、われわれの気違いじみた技術が、これをはかない夢と化しつつある。遠からず、人類が自らを滅亡させない限り、その破壊的な闘争が火星や金星にまで拡がってしまうことになるであろう。思うに、火星や金星のために望むべきは、地球人の愚行が宇宙に拡がる前に、地球上の戦争が人類を滅ぼすことなのかもしれない。［1969a: 134］

統一的な地球「人類」を実感する心が裏返しに表現された火星人のイメージ。それと並んで『要約版 世界の歴史』で重要なのは、最終頁に掲載されたキノコ雲のイメージである。この画像は、人類滅亡の象徴として、晩年のラッセルにとって一つの巨大な強迫観念になっていたと言っていい。彼はすでに、ビキニの年に出した『倫理と政治における人間社会』〔1954b〕の扉絵のため、チャールズ・W・スチュアートという画家に、キノコ雲の下に人々が跪いている図を描くことを要請している。

ラッセルの一九五〇年代以降の著作には、今までになかったことであるが、このように挿絵が重要な役割を占めるものが目立ってくる。あの『善良な市民のアルファベット』を皮切りとして、続く二つの短編小説集にはそれぞれ何葉もの幻想的な挿絵がついている[82]し、大著『西洋哲学史』〔1945〕をパラフレーズした『西洋の知恵』〔1959c〕は、史上種々の哲学説を隠喩的図形で理解させると銘打って、各頁のほぼ半分のスペースを図形・地図・肖像等で占めている異色の哲学史である。核時代の到来とともにラッセルの諸著書に現われたこの現象を、どう見るべきだろうか。

そもそもラッセルは、若い頃から聴覚型の人間であって、そのおびただしい読書の半分は、妻に朗読をしてもらって聞きとるという形で行なわれた。音楽と詩には抜群の鑑賞能力を示した彼も、美術への目はそれほどでなかったと言われる。その彼が五〇年代以降、俄然、視覚的構図に興味を示し始め、自画像まで描こうとした。もちろん才能の欠如はいかんともしがたく（「私が牛の絵を描くと、いつも馬のよう

THE USES OF INTELLIGENCE
Drawing by Charles Stewart

になってしまう」［Wood 1957: 48］)、現実は主に自らの指図のもとに何人もの画家に肖像を描いてもらったにすぎないし、また、前出『西洋の知恵』の図版にしても、大半はポール・フォウクス博士が考案してくれたものだと緒言にて断わってある。しかし、多方面において図画への興味が亢進したことは事実であった。このラッセル晩年の「視覚の台頭」は、何を意味するのか？

一般的に、視覚は世界の空間的インターフェイスの肌理組織《テクスチャー》を、聴覚は時間の中での世界の意味構造《ストラクチャー》を、それぞれ主に捉える感覚である。われわれは概して、微細な組織は視覚で、流れる論理的構造は聴覚で把握する（絵画の大きなストラクチャーは目を移しゆくことにより時間的・聴覚的に捉えられる。音楽の小さなテクスチャーは集中的に耳を凝らすことにより共時的・視覚的に――目をこらすように――捉えられる）。流れゆくようなラッセルの奔放な生は、彼の天性にも見合って、まさに音楽との類比を示している。しかもきわめて波瀾万丈の人生は、日常生活の微細微妙な肌理《テクスチャー》に対し、ややもすると彼を鈍感にさせ、目だった論理構造《ストラクチャー》のみに注目させた、ということは大いにありえただろう。

ところが第二次大戦後、ビクトリア朝的進歩観に見られる幸せな時間的流動の世界観は終わりを告げ、世界は核の恐怖のもとに凍結され硬直し、むしろ空間的な固い実在と化した。このことはラッセルに対し、音楽的論理的構造《ストラクチャー》からの脱皮を促し、人類の現状への肌理的《テクスチャラル》な注視を喚起したはずである。あるいは、キノコ雲の圧倒的な傘の下に「人類」という単一種族を共時的に捉えうるようになったがゆえに、人類史の巨視的な構造《ストラクチャー》よりも、同胞の結晶した苦痛と恐怖のうめきのような、人間生活の微視的反復肌理《テクスチャー》の方にラッセルの主たる関心が向き始めた、そのことが視覚の台頭というあの事態によって象徴されていたと言ってもよかろう。

そして一方では、前節おわりで見たごとく、「未来のことはわからなかった、これからもわからない」という帰納法的な歴史意識にもとづく希望が、依然ラッセルを動かしていた。彼生来の音楽的懐疑の想像力である。キノコ雲のイメージによって肌理的《テクスチャラル》に固着した世界観を余儀なくさせた想像力が、同時に、時間的に構造的《ストラクチャラル》変遷を経るはずの世界、という観念をもしかるべく保存していたのだ。第7章でわれわれが〈聖なる利己心〉と名づけた静的な海と流れる河のイメージにしても、すぐれて視覚的でありかつ音楽的である。ラッセルの想像力は、(海＝人類への)画像的執着と音楽的流動的懐疑との、双方によって突き動かされたのである。

　画像的肌理への固定的接触と、音声的構造での間接的把握。この二分法でラッセルを解釈するという目下のやり方は、情報理論を恣意的に応用したものでは決してない。もともとラッセルの言語哲学および形而上学の枢軸をなす「記述理論」[1905]は、「直知による知識」と「記述による知識」の区別にもとづいており[1912a]、前者は肌理への直接対峙、後者は構造的把握に対応する。この区別は二〇世紀以降の認識論と存在論の全てを規定するパラダイムと言ってよい。

　総じてラッセルの人生もそして哲学も評論も、自らの「記述理論」の精神に則るかのように、見かけの直接把握を構造的な間接理解へと率直に読み換えてゆくのが基本だった。一処《ひとところ》にとどまってむやみに深く掘り下げる姿勢にあえて抗う衝迫の軌跡と言ってもよい。刻一刻の軌道修正に変転し動きうねり続けた。絵画的執着は薄い。音楽的流動に彩られている。[83] それが反転の兆しを見せ始めたのである。

　いずれにせよ、ラッセルの核状況対応の想像力は、ラッセル根本の矛盾にとどまらず、ラッセル哲学の根源に発するダイナミズムの揺らぎにも応じた複合的な諸側面を有していたことが察せられる。その想像力が状況に対処するさいの実際的柔軟性は、しかし、いったいどれほどのものであったのかと、われわれは次に問うてみることができる。

3. 核と芸術

　創作へと解き放たれたラッセルの想像力は、自然科学に帰依した哲学者らしく、多分にSF的色彩を帯びたものだった。それらは、その現実離れした内容そのままに、著述姿勢そのものも現実問題への配慮を超越していたかと思わせるものがある。『郊外の悪魔』の序文にラッセルはこう書いている。

これらの小説が、寓意を示すためとか何かの意見を例証するつもりでとかで書かれたと想像されるとしたら、私としては甚だ心外に思う。どの小説もただ全く小説として書かれたのであり、それが面白いとか楽しいとか言われれば、それで目的は達せられるのである。［1953b: preface］

しかしまた、ラッセルは自叙伝の中では、自分の創作についてこう言っているのである。

これらの小説を書くことによって、これまで表現していなかった諸々の感じや、何らの合理的根拠もないというおそれを告白しないでは述べることのできない思想を、大いに解放することができたのである。その解放の領域は次第に拡げられていった。ごくわずかの人だけに認識されおおかたからは馬鹿げたものとみなされてきた危険を、この創作の形で表わし示すことができるのがわかった。半ば信じてはいるが、さればといって信ずるだけの十分にしっかりした根拠のない考えを、創作の中では述べることができた。このようにして、近い将来に起こるかもしれず起こらないかもしれない危険について、警告することが可能となったのである。［1969a: 35］

右の二つの言は互いに矛盾している。ラッセルにとって、サイエンスフィクションの創作とは何だったのか。この二つの文章のいずれもがそれぞれラッセルの創作態度の別側面を正しく語っているとは言えようが、どちらかと言えば、一六年後の自叙伝の文の方に、彼の意識の中枢に近い本音のようなものが出ていると思われる。つまり、核の勢力均衡の恐怖が現実となると、その情勢に応じて生じた彼の怒りと苦しみは、世界が陥りかねない惨禍を「面白いとか楽しいとか言われる」無関係の空想ではぐらかすような仕事を続けるにはあまりにも大きなものとなったのだろう。そしてそれ以上に、効力をひそかに期待していた寓話的機知による懐柔ではもはや世界を救うことはできないと見切りをつけて、ラッセルは再び、直接大衆に語りかける説得調の論文と演説に立ち戻らざるをえなかった、ということだったに違いない。こうして核は、ラッセルの創作的想像力を解き放つやいなや、ただちにそれを抑圧し封殺してしまった。そしてさらに言えば、創作には、はじめから、危機対応にあたって不都合な点があるともラッセルは感じていたのである。

いったい、空想物語というものは、ある対象を風刺ないし批判する意図をもって創られるにしても、多かれ少なかれ必ずや、当該対象の美化を伴わずにはいないものである。核時代の想像力の典型例を示す世界終末テーマのＳＦについて、ラッセルはどう考えていただろうか。彼はたとえばこう述べている。

自らの破滅に対する人類の大部分の態度は私を驚かせた。私はネビル・シュートの『渚にて(On the Beach)』を読んだことがあったが、一九五九年一二月、それの映画試写会に出席した。その映画は、核戦争の結果生ずる恐ろしい苛酷な諸事実(中略)をたくみにそらしていたので、私はがっかりさせられた。それは、第一次大戦中の塹壕戦について時おり語られていた美化された物語に似ていた。しかもその映画は、恐怖を小さくすることなしに事態をはっきり見せようと意図する人々により紹介され、賞賛されたのである。私がとくに困惑したのは、私自身がその映画を見た直後にはそれを賞賛したということがあったからで、そのときは、少しでも見るべきものがあれば皆無よりはましだと考えたのだが、しかしその考えは間違いだと思うようになった。つまり、そのような映画がなすことといえば、激しい嫌悪反感を生ぜしめるべきものをありふれたもののように感じさせ、その本当の意味を見失わせることに他ならないと私は考えるようになったのである。［1969a: 108–109］

『渚にて』は、核戦争の結果として北半球が潰滅、放射能が次第に南下してゆく中を一隻の潜水艦が彷徨する話で、私が見た限り、荒廃した地球と文明喪失のやるせなさが大変うまく描写されていたように思われる。だが、重要なことはこの映画の良否ではなく、このような作品をラッセルが否定したということである。ラッセルにあっては、核時代の想像力は、美や壮大さを提示するのみでは足りず、いやそれだけならばむしろ有害であって、核の悲惨を警告しそのショックに人々を身構えさせるものでなければならなかったのだ。

つまるところ、右のラッセルの映画評には、核状況を恐ろしい、忌まわしいものとしてでなく何か積極的な人間的性質を有したものとして捉えるやり方への断固たる反対が含意されている。右の引用部の直後にはこう述べられている。「『博士の異常な愛情（*Dr. Strangelove*）』や『素晴らしき戦争（*Oh! What a Lovely War*）』に見られるようなアイロニーは別である。それは人々に考えるよう促すのだ。短い時間ではあれ」［1969a: 109］。その二つの映画をラッセルはある程度評価しているように見えるが、「笑わせるだけでなく考えさせる（アイロニーだから）」という評価ポイントは、「核状況から人間的性質をしかるべく剥奪してみせるから」と言い換えられるだろう。

ただ単に原子戦争の恐怖を訴えるだけでなく、ウィットをまじえつつ核への人々の人間的反応を描き出すレコードを作ったらどうかという提案が、市民からの書簡でラッセルに寄せられたことがあったが、それに対してもラッセルは、「私は、良心の名において行動するよう、そして誤魔化しのために笑ったりしないよう人々に訴えているのです」［1969b: 76］と、半ば憤然と答えている。

こうして、ラッセルによれば、全てが核による絶滅の防止へとまじめに向わなければならなかった。芸術的想像力さえも、内容が核に関わる限り、暗示的逃避的であってはならず、直截の核反対の責務を放棄することは許されなかった。ラッセルにおいては、核は否定的にのみ意識されたのであり、彼は確かに悪を喰うファウストとなりえたとはいえ、核状況にはそれ以上に積極的な固有の善、意義のようなものは認められなかったのである。

しかし、核を見るのに別の考え方も当然ありうる。たとえば、「核時代と文学」をテーマに、フランスの小説家ミッシェル・トゥルニエが次のようなことを言っている。

わたしは現代が好きだし、現代をその一切の暗い部分――核の脅威も含めて――とともに受容する。(中略)かりに十世紀もしくは十五世紀の世界にパラシュートで降下したら、わが〝古きよき時代〟の愛好家は、たえず路上や町なかで出っくわす、絞首台、火刑台、両眼をえぐられたか両腕を切断されたかした子供たちを前にして、恐怖のあまり気絶することだろう。(中略)今日ではどうだろうか？　一つを除いてすべての脅威が消滅する状況に向かって、世界は急速に変化している。(中略)そして、原子力戦争の脅威、もし地球を純粋に鉱物の段階に戻してはならないのなら押すべきではない赤いボタンが残るだろう。(中略)昔の脅威と今日の脅威の取り替えっこをして得をしただろうか？　わたしはちゅうちょせず、得をした、と答える。非常に得をしたと。(中略)確かに、原子力戦争は、人類歴史上未曽有(みぞう)の残虐の可能性をはらんでいる。しかし、これはあくまで可能性にすぎない。現実は原子力戦争ではなくて原子力平和であって、この恐怖の均衡を、全世界は四十年前から利用している。換言すれば、原子力時代とは、有り得べき悪と現実の善とである。この悪と善とは、ふたつとも、過去の世界の善と悪よりも比類なく大きい。［トゥルニエ 1984］(傍点、原文ママ)

そしてトゥルニエは、この状況下で、核の均衡に麻痺した政治家の無力を補い、現代を救うのが虚構《フィクション》の想像力であると論じ、このように結ぶ。「原子力時代は、文学の楽園なのか？　わたしは、そうだと信じている。そして、そのことを喜んでいる」。これは、文学だけではなく、人間文化の他のあらゆる分野にも同様にしてあてはめることができるだろう。

ラッセルなら、このような考え方にどう応えるだろうか？　核時代は確かにトゥルニエの言うように、現実には何も起こらない――起こってしまったらもはや核時代は無い――想像上の悪と現実の平穏で満たされた時代である。核時代は、本質的に、つまりその本質とする核という要因に関しては、まさしく想像力の時代なのである。その意味で、本章第1節に見たごとく第一次大戦以来世界の惨禍を実体験ならぬほぼ想像力だけで触知してきたラッセルのその力は、核のために現実に苦しむ人は（比率で見ればほとんど）いないという核状況特有の事情の中で相対的に意義・地位を増したのであり、彼が晩年に世界・大衆と生涯随一の一体化をなしとげられた理由の一半がそこに認められもするだろう。

しかし再び、この考えそのもの、核時代を喜びとする考えそのものに、ラッセルはどう応えるであろうか？　トゥルニエは確かに、核の悪が想像上のものである限り、反核文学もそうでない文学も含めて――ことによると超兵器の機能美を謳歌したり、あるいは（『要約版 世界の歴史』最後の句「行ないうるかぎりは」が図らずも暗示していたように）核戦略を人間の努力と勤勉の限界を示す人類最大の栄光と見なすようなイデオロギー物語作品をも「文学」に含めることができるはずだが――ともかくその独特の想像力の解放を喜んでいると言える。それに対して、作家という知識人たるものの無責任をラッセルは責めるかもしれないし、やはり文学者と哲学者では役割が違う、と諦め顔で呟くかもしれない。あるいはその前に、「原子力平和」という語にひきとめられて、いや、核戦略の下でも現にベトナムの残虐行為が存在したではないかと言うかもしれない。もしくはなおもそれ以前に、原子力平和を原理として認めても、あのパスカルの神に対応する「ラッセルの核戦争」の期待値論理が反対の声をあげるだろう。

第5章で見たように、ラッセルにとっては、核時代は史上最も悪い時代である。全滅は、可能性ではあっても、無限の悪である。いかに小さな確率を掛けようと、無限は無限である。現実のいかなる善が確保されるのであれ、無限の悪を引き換えにひき受けることはできない。と、自分の娘に迫ったように、この小説家にも反論をするだろう。ラッセル的考えにおいては、人類の存続の危険を賭した状況に何か積極的意義を認めることは、人類の尊厳への冒瀆である。

しかし、真の問題はもう一つ奥にあるように思われる。トゥルニエが言うような、核は原子力平和をもたらしたとか、文学の楽園を提供しうるとかいう、いまだ副産物的な・プラグマティックな意義より以前に、そもそも、核状況そのものが内在的に・人間的に意義深いということがありはしないか。つまり、核状況は、それがもたらした・もたらしうる効果のために有意義である前に、その成立と存続自体がある価値を持っているとは言えまいか。私が言いたいその価値とは、核の現実の下で世界が帯びる、一種美的な価値なのである。

あるものの効果や現実的帰結によって判断する意味論的見方から、外的対応とは独立なそれそのものに注視する美的見方への転換は、もちろん、その語りよりも姿へと注目したわれわれのラッセル認識に正確に即することになるだろう。あるいはそれ以前に、ラッセルの活動をドン・キホーテ的でもありファウスト的でもありとして（文学的に）捉えてきたことから、次に進んで、彼をとりまく核の世界そのものの文学的美質を意識するところへとわれわれが導かれるのは、けだし必然であった。ラッセルの平和運動は、核状況の一部である。不可欠であり不可避の一部ですらある。それゆえに核の世界は、平和運動の持つような美的性質をことごとく、さらに巨大な形で有することになるはずである。

4．美しき時代

核時代の美的性質――ここでわれわれは、美という語に関して、序章にて示唆した使用法を踏まえながら超えたい。すなわち、前節で核時代における芸術や文学を考えたのを継いで、「美」という語を、端的に芸術の美を指すときの意味で使うことができると思われる。世界の歴史に物理的因果的影響力を及ぼす力には乏しくとも、内に強力な雰囲気を集約して世界の美的ポイントを形成する、そういう点で、平和運動家ラッセルの存在はまさに芸術作品の存在に類似している。そのラッセルの目から見た世界・さらにはラッセルを包含した世界――彼のような開かれた著名人の人生というものは外界へ深くにじみ出ていき、世界のどこまでが時間的空間的にその人の「生涯」に含まれているのかはもはや定かでなくなる——という観点から世界を捉え直すとき、世界そのものがラッセルを映して芸術作品＝美的対象として固着することになるだろう。こうしてわれわれは、「世界」を一つの作品と見なしたときの、その美的価値について考えてみたいのである。

美的対象の価値とは何か？　プロティノス以来、「多様における統一」は西洋美学で「美」を特徴づけるさいの中心概念であり続けた。この伝統にある二〇世紀美学の代表的な知見によると、美的価値とは（少なくとも変則的な意味で「美」が用いられる前衛アートの場合を除くと）対象の①統一の度合、②感情的性質の強さ、③複雑さ、によって決まる。(84) 情報理論的な「エントロピー」の観点から「美」を定義する場合も、この三要件と類比的な定義が得られる（形式的な①③に比べ意味論的な②は数値化が難しいにせよ）。

機知と怒り、道化と吸血鬼など錯綜した矛盾対を背負った③複雑な人格ラッセルは、人類の危機に直面して②強い感情的性質を迸らせながら①一つの理想に向って邁進した（「純一無雑を猛烈に要求する極度に複雑なパーソナリティ」[Lindemann 1944: 591] というE・G・リンデマンのラッセル評は、図らずも、美的対象としてのラッセルの本性を美の定義どおり端的に言い表わしている）。この人物に応じて、世界についても同じことが言えるはずだ。古来人類はさまざまなグループ・階級においてさまざまな意図のもとに対立・協力しつつ発展してきた事実から、③複雑さは、時代が下るにつれて高じていることは確かであるとともに、いわば人間世界の古今本質的な属性であろう。核時代を他の時代から断然区別するのは①と②の程度である。

核時代においては、史上のいかなる信仰よりも強力な核物理学の権威によって、人々は顕在的にであれ潜在的にであれ、地球規模での死ということを意識している。日々全メンバーの生活がその可能的終末に一様に方向づけられている点で、現代は、人類がめいめいの宗教の終末観や輪廻観のもとに暮らしていた他のいかなる時代に比べても、心理的に統一された時代である。しかしさらに重要なのは、現代を覆う独特の感情的性質の強さの方であろう。これこそラッセルに象徴される平和運動と直接に相通ずる要因である。絶望と希望、連帯感、怒り、焦燥、恐れ、ほとんどありとあらゆる人間的情緒を集中的具体的に迸らせる運動の場は、地球上に遍在する人間的情緒の証明である。

さらに、反核運動のいちずな高まりは、それ自体が一つの社会的問題現象となって、自己の批判対象へと反射し、核戦略の文明史的歴史的意義に参与する。声高に否定することが対象の価値を高め、逆説的に、核の崇高さ（というものが少しでもあるとして）に貢献してしまう。核のもとでこそ重い意味を持ったベトナム戦争への、CNDなどを中心とする反対キャンペーン――南ベトナム解放戦線の旗を一枚六ペンスで売りデモの際に振って行進する［Vietnam Solidarity Bulletin 1966: 7］、イギリスの音楽家やベトナムの民族歌手による「ベトナム音楽会」を催し、同時に松明行列を行なう［Vietnam Solidarity Bulletin 1967: 14］、など――そしてあのラッセル法廷のような盛大なお祭りは、核状況を確かになにか芸術的に価値高き舞台にしていると言えるだろう。

運動のこのような効果は、おそらく運動家たちの意思には反している。しかし、そのような美的効果を生ずるほどの平和運動というものがなくてすむということはありえない、現実的効果にかかわらずその美的高まりは必然である――人間とはそうしたものである。そしてこのことがとりもなおさず、核状況の単に外面的でない本来的・内在的な深層組織構造の美しさを示しているわけである。

われわれは先に（第6章第2節）、「実際的」と対比させた自己開示的の意味で「美的」に平和運動は必然であるということを論じたのだったが、もっと字義通りの芸術美に近い意味においても、かくして平和運動および核状況の美的性質を認めることができよう。

もちろん、核状況の美は、もっぱら平和運動の具現に依存するのみではない。死の前の人類そのものが醸し出す美が、全ての根底にある。もし全滅がありうるとすれば伝染病か天変地異か、ともかく否応なしの外的な災難によるしか考えられなかった人類が、史上初めて、自らの手で瞬時に壊滅する能力を獲得した、しかるにそれでなおかつ生き続けている、ということ。こういった核の下での生存は、それまでの時代における生存とは根本的に意味が違う。そこでの生存は、自然委せの生存・惰性での生存では決してありえず、あからさまな生の意志と常に一体化した自発的生存であることが運命づけられている。その生きる意志は反核平和運動において顕著に具体化されているとはいえ、核を少しでも意識する全ての人間が、核状況下の生のこの論理機構に原理的には組み込まれているのである。ここで初めて人類は、生き続けるならば絶えず生の価値を肯定しながらでなければならないという、真の自己意識覚醒の段階に高まった（あるいは、陥った）と言えるのだ。

　われわれは、ラッセルにとってこの世界は、ドン・キホーテにとっての騎士物語世界のごとく価値高きものであったことを思い出すべきである。核の下の人類はすなわち、価値高き世界の人類である。そして、その価値の極限的認識を逆説的にもたらすのが本章第２節で見たような〈滅亡のイメージ〉なのであり、これはラッセルだけでなく万人に多かれ少なかれとりついているだろう。つまり核時代は、人類が自らの死を初めて具体的イメージとして捉えることができるようになった時代でもある。死の自覚は、確かに生を美しくする。死を知らぬ動物より死を予期する人間の生の方が意義深いと言えるとするならばそれと同様に、具体的な死のイメージを持たなかった人類よりも今日の人類の方が、より有意義な生を生きていると言えるだろう。全滅のイメージは強い感情的性質を喚起するとともに、その性質の下に――映像としてはキノコ雲の傘の下に――人類の意識を強く統一する。このような核の世界、統一され・複雑で・人間的性質強きこのような世界を、われわれは今や、この上なく美しい世界だと感ずる。

　かくしてわれわれは、核戦略という現実そのものを（政治的人道的にはたとえ否定するとしても）美的には肯定するところまで辿り着いたのかもしれない。ラッセルは、この見解にはとうてい賛成してくれないだろう――かりに、道徳的価値と美的価値とは別物であるとは同意してくれたとしても。だが、核状況の美なるものを最も純粋に、強い形で体現して見せた存在こそ、他ならぬラッセルだったのである。彼には、文学上の人間的価値をさまざまな面で具体化する豊富さがあった。それらは一つには彼の内的心理の諸相であり（怒り、希望、精進……）一つには彼の外的行動の雰囲気（崇高、悲壮、滑稽……）から発している。彼は核時代の美の人格的シンボルだった。

世界は、そういう人物を、あるときにはおよそありうる栄誉をことごとく授け与えることにより戦略的に利用し、同時に美的自意識を満足させたし、また別のときには、徹底的に道化たらしめて核の恐怖から目をそらす魔除け《マスコット》に、そして核の悪を正当化するための贖宥状《インダルジャンス》、犠牲羊《スケープゴート》になり代らせた。言うなればラッセルは、核への人間世界の対応を、そのあらゆる感情の相において一身に集め、表現して（させられて）いたのである。そのうえ、その中を生き抜いたラッセルの一世紀に及ぶ長寿は、生き延びようとする人類の意志の象徴だった。生きることが価値高きことであるという変わらぬ確信の具現だった。その彼の鬼気迫る演説に聞き入り、毀誉褒貶いずれの形にせよ強く反応した大勢の人々は、意識的無意識的にラッセルとともに人類の生の価値を確認し、美的状況の中で連帯したのである。

核の危機を乗り越える原理の一つとして想像力を称揚したラッセルは、機知の死に対応して、プラグマティックな反核の方向以外には彼自身の想像力を働かせはしなかった。だが、彼の言ではなく姿が、核の下あらゆる方向へのわれわれ人類の想像力の発動を現に刺激するのである。核を絶対悪として一方的全面的に弾劾する姿それ自体が、核の最も深い意味での積極的美的意義を啓き示しているというこの事態は、さまざまなラッセルの矛盾対の中でも最大の逆説であると言えるかもしれない。

しかし、ラッセルが本来開示しようとして躍起になった核の忌まわしさこそ、おそらく一層重大な現実であろう。そこで、本章の残りを使って、私は、なるべくラッセルの気持ちになって、ラッセルの思考とスタイルに自分を同化させ彼に納得してもらうつもりで、この時代を最終的に描き直しておく必要を感ずる。

核時代は、滅亡のイメージと不可分である〈滅亡の恐怖〉をわれわれに強いる時代でもある。その滅亡の恐怖は、全体の人間的性質を高尚なものたらしめるかもしれないが、現実の一般個々の人間性を蝕む。そして核時代とは、各国首脳が良心的知識人という社会的超自我によって叱責・罵倒され続けた時代である。このようにして人類全体は、自己の生活および文明が究極的に自殺の蓋然性を高める方向へと突き進むことを思い、思わされるとき、自意識過剰に陥り、恐怖と無力感に囚われ、罪悪感を覚える。しかも、意識レベルの高い人々ほど。このことがもたらす不可視の精神的悪影響こそ、美しい核時代の、道徳的にはやるせない一面なのである。

しかし――「おそらく（自意識過剰・罪の意識という）その疾患は、心的成長発展における必然的な段階である。そして私はこうも考えたいと思う、理性の助けによってこの疾患を乗り越えた人は、いまだかつてその疾患も治癒も経験したことのない人よりは、いっそう高い水準に達した人なのだ、と」［1930: 103］。未曽有の破滅行為の可能性を自覚して慄然かつ悄然とし自意識過剰となった病める人間社会がこの危機を無事乗り越えたとき、文明は、この危機を知らずにすませた場合よりも「いっそう高い水準（a higher level）」へと達するだろう。こうして、核時代の美と悪との弁証法的合一は確かに可能である。そのときには、ちょうどメフィストフェレスが結局は人間の理性を信頼した神の掌上で踊っていたにすぎないように、核戦略という悪魔は「人間の活動はとかく弛《ゆる》みがちなもので、得てして無制限の休息を欲する。だからわしは彼らに仲間をつけてやって、彼らを刺戟したり促《うなが》したり、悪魔としての仕事をさせるのだ」［ゲーテ1808: 29（340–343）］という神の意図に沿った意義をば有することになり、人類はファウストのような救いに与かることとなるのだろう。[85]

ラッセル個人のファウスト的問題は、こうして、全人類のファウスト的問題でもある。その限りにおいて、世界に対して「悪を欲して善をなした」史上記憶さるべき通過段階として、核戦略状況というものは、反核主義者ラッセルにあっても、積極的に有意義であったと認めねばならないかもしれない。

第10章　戦後日本とラッセル

1．新しい〈ラッセル─日本〉

大正日本を一時席捲したラッセル熱は、長きにわたる空白のあと、戦後十数年を経た一九六〇年代にもう一度燃えあがるときがくる。しかし、その二つのラッセル─日本関係の間に何らかのつながりがあるとは言えない。太平洋戦争をはさんだ期間、ラッセルの思想・哲学は有機的な受け継ぎが全くなされず、日本ではほぼ死んでいた。

いや、確かにラッセルの著作の翻訳は、その時期も途切れることなく出版され続けてはいた。太平洋戦争勃発の年にも『権力論』重田光治訳（青年書房）のような書籍や「恒久的平和の設計──米国の立場より見たる」（『東亜解放』一九四一年一一月号）のような論文が訳出されているし、戦争中ですら（！）イギリスのシンガポール要塞を日本軍が陥落させた翌月に『数理哲学序説』平野智治訳が弘文堂から出版されており、終戦翌年にも『哲学の問題』新井慶訳（育生社）が出ている。ラッセル思想が日本で死んでいたといっても、大正時代の熱気に比べればという、相対的な話だ。

ただしその時期のラッセル受容は、日本思想界にとくに重要な影響を及ぼした形跡がない。また、大正当時ラッセルに注目した重立った人々も第二のラッセル熱のときにはほとんど生き残っておらず、少数の生存者である杉森孝次郎、室伏高信らはもはや全然ラッセルにコミットしていなかった。長谷川如是閑がおそらく唯一の例外である。[9]しかし彼もラッセルへの関心は個人意識内部にとどまり公には何らの役割も為してはいない。大正の記憶は喪失されたまま、四〇年を経て全く新規に、ラッセルの思想と行動が日本に現われたのである。従って、「日本におけるラッセル」という概念は、統一的な意味では成立しない。

そして、二つのラッセル―日本関係は、因果的つながりがないだけでなく、内容的にも非常に異なるものだったと言っていい。大正日本とラッセルとの出会いが、真の心の交流を欠いた表層的なものであったことは、第1章と第2章で素描した通りである。その主な理由は、当時日本が、世界の最も深刻な時事問題から隔絶した幸せな位置にあったこと、そしてラッセルの論鋒の主たる対象だったキリスト教伝統とほぼ無縁であったこと、その二つにあろうとは第1章第2節で示唆しておいた。しかし、戦後は事情が異なる。日本は国際舞台の熱い領域に躍り出て深い傷を負ったし、他方、ラッセルの興味関心はすでにキリスト教やそこに由来する性道徳・教育問題にはなく、もっぱら核兵器の不吉な影にあった。ラッセルの次の文章を見てみよう。

キリスト教とイスラム教の争いにおいては、どこの国がキリストを信じどこの国がマホメットを信じるものとされるかを決めるのは、戦争であった。プロテスタントとカトリックとの争いにおいても、問題を解決するのはやはり軍事的な勝敗だった。南北アメリカが現在キリスト教国であるのは、ヨーロッパの軍隊がインディアンの軍隊より強かったからである。この長い歴史が、両陣営の政治家や一般人のものの見方に深く根をおろしてきたために、現代の世界で要求される新しい流儀によって思考することがきわめて難しくなっている。アメリカ、イギリス、ロシア、中国の著名な権威者たちは、ごく最近、自分の好むイデオロギーは核戦争によって全世界的なものにしうるのだ、という信念を表明している。そのような声明が全く真剣なものなのか、それとも脅しの戯れのセリフにすぎないのかは、知ることができない。ただいずれにしても甚だ危険である。それらが脅しにすぎないとしても、脅しが事実を惹起する危険があるのである。［1959a: 41–42］

ラッセルの目は、すでに宗教批判を透過している。右の文は実際、他の場所でなら宗教への痛烈な皮肉になっているべき文である。しかし、機知は死んでいる。彼は、ここで自分が宗教を巧妙に揶揄しているのだということに気づいてさえいないだろう。ラッセルの頭は、核の恐怖によって一義的に占領されていた。核は全世界を、かつてのキリスト教およびいかなる宗教・イデオロギーよりも広く遍く覆っている。日本もその例外ではない。こうして、ラッセルの使途的焦燥は戦後ようやく、日本と深い心情的対応を有することができるようになったのである。

だがもちろん、日本に関しては、ラッセルとの対応はそれだけには尽きない。第二次大戦で日本より大きな実質的惨害を被った国はいくつもあったが、しかし日本は、原爆による唯一の戦争被爆国として、つまりその戦争被害の質が今日的問題に直結している国として、それだけで戦後の反核平和運動の頂点的・象徴的存在となる資格および義務を有していると言える。広島と長崎には、来たるべき核戦争時における市民空間の正確なモデルがあった。世界の生き延びたい意志の、イメージとしての原点は、日本のこの二つの都市を措いて他にないだろう。

この意味で反核の象徴的意義を担った日本は、西欧原理の自己反省という別の意味での象徴的意義を集めた西欧の老賢者ラッセルと、この核時代には非常に親密に呼応しえてよいはずである。ただ、こうした原理はともかく現実には、日本でラッセルは、その主たる専門的業績が反核平和運動と内的に結びつきにくいせいか全体像が描かれにくく、一般大衆に遍く名を知られた人物として扱われたのはわずかな期間にすぎない。とはいえ、六〇年代から七〇年代にかけて日本の平和運動家や政治家の一部に見られるラッセル熱は大変なものがあり、国会においてもラッセルの反戦声明がときおり引用された[86]。小学生向け偉人伝でラッセルが取り上げられていたのもその頃だった(集英社の『世界100人の物語全集』第一二巻(一九六四)の中に大蔵宏之「水爆戦争に勝利はない――心からの平和主義者ラッセル」［大蔵 1964］、潮出版社の『ポケット偉人伝』第七巻五分冊(一九七一)の一冊として塩谷太郎『ラッセル』［塩谷 1971］など)。

ラッセル認識のこうした華々しくも不安定な構造は、アングロサクソン圏を除いた世界各国に共通のものと思われるが、しかし実際のところ日本は、多かれ少なかれラッセルの運動に反応した国々の中でもとくに（あるいは、最も）敏感に彼の言動を受けとめたとも言える。一九五五年七月九日の「ラッセル・アインシュタイン宣言」には、「他九名」の科学者の一人として湯川秀樹が名を連ねたし、ラッセル提唱になるパグウォッシュ世界科学者会議には最初から湯川と朝永振一郎、小川岩雄が、第二回以降はさらに坂田昌一その他多くの科学者が参加した。ラッセル平和財団および大西洋平和財団[87]が発足（一九六五年九月二九日）した翌年には早くも東京に「ラッセル平和財団支持者協議会[88]」（八月）が発足し、その翌年には「ラッセル平和財団日本協力委員会[89]」（三月）と「日本バートランド・ラッセル協会[90]」（一月）、さらにその翌年に「ラッセル平和財団日本資料センター[91]」（九月）が開設されている。また、一九六七年のラッセル法廷にも多数の日本の関係者が参加し、それに呼応して「東京法廷[92]」（八月）が開かれもした。

これら日本における多彩なラッセル支持の運動は、限定された規模ではあれ、大正時代とは比較にならない深さのラッセル―日本の心情的交流の存在を示している。ラッセルの側にしても、四〇年を経て日本への評価は大きな転換をみた。日本はもはや、中国のそして世界の平和を脅かす警戒すべき軍事国家ではなかった。ラッセルを日本に招待しようという計画がいくつかの筋によって立てられ（七人委員会および『朝日新聞』によって（『日本ラッセル協会会報』第一〇号参照）、あるいは民社党の憲法擁護新国民会議（新護憲。議長・片山哲）によって（『読売新聞』一九六一年四月一七日朝刊）など）ラッセルに問い合わされたのに対しては、何よりも多忙と老齢のため、そして「一つの国へ行けばしいて私を来させようとしてきた他の国々の人を侮辱することになる」[1969a: 84]という理由で応じなかったが、彼は、邸宅を訪問する日本人――松下正寿、日高一輝、森恭三、鶴嶋雪嶺、小田実ら――に対しては日本国憲法前文や第九条を賞賛し、日本の平和運動に期待して、例年の原水禁大会にはいくつものメッセージを送ってきている。

ちなみに、一九五二年という早い時期のことになるが、山川菊栄がサリー州にあるラッセルの別荘を訪れたときには、ラッセルの長男ジョン・コンラッド・ラッセルが、日本語で会話に加わったという[横関 1956: 230]。ジョンはロンドン大学で日本語を学び、大戦中ワシントンで軍務についていた。山川のこの報告は、大戦を挟んだラッセル―日本関係の根本的変化を象徴するものだ。というのも、ジョンは、一九二一年に横浜で、ラッセルが妊娠中の愛人ドーラをかばって日本人カメラマンを追い散らしたあのとき、ドーラの胎内にいた子だったのである。

刑事に終始尾行されカメラマンには打ってかかった壮年気鋭のラッセルと、戦後、遠くから日本に好意的メッセージを送り続けた老聖人ラッセルとを比較するとき、広島・長崎をはさんだ二つの日本の相違が印象的に浮び上がってくる。また当然それは、ラッセルの変貌をも等しく反映している。前章でわれわれは、第一次大戦では彼の懸念はもっぱらヨーロッパに向けられていたことを確認したし、コスモポリタンを自他認めつつ中国・日本において彼は絶対的に西欧人でありイギリス人でしかなかったことを第2章で見た。しかし今やラッセルは、具体的イメージとしての有機的全体「人類」に語りかけていた。ラッセルと世界との関係は変わり、そのとりわけ著しい例が日本であった。大正日本にとってのラッセルと戦後日本にとってのラッセル、また壮年ラッセルにとっての日本と老年ラッセルにとっての日本、それぞれのイメージ(および実像)は大幅な変化をとげた。それをもたらしたのが、核の現実だったのである。

注目すべきは、このような相互の影響関係、具体的イメージの問題だけではない。両者の間には、核の現実に支配された予定調和的な一致が存在したのである。一九五四年、ラッセルの対ソ強硬論や楽しい創作意欲を吹きとばしたビキニの水爆被災事件は、まさに日本の第五福竜丸の災難であった。この年は、日米MSA協定(日本国とアメリカ合衆国との間の相互防衛援助協定)および自衛隊発足の年でもあり、日本国民のしばし抑えられていた反核感情が噴出し「核アレルギー」の本格的に始まったときだったのである。ラッセルの生動的な恐怖はそのまま、日本人の現実的な危機感でもあった。この年、日本の映画界は、核の恐怖のメタファーとして世界的に有名になった『ゴジラ』を世に送り出している。破滅的な恐怖への真の実感を含んだ批判・警告は、直截なものであれメタフォリカルなものであれ、それ自体が破壊的な様相を帯びるだろう。平和運動のプロパガンダのために平和財団から世界中にばらまかれた老ラッセルの顔写真は、ときとして凄まじい形相を見せている。ラッセルの悲痛な説得と罵倒の叫びは、あの放射能火焔を吐き都市を踏み潰す大怪獣の咆哮と谺《こだま》しあっていたかのようである。

2. 二つの批判

日本は、単に被爆体験により獲得した象徴性によって、象徴的存在ラッセルとつながっているだけではない。ラッセルが西欧ヒューマニズムによる西欧文明の反省を代表する人物であるとしたら、日本は、西欧とは異なった伝統をもつ文明からの西欧文明の批判を象徴する存在であるはずだろう。両者は等しく西欧文明への反抗を体現している。

日本は確かに急速な西欧化に成功し、西欧物質文明を利用して帝国主義をさえ模倣しえた国であるが、心理的にはあれらは全て、アジアの自己主張の一形態であったろう。[26] 天皇神話の発明や大東亜共栄圏の唱道は、単なる戦略上の名目にすぎなかったのではない。かりに倒錯的であったとしても、戦略的名目より深い心理的・美的必然から導出された、つまりは当該環境と相対的な日本人の地位からの一種論理的な帰結としての倒錯に他ならなかったのだ。アジアから西洋へのこの反抗は、（ベトナムによってずっと単純明快な反応形式で引き継がれたのだが）戦後日本にも脈々と匿れた形ででではあれ続いているかもしれない。ここにおいて、少なくとも立場としてアジア的原理で西欧に反抗し続ける配役を振られた日本は、西欧内部の告発者ラッセルにきわめて親近な位置にあると言ってよいだろう。こうした意味では、ラッセル法廷において、「日本政府はベトナム戦争で『有罪』である」という判決がおりたことは、なんとも非美的な事態、

写真提供：
Mario Geo/Toronto Star/gettyimages

もしくはメタ美的解釈を要する事態であったと言わねばならない（サルトルらが朗読した判決では、起訴された国のうち、アメリカ、オーストラリア、ニュージーランド、韓国、タイ、フィリピンの各政府は全員一致で有罪、日本政府だけが八対三の多数決で有罪となっているのが興味深い［ベトナムにおける戦争犯罪調査日本委員会 1968: 320–321］）。

西欧の反逆者ラッセルは、日本の目には実際どう映ずるべき哲学者だったろうか？　ラッセルは、実存主義者や一部の精神分析学者のように、東洋的な叡智にそのまま通ずるような発想によって西欧文明への批判に乗り出した思想家ではない。彼は、ソクラテス以来の言語分析とR・ベーコン以来の経験主義に則った、西欧の伝統を忠実に受け継ぐ科学的世界観のヒューマニズムによって、西欧文明の現状を打破しようとした。しかし、その西欧ヒューマニズムこそが、西欧文明の現状を築いた最大の原理の一つに他ならない。この正面突破的なるところに、ラッセルの思想・活動の矛盾がある。

「西洋の没落」を深く自覚した他のヨーロッパ知識人たちとは違って、ラッセルにあっては、西洋の没落は一時的危機にすぎない。西欧合理主義を貫くことでしか西欧の迷妄を醒ますことはできない。ラッセルは、直観や神秘的洞察、実存開明などに救いを求めはしなかった[93]。

> もし知性が呪詛であることが判明したなら、それは知性が十分知性的でなかったがためにすぎない。［1954b: 187］

ここで知性(intelligence)とは、西欧的分析的科学知性のことに他ならない。

また、ラッセルの思想のみならず、先の諸章で十分見てきたように、彼の姿勢そのものがきわめて西欧的である。シュペングラーは、普遍的なものへの自我拡大と目標の無限追求の精神を「ファウスト的」と呼んでこれを近代ヨーロッパ文化の基本的特徴としたが、まさしくラッセルはこのファウスト的意識によってファウスト的文明へ対決を挑んだのだった。このような、西欧的現状への西欧的批判という撞着した形で西欧批判をすすめる人物は、われわれ非ヨーロッパ人の目には始めから時代錯誤的に映る。

しかしこの時代錯誤の奇妙さは、否定的印象ではないはずである。西欧文明の落し子、というより正統な嫡子に相違ない核戦略文明に対し、西欧ヒューマニズムが実父として正面から責任をとろうとする光景は、われわれにはきわめて興味深く、また感動的でさえあってよいだろう（この意味で、ラッセル・アインシュタイン宣言は、西洋精神文化と西洋物質文明の共同の自己断罪として、訴えは完璧である）。

われわれは第6章で、ラッセルを道化のように滑稽化する風潮が、有機体としての「西欧精神」の自浄作用ではあるまいかというアイディアを述べた。そこを単純化しこれまでの知見を踏まえて述べ直せば、それは、ファウスト的文明が自己内部のファウスト的精神の弾劾を受けて、それをその中枢的本性のまま認めて自己批判の証しとして使用し、免罪のマスコットとすると同時に、それを外形は似て非なる全くの対立物たるドン・キホーテ、アウトサイダー的存在へと異化し、スケープゴートとして排出する……というシステムであった。西欧人ラッセルを西欧が笑うのは、その限りで、意味がある。だが、東洋には、ドン・キホーテ、ファウストのような人格は、文化様式の中枢に関わる類型としては、文学上にも、現実にも、確立されてはいない。したがって、われわれ非ヨーロッパ文化圏の者は、欧米人と一緒になってラッセルを笑うことはできないだろう。ロシア人にとって戦後のラッセルがおおかたドン・キホーテではなかったように[94]、日本人にしても彼を滑稽化することはできない――少なくとも、そうしてもあまり意味がない――はずなのだ。

もちろん、ファウスト的西欧原理を継承したアメリカに日本が完全に追従もしくは同化する・できるというならば話は別である。しかし、日本人は、知的なレベルでは西欧近代思想の枠組みに従って思考しようとしつつも、伝統に沿った人間的感受性や心情の層では、自らが東洋人たることを絶えず意識せざるをえないのではないか。あるいは心情や感性というよりむしろ、身体的・生理的直観のレベルにおいて、そうなのだと言ってよいのではないか［湯浅 1982: 14-

16]。ここにおいて、アジア文明の根をもちながら一時的によくも悪しくも西欧原理に引き廻されたわれわれは、西欧原理の極限形態たる核戦略文明に対して、アジア的原理独自の状況対応をなしうるし、なさざるをえないのではないか。アジア的原理なるものが虚構であるとしても、いや虚構であればこそ創造的に。

東西固有の立場からの文明見直しが合わさって、核文明下の人類の自意識・自己反省は完全なものとなる。少なくともそのような建前が有意義な美的作用を波及させうる。その意味で、被爆国という象徴性に加え西欧批判の象徴を兼ねる立場から日本は、西欧ヒューマニズム自身に発するラッセル式批判に真剣に呼応する文化的必然性を持つだろう。日本固有の視点からは、それゆえラッセルは決して滑稽であるべきではない。もし彼が滑稽に映るとすれば、われわれが西欧精神の視座に無反省に身を置いているからに違いない。それはおそらく底の浅い、ナイーブでつまらない笑いである。

さて、同じ注意をまた繰り返すことになるが、私が必然性とかべきとかいう語を今のように用いたとき、それは歴史的必然性あるいは政治的・道徳的当為としての意味合いを含んではいない（本書はラッセルがよくものしたような政治的倫理的説得の論文ではない）。それらの観点からは、また異なった判断が下されもしよう。ここで言えるのは、戦後世界の統一・感情的性質の強さ・複雑さの現われと分布を考えたとき、核時代の二様の象徴的存在として、日本人はラッセルとともにひたむきに突進する美的理由がありはしないかということなのである[95]。

3. 対応の実際 I

ところで、戦後日本の国際平和への対応の仕方は、実際には、どのようなものだったろうか。日本の平和運動その他の動きで、とりあえずラッセルと直接に関わった部分を概観してみよう。

日本が帯びる二様の象徴性のうち、被爆体験にもとづくものの方は、すぐ目につく。自ら被爆の体験をもち長崎で「バートランド・ラッセル平和財団日本資料センター」を独力で運営してきた経済学者の岩松繁俊（長崎大学助教授、のち教授。一九九七—二〇〇七年、原水禁国民会議議長）は、（すでに183—184頁で引用した文章から見てとれるような）情熱的なラッセル信奉者であって、第７章で描いた「聖人と啓発された利己主義者」の図式を、世界唯一の戦争被爆国において典型的に体現した人である。前章でわれわれは、ラッセルが常にもっぱら想像力で世界の苦難を体験し打開の道をも想像力に求めようとした運動家であることを確認したのだったが、自ら被爆体験を持つ岩松のような人が、平和運動におけるラッセルのような巨大な想像的勢力に呼応する現実的勢力となることによって、運動の美的ならびに実践的補完の構図がみごとに成立したと言えるだろう。[96] 聖人と啓発された利己主義者との関係はまた、想像界の人と現実体験者との関係でもあることがここで確認される。

日本から核時代のドン・キホーテが出るとすれば、それは妄想にもとづいた真のドン・キホーテや想像の力にもとづいたラッセルとは違って、現実の重みを体験してきた民衆＝サンチョが理想家へとそのまま高まった現実的キホーテであろう。ラッセルおよび財団理事との間に交わされた六百通近くの往復書簡のうち一部を収録した岩松の著書『平和への告発』〔岩松 1975〕は、彼個人のラッセルとの出会いのありさまからラッセルへの敬愛の念、そしてさらにはそれに象徴されたラッセルと日本人との心情的交流全域を、熱をこめて描写している。

その本およびその他の著述から察せられるところでは、岩松のラッセル支持は一点の曇りもないものである。たとえば一九六六年、北ベトナムへソビエト空軍出動を要請したラッセルの対コスイギン通信[94]——日本の新聞でも一面トップで報道されたあの事実をめぐっても、新聞がそれを米ソ全面戦争への導火線となりはせぬかと心配し（たとえば『朝日新聞』八月一八日朝刊）、巷間にも、ラッセルは耄碌していて過激な一部側近にあやつられるロボットに過ぎないという噂が[97]（ラッセル支持者の間にさえ）囁かれるようになった中で、岩松は、ラッセル・コスイギン往復書簡とラッセル平和財団の新聞声明とを自らいちはやく邦訳し日本中に配布した「ラッセル平和財団日本資料センター」資料第二号（一九六六・九・一三）

において、一抹の疑念もなく「なるべくたくさんの方々に、ラッセル平和財団の活動を支持してほしいのです」と訴え、さらにこうも述べている。

> ヴェトナム人民にたいする連帯的支援のなかに、ただ集会やカンパ、報道や裁判、デモやすわりこみ、という武力をもちいない連帯的支援だけでなく、ソヴェトという大強国の空軍をも提供させようという大胆きわまりない支援もふくまれていたということは、ラッセルがいかにジョンソン政府の暴虐な侵略戦争をにくみ、抑圧された人民の側に立って、人間の尊厳と、世界の平和をまもりぬこうと決意しているか、その断固として大胆な信念を明白にしめしたものであって、そのきびしい信念にこころをうたれぬものはないであろう。［岩松 1968: 209］

ラッセルの要請が「ソビエト空軍の一部を」というものだったこと、および、ソビエトから大規模な支援を求めたくない何らかの理由が北ベトナム側にあるかもしれないという裏の事情（『朝日新聞』六六年八月一八日朝刊）、それらがどれほど岩松によって洞察、斟酌、重視されていたかは不明だ。いずれにせよ、ラッセルの要請が精神的アピールや現実的解決をもたらすどころか、局地戦を核戦争へと発展させる危険をいかにわずかであれ孕んだものであることを思うとき、そして、その著作から容易に知られるように岩松は反米親ソの傾向をいささかも有していない［岩松 1982: 第7章］ことを考え合わせるとき、岩松のこうしたラッセル支持の姿勢は、確かに、他のいかなる考慮にも優越したラッセルへの帰依、手放しの讃仰といった色彩が濃いことがわかる。

これに似た傾向は、世界連邦協会の仕事などで世界を走りまわり、ラッセルにもたびたび親しく接して彼の状況を日本に報告した日高一輝のような人にも見られる。その著作、エッセイ、また訳書解説などにおける日高のラッセルに関する文章は［日高 1970］［日高 1974］［日本バートランド・ラッセル協会会報 1965–1975］、ラッセルの行動と人格への熱っぽい賛嘆・

称揚に溢れており、その文体は明らかに日本的精神主義の流れを汲んでいて、新興宗教の月例パンフレットの類を思わせさえする。[98]由良君美が『理想』のラッセル追悼号（一九七〇年九月号）の第一頁で「ラッセルをかつぐことで、自己の存在理由をなりたたせてきた人たち」を痛烈に批判したが〔由良 1970〕、そのとき由良の念頭にあった筆頭が日高一輝だったと思われる。「ラッセルをかつぐ」風潮はもちろん否定的に見られるべきものとは限らず、ラッセルをとりまく〈道化的知の空間〉を確実に日本に移植し、発展させた岩松繁俊や日高一輝の、少なくとも美的功績と言うべきものは大きい。

さて、日本のもう一つの象徴性として、アジア的原理のラッセルとの対応ということがあるのだった。こちらは、右に岩松について見たような、想像力の人ラッセルを現実体験で支えるという立場とは全く逆の、つまり、現実の西欧文明渦中の人ラッセルを東洋的遠隔の理念的・想像的高みから補完するという日本の立場を示すものかもしれない。この種の西欧哲学者—東洋原理の対応は、ビキニ以後現実の平和問題にコミットし始めラッセルの行動を支持してきた湯川秀樹によって代表させうるだろう。湯川自身が、西欧文明の最先端たる理論物理学と東洋思想とを内的に統一包含した、二〇世紀戦後日本にあって貴重な思想家であったと言うべきだが、湯川はしばしばラッセルに言及するときにも、この最も西欧的な哲学者を事あるごとに老荘思想と比較（もしくは対比）して論じていた。湯川は、西欧文明のもたらした核の危機をのりこえる批判的勢力としての西欧原理自身と東洋の英知との呼応を、確固と自覚していたようである。

老荘とラッセルとの比較は、突然ここで始まったわけではない。われわれは第1章において、長谷川万次郎や桑木巌翼が同じ比較を行なっていたのを見た。それらは主に東亜論に関わって、ラッセルと老荘との類似を指摘するものであったが、湯川の場合は時代を反映して、かなり異なった観点から比較論を行なっている。ラッセル生誕百年記念講演会における湯川の次の言葉を、簡明かつ典型的な例として見ることができよう。

ラッセルは、一人一人の自由こそ、この上なく大切なものであるとの考えで、自由に振る舞ってきた人であります。

（中略）またラッセルは一種の相対主義者であるということでもあります。（中略）私は、ラッセルのこういう点に共鳴するのであります。私は若い頃に老子・荘子にひかれ、後まで影響されるのですが、荘子という人は、「万物正道」ということを言っております。（中略）あらゆる束縛から自由である、つまり自由人であるという考え方であります。（中略）ラッセルは、「人類の存続」ということに重点をおいておりますが、老荘思想は、死ということに対して非常にあっさりしております。地球というものは、その上にわれわれをのせて、忙しく働かせてくれている。（中略）死ぬということは、本当にやすませてくれるということである。生きる（生きつづける）ということもよいことだが、老荘思想では死ぬということもよいことだ……ということであります。これもまた魅力のある考え方であります。非常につきはなした考え方であります。荘子の頃には、人類の存続など考えなくてもよい時代ですから、問題にしなくてもよかったのです。私も今日では、老荘思想だけではいけないと思います。（中略）私自身はそう簡単に死生を超越できないのであります。ラッセルもまたそうであったようです。百年近くも生きたわけですから、生に対して非常な執着をもっていたことでしょう。［湯川 1973］

自称ビクトリア朝的人間たるラッセルが、なぜはじめから高度の相対主義を持しえたかは、科学者湯川の言によって、ラッセルの科学精神のゆえであったろうということにわれわれは思い当たることができる。科学の非独断的・試行的・懐疑的性格は、目標としては一つの絶対的法則を求めながらも、その精神そのものはまさに、東洋老荘の「万物正道」に近い、いや根本では一致しているかもしれないわけである。しかもその科学的懐疑精神の具体的成果が独断的信条と結合したとき、現代の核の恐怖が生み出されている。懐疑の根でつながっている老荘とのありうる対応を見直すことは、科学文明がその精神の本源に還ることでもあるだろう。

湯川が「老荘思想だけではいけないと思います」と言っているのは、彼が西洋科学の領域で業績をあげながらもあくまで東洋的伝統で呼吸していたからで、世界的状況に真に即して言えば「西洋近代科学だけではいけない」ということになるであろう。陳腐な定型的教訓としてこの字面を聞き流してはならない。老荘的（科学的）相対主義は今や生死にではなく、信条の問題に適用されうる。生きるために信条への拘泥を捨てよ――まさに「万物正道」――というわけだ。

湯川の老荘的観点からのラッセル論は、要約すると、次のただ一点に尽きる。すなわち、ラッセルの相対主義は老荘と基本的に同じであり、ただ、人類の滅亡が身近に感知されるや否やに応じて生死にだけは絶対的に執着した相対主義なのだ、という一点である。[99]が、その一点こそきわめて重要なのかもしれない。それは、個人の生は流れとして懐疑的相対的に捉えつつも人類＝海そのものには静止的に執着するという〈聖なる利己心〉のイメージ――あのビジョン自体が少なからず老荘的であったが――を改めて喚起している。いずれにしても、戦後日本で最初に、ノーベル賞という最も目立った形で国際的評価を得て日本人に復興の希望をもたらした象徴的知識人が、ラッセル（哲学者としてと平和運動家としてと両方の）を尊敬し、同じ考えを持ち、つねに東洋的文脈に引き入れて評価していたという事実は、それだけでも決して無意義ではないであろう。

4. 対応の実際 II

さて、しかし以上のことは、物事の一面にしかすぎないかもしれない。日本の平和運動家はもちろんラッセル一辺倒にとどまりはしないし、核の危機意識下で東洋思想とラッセルとの比較研究が幅広く行なわれたわけでも実はない。後者については、当該文献が日本にきわめて乏しいことを指摘すれば足りるだろう。[100]そこでここでは、現に活発な活動を含み、より広範な問題を孕む前者、すなわち日本の平和運動とラッセル支持との関係について見直しておかねばならない。

先に第1節において、日本とラッセルとの心情的交流の証拠として四つほど列挙した日本のラッセル関係諸団体、あれらの成立は確かにそうした証拠価値を持つものであったが、しかし実のところ、それらのうち、今日まで現実に活動の続いている団体は一つもない。現在の日本では、ラッセルの遺志に直接つながった活動は、パグウォッシュ会議系統の科学者会議が挙げられるのみである（パグウォッシュ会議は一九九五年にノーベル平和賞を受賞し、その年の会議開催地は被爆五〇周年を迎える広島だった）。

最も熱心に、事実上のラッセル平和財団日本支部の仕事を続けた岩松繁俊の「ラッセル平和財団日本資料センター」は、ラッセルの死とともに財団から送られてくる資料の数が格段に減り、（ロンドンのラッセル財団そのものは相変らずさかんな活動を続けているにもかかわらず）一四、五年経った頃にはほとんど連絡のこない状態だったという。それに伴って「日本資料センター」資料の発行数も当然落ち、一九八〇年六月一日に三四号が出て以来休刊状態となっている。[101] あたかも、ラッセルという人格的アレゴリーの消滅とともに、ロンドン―長崎という東西の象徴的繋がりの糸がはかなく切れてしまったかのようである。

しかし、ラッセルの死をさえ待たずにいっそう不幸な経過を辿ったのは、「ラッセル平和財団日本協力委員会」と「ラッセル平和財団支持者協議会」であった。この二つは、実際、正常な活動が成立後二年も保《も》たなかったのである。この二つの団体の解消のいきさつは、岩松が『平和への告発』の中で無念の情をこめて詳しく記述しているので、そこからの要点の引用が最もよい事実解説となろう。

> シェーンマンのヘルシンキでの演説のテキスト[102]は、おなじ八月二十日付でロンドンからおくられてきたが、この演説の内容が、わが国のそれまでの〝ラッセル支持者〟に、一大センセーションをまきおこしたのである。
> 一九六五年三月十二日に、固定会員二四名をもって発足した「ラッセル平和財団日本協力委員会」は、このシェーンマンのはげしいアメリカ帝国主義攻撃をみて、たじろぎ、いつしか、しずかにその活動を停止してしまうことと

なる。(中略)いまひとつの支持者組織である「ラッセル平和財団支持者協議会」は、これに反して、疑念を正直に表明し、真剣に討議し、ラッセルを疑い、シェーンマンに憤り、ファーレーに問いただし、財団運営を非難し、ロンドン本部はまちがっていると批判した。そして、結局、主流派はその組織から脱退し、ラッセル支持をやめてしまった。[岩松 1975: 64]

そして岩松は、この二つの団体についてラッセルに次のように書き送る。

「協力委員会は、吉野氏が、あなたの財団の日本支部の発起人としてえらんだ、有名な学者・思想家からだけ構成されています。その活動計画は、狭く限定されており、大衆との関係をもっていません。ただ、ニュースレターを、ひとびとに実費で販売しているだけです。この委員会が、現状をかえないかぎり、平和財団の日本の中心として発展できるかどうか、わたしは非常に疑問におもっています。……各委員は、アメリカのヴェトナム侵略にかんするあなたの声明とシェーンマン氏のヘルシンキでの講演に非常なショックをうけ、困惑している、とのことです」(中略)「協議会は、三者(「協力委員会」「協議会」と「日本バートランド・ラッセル協会」――注:三浦)のうちで、もっとも民主的です。しかし、この協議会も、あなたとシェーンマン氏の意見に大ショックをうけ、困惑しています。残念なことですが、そのメンバーは、あなたに質問状を発送する、と決議し、千葉氏が、いま、その準備をしておられます[103]。わたしが東京であった指導的メンバーは、わたしに、こういわれました。すなわち、ヴェトナム戦争にかんするあなたとシェーンマン氏の声明は、世界平和にとって役にたつどころか、むしろ有害である。なぜなら、シェーンマン氏の八つの項目は、自己矛盾をはらみ、実現不可能で、非中立的かつ革命的だからである、と。わたしは、あなたの生涯にわたる平和思想と活動、およびヴェトナム戦争の真実をこまかく説明して、かれらの意見に反対し

ましたが、無駄でした」［岩松 1975: 76］

これらの岩松の記述は、「わが国〝ラッセル支持者〟の困惑」という章に収められているものだが、その「困惑」へのラッセル崇拝者の困惑という、もう一次元高い困惑現象がよく表われている。

われわれは先に、日本がラッセルと一体化して突き進む美的理由があるということを考えた。しかし、岩松繁俊ほかの日本人が、ラッセル＝ドン・キホーテに対しサンチョ・パンサあるいは現実的ドン・キホーテとして立って美しい呼応を見せるとき、「自我を忘れる感激」［ツルゲーネフ 1859: 18］をもって主人を無条件に信じて従うサンチョの美しさと並んで、もう一つの美しさが輝いていたことに注意する必要がある。もう一つのサンチョ・パンサ、すなわち、ときには狼狽から、ときには狡猾から、ときには明察から、卓越した理想家を逆に諭し、批判し、瞞着もする従士が理想家との間に弁証法的交流を生ずることの美しさである。いずれの美の方が質の高い、あるいは意義深いものであるかは速断されえまい。しかるになお、伴侶の無条件の信頼の方に物語ドン・キホーテの美の本質があると結論するにしても、いま、視点をずらして、ラッセルを載いた国際世界・その中の日本、という構図の有機的統一・複雑さ・強さから、独自の存在たる日本内部に限定したそれへと目を移してみるならばどうか。むしろラッセルの活動を前にして意見の分裂・対立・錯綜が展開されることの方がより知的であり、より人間的であり、ひいては美しいとさえ言えるかもしれない。次に言われるように、平和運動の能率のためには明らかに有害であるとしても。

ラッセル自身の反戦闘争の方法の重要な柱が連帯であることは、すでにくりかえしのべた通りである。わたしはそれを実行にうつしたのである。しかし、その結果はけっしてよろこぶべきことのみではなかったということをあえて付記しておこう。その内容の詳細については、まさに〝連帯〟そのことのゆえに、ここでは公表をひかえることにしたい。しかし、ただ抽象的にだけのべよう。〝連帯〟のもっとも必要な反戦平和の団体や個人のあいだにおいて、まさにその〝連帯精神〟の欠如を痛感しなければならないとは、いったいどういうことなのであろうか。なかには、欠如どころか、逆に〝連帯〟を破壊し、攻撃しかけてくるひとさえある。まだまだ前途はけわしく長いのである（［岩松 1968: 291］傍点、原文ママ）。

しかしわれわれは、能率（あるいは美）のために知性を捨て去る必要はない。意見の多様性は、怒りや熱情のために知性が死んではいないことの証拠である。ラッセル自身、機知の死よりかなり前に、次のようなことを書いていた。

　変革の唱道者たちは、一つの偏狭な正統説で互いに融合し、異端を嫌い、異端の存在は栄える反動的犯罪人たちにとって有利であるから道徳的裏切りだと見なして、グループへと自らを組織しようとする傾向がある。正統説というものは、たとえそれがいかなるものであれ、知性の墓場である。そしてこの点において、急進派《ラディカル》の正統説も、反動家のそれより少しもよいものではない。［1932: 21］

平和運動にこれを当てはめるならば、これは堂々と、晩年のラッセルおよびその崇拝者の使徒的姿勢そのものへの批判となりうる。[104] そしてわれわれにとっては、かつてラッセルが保持していたこうした懐疑的精神――相対主義的気質――こそ、いつまでも知性の最高の徳の一つであるはずなのである。その意味では、あのラッセル支持団体の懐疑と分裂や、それと全く無関係でない原水協―原水禁の対立、さらには、六一年のラッセル獄中からの核製造拒否の勧告に対し「私は前々からラッセルの合理主義哲学とそのユートピア思想を好まなかつたが、それにしても右の声明に窺《うかが》へる最近の彼の言動は、全く理解に苦しむといふほかはない」と嫌悪の情を表明したり、ラッセル対シドニー・フックの論争について徹底してフックの側（「赤よりは死を」）に軍配を上げたりする福田恆存のような論者［福田 1961: 188–189, 1962: 167–187］が日本にも確かに存在したということなどは、被爆体験やアジア的原理の象徴たる自覚（とくに前者）がそこには完全に喪失され世界的な美的統一には逆流しているとしても、日本の知性が核の恐怖と諸々の情念に圧し殺されてはいないことの一つの証しとなるであろう。

日本は、史上新しいところで、機知の死を二度経験している。まず、明治維新後、江戸泰平の粋なる文化が西洋の脅威に圧殺されたとき。そして第二に、大正の頃までかけて復活した懐疑的理知が「敵」との対決に必要とされた精神主義のため踏み潰されたときである。戦後、日本は自由な理知を復興しつつある。しかるに一方、世界が覆われている核の影は、もっぱら情動的に反応する方を人間的美的に必然でありおそらく価値高くもあるとする暗黙のイデオロギーを強制している。

その状況下で、理知的文化国家の必然として、核時代の象徴としての美的原理にはなまじ服従しえない・完全に熱情的な叫びで一致することのできない日本という国は、もしかすると、熱情に呑まれたドン・キホーテ＝ラッセルとはちょうど反対の意味での道化的存在となっているのかもしれない。それはすなわち、状況下の象徴という重荷を背負っていながら、（平和憲法と自衛隊のジレンマが物語るように）美的要求と理知的生理的要求との剝離のはざまで見失われた統一的センスを模索する、自意識過剰な文化有機体である。先の二つの象徴性に加えてさらに一次元高いこの否定的意味（脱象徴的意味）でも日本は、核時代の世界の想像力を刺激しうる一特異点として、自《おのずか》らラッセルと親しい対応を有しているのだと言えるだろう。

象徴的かつ脱象徴的な日本のこの〈特異点〉性は、ラッセルと日本の関わりそのものの外観に、微かなねじれやへこみとして反映されている。240—241頁で見たように、日本政府は〈ラッセル法廷で有罪判決を受ける〉という脱象徴性（反戦の象徴的地位の剝奪）に甘んじつつ、同時に、起訴された国々の中で唯一、〈裁判官全員一致で有罪とはされず意見が割れた〉という象徴性再付与もまた享受したのだった。これは核時代において日本が有する「揺らいだ象徴性」もしくは「象徴的な揺れ」の、おぼろげながら確かな表われである。その種のメタ象徴性(特異点性)は、探れば〈ラッセル―日本〉関係の中にいくつも見つかることだろう。

ともあれ現実に、近代二度目の〈機知の死〉から恢復した戦後日本は、生きたバートランド・ラッセルと再び出会った。ラッセルに内在した情熱と懐疑の二律背反に正確に照応するかのように、核時代の東の果ての一象徴国日本においても、ラッセルをめぐって美しき熱情的帰依と知的冷却の分裂矛盾が確かに存在した。しかもそれは、御本尊ラッセルが熱情に圧し潰された跡を継ぐように、人間本性に則った理知・熱情の双方をしっかりと保つ形で、しかるべく存在したに違いない。「人間は、努力をする限り、迷うものだ」とは、神がメフィストフェレスに言った言葉である［ゲーテ 1808: 28(317)］。努力とは熱情、迷いとは懐疑の端的な身体表現だろう。日本におけるラッセル評価の矛盾分裂は、核状況の一部ラッセルという文脈を超えて、おそらくは、核状況全体に対する日本の(そして世界の)あり方・ありうべき姿を開示しているのである。

注

序章　美的アプローチ宣言

（1）ウッドは、ラッセルのこのオーストラリア発言について「これは、決して懐疑家が年をとるにつれて立場を緩和してくるというよくある例ではないのである」［Wood 1957: 232］と言っているが、その通りである。
　ただウッドは続けて次のように言う。

「……上の発言に見られる新しい要素は、古風な考えも正しいかもしれないということを彼が強調したところにあった。彼は、新しい道徳は古い道徳よりもよいに決まっているという想定、まずビクトリア朝の進歩に対する信仰に端を発し次いで一九二〇年代の知的前衛分子によって強化されたその想定からついに脱却したのであった」［同前］。

　しかし、ラッセルのこのときの発言は、彼の通時的な人格的特性を示しているのみであって、彼の思想の何らかの変化を証しているとは考えられない。

第1章　日本思想界のラッセル

（2）ラッセルは、上陸するとすぐ賀川豊彦の案内をうけ、神戸製鋼所の労働演説会や葺合《ふきあい》の「貧民窟」を見てまわった。当時の新聞はほぼ連日、何らかの形でラッセルの様子を報道したが、労働運動との関わりを報じる記事はとくに詳しい。ラッセルは東京でも、東京神田青年会館における阪神労働争議報告演説会へ激励の手記を寄せている（『大阪毎日新聞』七月二七日、朝刊）。

（3）ラッセルが『改造』に執筆した論文は左のとおり。
一九二一年一月「愛国心の功過」／二月「露西亜過激派の前途」／三月「現下混沌状態の諸原因」／四月「社会組織良否の分岐点」／八月「工業主義の内面的傾向」／九月「工業主義と私有財産」／一〇月「工業主義と国家主義の相互作用」／一九二二年三月「ワシントン会議と教区等の将来」／四月「支那の国際的地位を論ず」／五月「未開国におけ

る社会主義」／七月「先進国における社会主義」／八月「支那の文明と西洋」／一〇月「相対性理論」／一九二三年二月「機械主義へ対する抗議」／一九二四年九月「道徳的標準と社会的幸福」

最初の年の七編を中心に編集された単行書『愛国心の功過』（改造社）が翌一九二二年二月に発行されている。なお、一九二三年にはイギリスで、いくつか論文がつけ加えられて *The Prospects of Industrial Civilization*［1923］（ドーラ・ブラックと共著）として刊行された。

（4）書誌については、松下彰良『日本バートランド・ラッセル書誌』第三版（一九八四）を参照した。それは現在、松下が管理する「ラッセル研究者及びラッセル・ファンのためのポータルサイト」（一九九六―）https://russell-j.com/index.htmの中の「ラッセル書誌」に発展している。なお、ラッセルが明治大正の日本について六章にもわたって考察した『中国の問題』［1922］（［ラッセル 1970］）が一九七〇年になるまで訳されなかったという事実の意味に注意したい。

（5）『ボルシェビズムの実践と理論』［1920］出版前におけるラッセルの葛藤は、次の文章によく表わされている。
「ボルシェビズムへの反対意見を述べることが、反動勢力に都合のよい行動をすることになるのはもちろんであったし、私の友人の大部分が、ロシアに関しては、賛成意見を持てないならば決して自分の考えを口外してはならぬという見方をしていた。（中略）私は起き出でてバルコニーに坐り、星をじっと見つめていた。私は、熱した党派的感情から離れて冷静に問題を凝視しようと試みた。カシオペア星座と語りあっている自分を想像した。もし私がボルシェビズムについて考えたことを発表するならば、そうしないよりも、星との調和をよく保つことになるように思われた……」［1968: 124］。

（6）もちろんこのことの検証には、イギリスのクリフォード・アレンやチャールズ・トレベリアンによるラッセル評をはじめ、各国の知識人によってなされたラッセル論を膨大な量収集し比較検討しなければならない。その結果がどうであろうとも、大正日本の諸雑誌に載った評論の多彩さは、当時の日本のような地位にあった国においてこそ真に中立的客観的なラッセル評が出現しえたのだという原理的なことに気づかせるほどのものだった、と以下本文でとりあげる実例によって言えるようになるならば有意義だと私は思っている。

（7）ラッセル思想がアナキズムへの傾斜をもつという長谷川の見解は、ラッセルを典型的なアナキストと捉えたノーアム・チョムスキーの洞察［Chomsky 1971］を遥か先に予期したものと言える。しかし、ラッセルにおける自由と統制のパラドクス〔Greenspan 1978〕が見逃されてはならない。

（8）善の裏に悪を見る反逆精神という意味で、ここの長谷川のものと同型対応する典型的な例をラッセル最晩年のアピールに探れば、たとえば次のものがある。

「ベトナムにいるアメリカ占領軍の行動に関して時々報道されているが、これらの記事を読んだ人々の中から大して目立った抗議も起こっていない。なぜか？　それを理解することが必要である。（中略）『ニューヨーク・タイムズ』の記者ジェームズ・レストン氏が、「壁にはりつけたあの黒い皮」という題の論説を書いた。その中で彼は、合衆国大統領がカム・ラン湾でアメリカ軍に対して述べた演説の一節を引用している。すなわち「あの黒い皮を壁にはりつけて本国に帰ってきなさい」。「黒い皮」とはベトナム人をさしている。もともと「黒い皮」とは、アメリカ人が黒人に対して使う言葉である。西側世界で最も尊敬されている新聞が、アウシュビッツ、ダッハウ、ブーヘンバルトで後になって知られたと同じできごとを、禁止もされずためらいもせず報道することができた理由がこの「黒い皮」という言葉で理解できる」（The Western Press and U.S. War Crimes, November, 1966）。

つまりラッセルの言いたいことは、西側報道機関が米軍の残虐行為を比較的よく報道するのは、政府批判の意図からというよりも人種差別の欲望を残虐行為が満足させてくれるからだ、ということである。

（9）〔日本バートランド・ラッセル協会会報：1965〔創刊号〕〕に、長谷川如是閑が年来のラッセルへの親近感を語っている。むろん、二人は完全に似てはいない。笠信太郎「ラッセルと如是閑」（同会報七号）は、ラッセルの行動的姿勢と長谷川の「是の如く閑なり」の態度とを対比させてこれを東西の知恵の相違に帰している。なお長谷川は、ラッセル来日当時、『読売新聞』にラッセル社会思想解説を連載したりなどしながら、ラッセルに会ってはいない。戦後ロンドンに滞在したときにも、日本大使館から勧められながらラッセルを訪問しなかった。「名士は名刺と同様に私には興味がないといってことわった。こういうしだいで、親しみは十分かんじながら、一生会わずじまいになるのではあるまいか」（同会報創刊号）。

（10）ラッセルのこの考えは後年も変わっていない。一九五七年、一市民からの手紙に彼は次のように答えている。

「……第一次大戦でドイツが勝利をおさめたとしたら、その結果はまことに嘆かわしいものだったろうという点で私は全くあなたと同意見です。ところが私が論じたいのはこういうことなんです……ドイツが勝利を得た結果よりも、わがほうが勝利を得た結果の方が嘆かわしかった、と。わが国はあの戦争を軍国主義に反対するための戦争だと言いました。しかし軍国主義は一九一八年以来だんだんと増大してきました。（中略）もっと悪い戦争がその後勃発したのです。ナチスも共産党も、凶暴な第一次大戦に起因しているのです。もし第一次大戦が簡単に済んでいたら、そのどちらもが政権をとることはなかったでしょう」[1969b: 92–93]。

(11) この言い方は、当時福田のしばしば繰り返した得意の言説であった。たとえば、一九一九年五月四日『大阪毎日新聞』主宰講演会「虚偽のデモクラシーから真正のデモクラシーへ」[福田徳三 1920] でも自分とラッセルとを同じように比較している。

(12) 室伏が批判している福田の論文中の次の一節は、強調点こそ反対だが、結局同じ心理――西欧自由主義の衰亡への怒りと変わらぬ信頼――を表現したものではなかろうか。「ラッセルを有する英国は羨む可き哉。然れども此大哲を無法に圧迫して殆ど身を措くに所なからしめ（中略）つゝある英国の似非デモクラシーは憎むに堪へたる哉」[『解放』創刊号: 1919: 39]。

(13) 『改造』一九二一年八月号その他に、改造社編集局編纂になる『文化哲学叢書』の広告があり、それによれば『ラッセルの哲学及社会思想』が土田杏村著で九月に発行ということになっている。しかし上木敏郎『土田杏村著作目録草稿』[上木 1970] の中にはそれらしい書物は見当たらない。第二次大戦前は、ラッセル研究書が一冊をなして刊行されたことはなさそうだ。なお、上木の前掲書によると土田が総合雑誌に発表したラッセル関係論文のたぐいは一九一八―一九二四年に一一編を数えるが、総合雑誌に発表された数では彼が一番多いと思われる。

(14) みやこホテルでは七月二一日午後五時から、帝国ホテルでは二六日午前一一時から、ともに改造社主催により会合が行われた。出席者は京都二六名、東京二十数名と言われる。新聞その他から能うかぎり顔ぶれを再構成してみると、次のようになる。

京都――厨川白村《くりやがわはくそん》、桑木彧雄、田辺元、西田幾多郎、土田杏村、西内博士（と数学論）、Dr. Araki、あと不明。

東京――桑木厳翼、姉崎正治、福田徳三、上田貞次郎、和辻哲郎、小泉信三、与謝野鉄幹、与謝野晶子、阿部秀助、堺利彦父子、大杉栄、仁井田、馬場、鈴木文治、吉江孤雁《こがん》、石川三四郎、杉村楚人冠《そじんかん》、

□七月二十六日 ラッセル氏の入京 哲人ラッセル氏は帝國ホテルに入り學者思想家と會見した中央ラッセル左與謝野晶子

(15) 新居格《にいいたる》、山川均夫妻、北沢新次郎。

「鋭角」とは、ラッセルの顔の印象である。「顎も鼻も尖つた三角形で如何にも神経質らしいが、太い直線の眉は英国紳士の毅然たる風格を偲ばせるものがある」〔桑木巖翼 1921: 102〕。当時のラッセル評に、概してラッセルの顔への注視が目立つのは面白い〔大杉 1921: 100〕〔杉森 1920a: 8〕〔山本 1934: 196〕。

(16) そのいきさつについては、改造社代表として北京に行きラッセルと交渉した『改造』編集長・横関愛造の「日本に来たラッセル卿」〔日本バートランド・ラッセル協会会報 1965（第2号）〕を参照。

(17) ラッセルは、本国にいる妻アリスとの間で離婚訴訟をすすめており、彼の死亡の報によってもう少しで訴訟が中止になるところだった。しかし彼は、一方では次のようなことをも書いている。

「……その誤報は私に、自分の死亡記事を読む楽しみを与えてくれた。(中略)キリスト教の一伝道新聞が、私の死亡記事に対する次の一文を載せていた——「宣教師団は、バートランド・ラッセル氏の死去の報に接して、安堵の胸をなでおろしてもいいだろう」。結局私が死んでいないことがわかった時は、彼らはさぞかし異なったため息をついたに違いない」〔1968: 132〕。

またラッセルは、すでに一九一六年に、G・ローウェス・ディキンソンへの手紙に次のように書いている。(その年ラッセルは反戦活動ゆえにケンブリッジの教職を追われた。それについての記事に対して)「これを読むと、なんだか、自分自身の死亡記事を読むような感じになります。それは僕が常々してみたいと願っていたことなんです」〔1968: 70〕。

この願いは四年後に実現され彼は大いに楽しみを味わったわけだが、それでもまだ足りぬとばかり彼は、一九三六年八月一二日の『リスナー』誌に、自分の死亡記事(Auto-Obituary)を戯れに寄せている。

(18) この「追悼文」が載る前にラッセル死亡の誤りが判明したので、その文は現存しない。桑木は、『東京朝日新聞』三月二七日の「ラッセル氏遂に絶望」の記事に、「なに、ラッセルが絶望だと？ それは驚きましたね」云々の談話を寄せている。

第2章 人間ラッセル対極東

(19) これはラッセルではなくドーラ・ブラックが書いたもののようである。またラッセル自伝にはタイプで打ったと書いてあるが、本文に掲載したように、肉筆の紙片の写真が報道されている(『大阪毎日新聞』一九二一年七月一八日朝刊、七面)。

(20) すでに前年の一二月、山本実彦からの手紙の余白に、ラッセルは「いかさまは国際的である(Humbug is international)」と記している［1968: 140］。山本の手紙は、ラッセルの寄稿論文の一部削除を政府に命じられ『改造』はそれに従わねばならない旨をラッセルに陳謝し、日本人のラッセルへの崇敬がいかほどかを半ば誇張して述べて糊塗した(と受け取られた)ものである。

(21) この写真とは正確にどれを指すかは不明だが、『読売新聞』七月二五日五面に、それに相当しそうな写真がある(ステッキを振り上げてはいないが顔つきは穏やかでない)。ただし、この写真のついた記事そのものの中には、肝心のハプニングについて一言も触れていない(他の新聞にも、それを報道したものは一つもない)。

(22) はじめラッセルは「羅塞爾」と表記され、のち「羅素」に統一された。バートランドは「百船」と表記された［新島 1970: 296］。

(23) 確かに、ラッセルの北京講演の内容のいくつか重要な部分は、胡適などの全面的西洋化を目指した動きへ根本的反省を迫ったといえる。たとえば、相対性理論の適用の仕方を説いて、進歩は観察者の動きに相対的であり絶対でないことを示したこと。また、西欧の伝統的世界観を支えた心身二元論を批判し「中立一元論」を提示したこと(これらは後に［1927］にまとめられる)。

　しかし、基本的に言って、ラッセルの構想は、中国の生存のために西欧の科学主義を採り入れいかにそれを伝統文化と調和させるか、ボルシェビズムに依らず・軍国化せず・いかにして繁栄に至るか——西欧原理による西欧的危機の乗り越えという「社会改造の原理」を、非西洋にも適用する一つの情熱的実験であった。『中国の問題』［1922］第14、15章参照。

(24) ラッセルの退院と同時に、自分が妊娠初期であることに気がついたという劇的な喜びをドーラは記している。「バーティが死に向かって戦っていた時、私の身体には彼の世継ぎが息吹いていたのです」［Russell, Dora 1975: 141］。

(25) ラッセルは、『幸福の獲得』［1930］第13章、『結婚と道徳』［1929］第17章などで、出生率において白人が有色人種に圧倒されることの危機の意識を表明している。また、人種意識ということでは、『結婚と道徳』p. 209に、黄人が白人に劣ると見なす根拠は定かでないが黒人は明らかに劣等人種である、という趣旨の記述がある。ここは一九六三年のペーパーバック版三刷以降では(黙って)修正されているが、変更が部分のみにとどまっているため、前後と辻褄の合わない文章になってしまっている(Unwin版ではp. 171)。
(26)『中国の問題』においてラッセルは、日本を世界平和への危険勢力と見做して終始批判的であるが、ワシントン会議をはじめとする日米の衝突については、ラッセルは「表面上経済的な闘争」の底に「黄色人種も白色人種と平等であることを立証しようとする」日本の努力を見、「経済的・外交的闘争の底流をなす一層深い問題に関して、私の感情はアメリカ人より日本人に味方する」、「正義と人道は日本人の側にある」と述べている[1922: 173]。
(27)読売新聞のベタ記事に「ラッセル氏」と題する次のようなものがある。

「ラツセル氏は往年タゴール氏の迎へられたやうに迎へられた。タゴール氏は今、日本を忘れ日本に忘れられてゐる。ラツセル氏も又タゴール氏のやうに日本を忘れ日本に忘れられたやうにならぬとは誰が保證し得やう。

神戸はタゴール氏に日本の幻滅を味はせた。此日本の最大貿易港は、その喧噪と粗野と物質的文明とを以て詩人を悩ましめるに餘りあつた。その神戸はラツセル氏を迎へるに、青服の労働者とその指導者とを以てした。灼熱の労働争議を以てした。タゴール氏は神戸大阪を逃れて初めて、日本らしき日本を見たと感じた。ラツセル氏は神戸大阪を離れて何を見何を感ずるか。

日本人は、外人さへ見れば親日化しようと努める。日本をありのまゝに見せてありのまゝに評価させようとはしない。吾人は、日本を憎むものを迎へたい。日本を完膚なく罵るものを迎へたい。吾人の要するは薄つぺらな、物欲しさうな親日外人でない、心から底から日本を憎み日本人を憎む外人である。願はくはラツセル氏を親日化する勿れ。それは日本の損失である。尤も御註文にも及ぶまいが。」

前にも見た魯迅の言葉との類似に注意。しかしこれは古い日本についてではなく、工業化した日本について言っている。だが、ラッセルが日本を「憎」んだとしても、それは彼が日本を「ありのままに」見たからとは必ずしも言えないだろう。
(28)講演要旨は七月二九―三一日の各紙に掲載、また全体が『愛国心の功過』[1922]に収録された。なお、臨席の警官から「弁士注意」「弁士中止」の声がかからなかったのは、監督官庁たる内務省警保局の宇野慎二検閲係長が英国ギルドソシアリズムに傾倒していたせいもあったと言われる[横関1965: 7–8]。

第3章　機知と怒り・素描

(29)これはもちろん、「二人のラッセル」説の素朴な形態である。

社会思想家ラッセルと論理哲学者ラッセルとの間には何ら必然的関連はないという「二人のラッセル Two Bertrand Russells」説は、W・デュラント、J・ルイス、E・C・リンデマン、V・J・マックギル、M・コーンフォース、P・マーティンら多くの人によって唱えられたが、その殆どは土田のような感嘆ではなく、論難である。ラッセル自身は、たとえばリンデマンのこの主の批判に対して「わが意を得ている」と言っている［Schipp 1944: 727］。

（30）正確には、ラッセルの「回心」は、これが二度目である。一度目の回心は、一九〇一年、ホワイトヘッド夫人の心臓発作の苦しみを見て「大地が脚下で崩れ去るような」感覚とともに訪れたもので、「人間の魂の孤独」「愛と美への神秘的感情」「逃走の忌避」を一挙に自覚したと述べている［1967b: 146］。この経験の翌年に書いたのが、ラッセルにあって例外的な美文調の散文「自由人の信仰」である。その冒頭で、メフィストフェレスが書斎のファウスト博士に宇宙の無意味さを説くという戯曲的手法が使われた。

（31）政府へのラッセルの憎しみは、この第一次大戦時と核時代において爆発する間の時期にも潜在的に持続し、しばしば奇妙な形で具体化された。たとえば、自分の子どもたちと一緒にやった「政府のための毒薬」遊び［Tait 1975: 18–20］。

（32）この話は、［1968: 34］にもほぼ同じ言い回しで載っている。ラッセル自叙伝には、他にも重複や説明不足、構成上の無造作が目立つ。たとえば、第一、二巻で頻繁に登場する文通相手のルシイ・マーチン・ドネリイ（ラッセルの第一、第四の夫人が在籍していたブリンマー女子大の教授）は第三巻第二章に至って初めて身元が紹介される。また、手紙その他の収録が全頁の大半を占め、地の文にも書き下ろしの部分はほとんどない（本文で次に挙げる「アグノスチック」のエピソードも、すでに『自伝的回想（記憶の中の肖像）』［1956］で発表されたものそのままである）。ラッセルにとっての自伝執筆は、内的衝動や芸術的欲求からのものではなく、死の直前、世界的名士としての責任を果たすといった動機が主だったことを窺わせる。

（33）ラッセルは一九〇〇年前後の自分の状態を「知的陶酔（intellectual intoxication）」と述べている［1967b: 145］。だが同時に、『プリンキピア・マテマティカ』執筆の難航は、自殺の衝動を生ずるほどの「不幸」にしばしば彼を陥れた［1967b: 152］。しかしそれは純粋に仕事の厳しさを示すのみであって、情熱と懐疑の背反に由る不幸ではない。

（34）友愛結婚――いわゆる「試験結婚（trial marriage）」の一具体案。大学生など若い人を対象に考えられたもので、その内容は、①しばらくの間子どもを生まないようにする。

②その間お互いの同意によって離婚可能とし、その際妻は慰謝料を請求しない。当然、避妊の知識が重要となる。ラッセルはこれに全面賛成である（リンゼー判事〔Judge Lindsey――一八六九―一九四三、アメリカの法学者、デンバーの少年裁判所判事、カリフォルニア州最高裁判所判事〕）。

（35）［Tait 1975: 45］。なお、表1の四つの動因をそれぞれ、1A＝冷たい論理、1B＝涼しいシニシズム、2A＝温かいヒューマニズム、2B＝熱い情念、として、これらが同心円をなす構造を考えることもできると思われる（冷・熱どちらが核でどちらが周縁をなすかはどのラッセルに注目するかによって変わってこよう）。

（36）「周辺的機知」というのをつけ加えたのは、図式の単純化のためラッセル晩年のウィットは全て情熱に従属していたかの印象を与える危険への防波堤である。ビキニ以後にも、贅沢な諧謔はあった［1960］。それらは概してトリビアルで、ラッセルの生の中枢に合流することもなければ彼に救いをもたらすほどのものでもなかったが、例外もある。たとえば一九五〇年代後半の次のエピソード。

「私の放送に対する反応は、私の知る限りほとんど全部が真剣で、私を勇気づけてくれた。しかしいくつかの演説会では、滑稽なやりとりの一幕もあった。そのうちの一つで、時々思い出しては一人興じていることがある。一人の男が烈火のごとく怒って立ち上がり、私のことを猿のようだと言ったのだ。それに対して私は答えた、『それならあなたは幸いにも、自分の先祖《アンセスターズ》の声を聞けるというものでしょう』と」［1969a: 73］。

軽妙なウィットが、図らずも、地球的宇宙的視野の（ここでは進化論的な形をとっている）世界観という、ラッセル中枢の動因と見事に結びつきえた一例で、その後のラッセルのいくばくかの余裕を支えた力となったことが察せられる。

第4章　背徳としての論理

（37）小説集刊行は一九五三―五四年だが、執筆自体は一九五〇年から少しずつ行なわれた。なお、ラッセルはすでに『プリンキピア』完成の一九一二年、「ジョン・フォースティスの困惑」［1912b］という小説を一編ものしていた。これは彼の死後一九七二年に『ラッセル小説集』［1972a］に収められるまで未発表であった。

（38）右掲［1972a］に、彼の小説のほか、さまざまな戯文、格言、単語遊び、子どものために作った小話、ラッセル自身の夢の記録などが収録されている。

(39) W(知恵)を注36のエピソードと比べよ。あの話が秘めていた実のところ複雑な意味が明瞭になってくる。

(40) この文にあげた二つのジレンマのうち第一のものは、前章で述べた「情熱と懐疑の融合的接点が諷刺」であるという(内容的・意味論的)定義に見る諷刺の構造の背後に、情熱—懐疑のジレンマという語用論的事情が潜んでいようことの注意である。「生きた機知」のこの二様の存在性は、前章表2で確認されよう。なお、前章では〈背徳としての論理〉を「挑戦する情熱であるところの背徳としての懐疑的論理」と説明したが(79頁)、ジレンマの方は「背徳でもありうると疑いつつ正しいはずと独断的に提示される論理」を示すのであって、情熱—懐疑と背徳—論理の対応を全く逆にして捉えることも可能であることがわかる。

(41) もちろん、ラッセルは、『教育と社会秩序』［1932］のすぐ次に続く部分でこう述べてはいる。「この命題が正しいような国はどの国かについて、各国が意見に一致をみることはありえないのだから、他国を犠牲にしてまで一国の美点を強調する習慣は放棄する方がむしろよかろう」［1932: 140］。

なお、「知識」と「真なる信念」との関係については、［1948: 170–171］を参照。

第5章　水爆愛、そして懐疑の終焉

(42) Nineteenth Century and After, vol. 145 (Jan. 1949)［Clark, R. W. 1975: 525］この演説でラッセルは次の三つの選択肢を提示した。一、対ソ戦——ソ連が原爆を保有する前に、短期確実に西側の勝利で終わる。二、対ソ戦——ソ連の原爆保有後で、大量死と破壊と苦難を伴う。三、ソ連への屈服。

最後の選択肢は全くありえないとしてラッセルは除外し、残り二つのいずれを選ぶべきかは自明であるとした。

(43) アメリカ講演の内容は、その直前のオーストラリア講演とほぼ同一である。続けてラッセルは書いている。

「コロンビア大学での最後の講義の末尾で私の言った一句が物議をかもしてしまった。私はこう言ったのである、『世界が必要としているものは、愛、キリストの愛、すなわち惻隠の情である』。私が「キリストの」という言葉を使ったことで、自由思想家たちからは正統的通説に従ったといってそれを遺憾とする手紙が殺到したし、キリスト教徒の側からは彼らの教会に歓迎するという手紙が殺到した」［1969a: 30］。

序章冒頭を参照。人々が「愛」ではなく「キリストの」の方に注意を惹かれていることを確認されたい。

(44)「バートランド・ラッセルに対するノーベル文学賞授与の選考経過」は言う。
「スウェーデン・アカデミーは(中略)一九五〇年度の賞をこの年はじめて推薦されたこの一アウトサイダー、バートランド・ラッセル卿に授与すべく方向転換した。(中略)われわれはハーバード・スペンサーが、とくにアルフレッド・ノーベルによって高く評価されていたことを知っている。ノーベルは、スペンサーがその候補者、しかも非常に注目された候補者であった第一回のノーベル文学賞を授与されたとしたら、どんなに喜んだことであったろう。(中略)ラッセルならびにスペンサーが代表する、そして賞の贈与者ノーベルも同様その一員であった思想界に、遅きにすぎ、また慎重にすぎたともいうべき敬意を表することにより、ノーベル財団の五〇年祭を記念して(中略)スウェーデン・アカデミーは、的確にバートランド・ラッセルに栄光を与えることによって、アルフレッド・ノーベル自身に栄光を与えると信じたのである」[ストレムベリイ 1970: 6–8. 一部変更]。

(45)この文につづいてフロイトは、「しかも、戦争の美的価値の下落ということが、その残虐さにさほど劣らぬほど、私達の戦争拒否にあずかって力があるように思われるのであります」と言う。美的価値ということには、第9章で触れる。

(46)そこには、ラッセルの矛盾した言が渾然一体となっている。「不安定な平和であっても、戦争よりはよいということを確信せねばならない」「西側の再軍備が戦争を起こりにくくする」「(原爆はよいものか悪いものか?・)原爆が世界政府樹立へと人々を闘わせるならば、よいものだ。そうでないなら、それは悪い」「世界大戦は何もかもの終わりである、とは考えないようにしなければならない」「六―四で戦争の起こる可能性の方が高い」「アメリカが好戦的ならイギリスは引き留めねばならない」

(47)[Martin 1968: 193–196] なおラッセルは、[1969a: 18] で、自分がかつて対ソ戦を主唱したことを一時うっかり忘れていたと書いているが、それはいかにも言い訳めいている。

(48)シドニー・フックとラッセルとの公開討論は、アメリカの『ニュー・リーダー』誌一九五八年と六〇年に掲載された。五八年に行なわれた分は、全文が[Hook 1959: 421–445]に再録されている。フックら西側自由主義者からは、ラッセル最晩年に至るまで激しい非難攻撃が浴びせられた。英国タカ派の知識人バーナード・レビンは、「ラッセル法廷」にちなんで次のように書いている。
「現代、あるいは全時代において最も優れた鋭い精神の持ち主が、一体どうして、騙されやすい・ひねくれた論理に惑わされる・分別のつかぬ・おまけに米国に遺恨を持つような心理状態に陥ち込んでしまったのか。一体どうして彼は、ソ連の政府機関が生み出す政治的所産のクズ集めをする御用商人になり下がってしまったのか」（一九六七年二月一九日『ニューヨーク・タイムズ』日曜特集版）。

(49)「バートランド・ラッセル平和財団」のスポンサーの中に、エチオピアの封建的独裁者ハイレ・セラシエの名が入っていることについて疑問を呈す書簡が一市民から寄せられたのに対し、ラッセルはこう答えている。
「あなたも御存知の通り、われわれが直面している最も緊急な問題は、核戦争を防止することです。（中略）平和のために役立ちたいと思う全ての人の支持をわれわれは歓迎します。平和か戦争かの問題は、われわれの他の全ての問題を超越しています」［1969b: 82］。

(50)アブラハムじいさんの歌とは、ラッセルが一六歳のとき、速成塾《クラマー》で年長の同級生に苛められ、机の上にのせた椅子に座らされて、そのまわりで級友たちがいつも歌った歌［1967b: 42–43］と同じものである。ラッセルはこの後、五歳そこそこの子を含めて孫たちに煙草を吸わせてやったりする［Tait 1975: 194］。

(51)A・J・エイヤーは、ラッセルの政治的信念を一つの失敗と見なし、次のように言う。
「ラッセルがゆきづまりにぶつかったのは、私の見るところでは、地球的な規模の核戦争が起こる可能性を過大評価し、これに応じて、力の均衡を重んずる古い考え方の長所を過小評価したからである」［Ayer 1972: 149］。

しかし、ラッセルにとっては核戦争発生の可能性の大小は実のところ関係なく（実際彼の著述のうちに彼が通常の人より核戦争の可能性を大きく見ていたとする証拠は発見できない）、確率ゼロでないという単にその事実が重大であったように思われる。

(52)五原理は、『人間の知識』第九章に要約されている。たとえば、第一の原理「準恒存の原理」（The Postulate of Quasi-Permanence）は、次のように述べられる。
「任意の事象Aが与えられるならば、それに近接する任意の時刻において、それに近接する或る場所にAときわめて類似した一事象が存在するということが、非常にしばしば起こる」［ラッセル 1948a: 506］。

第六部第一〇章（最終章）は、「経験論の限界」（The Limits of Empiricism）と題されている。

(53)『社会改造の諸原理』で展開された、所有衝動―創造衝動の区別に酷似していることに注意。両立する欲望を最大にするという主張は、結局、独立した原子としての個人を尊重する自由主義だが、これは、互いに独立な論理的原子から世界を構成せんとするラッセルの理論哲学と協和していることは確かだと思われる。このことについては［Lewis

1968: 82〕を参照。

第6章　ドン・キホーテ、立つ

(54) フルシチョフ、ケネディ、カストロ、ウ・タントに計一二通の電報が打たれた。キューバ危機と中印紛争における各国首脳とのラッセルの往復通信は『武器なき勝利』〔1963〕に集載されている。

(55) 〔ラッセル 1962: 63–64〕には、ソ連船舶引き返しの後の処置に関して、ラッセルのフルシチョフへの打電（一〇月二八日夜半）が即日フルシチョフの決定に結びついた（かのような）経過が劇的に表現されている。

(56) 国際法廷を構成するメンバーは次のとおり〔ベトナムにおける戦争犯罪調査日本委員会編 1967: 15〕。

名誉会長　バートランド・ラッセル Earl Bertrand Russell（イギリス）――哲学者

執行会長　ジャン=ポール・サルトル Jean-Paul Sartre（フランス）――哲学者、作家

法廷メンバー

ジャン=ポール・サルトル

ウラジミール・デディエ Vladimir Dedjer（ユーゴスラヴィア）―第二次世界大戦中のパルチザン陸軍中佐

メーメット・アイバール Mehmet Ali Aybar（トルコ）――国際法学者

レリオ・バッソー Lelio Basso（イタリア）――ローマ大学教授、国際法の権威、弁護士

シモーヌ・ド・ボーヴォワール Simone de Beauvoir（フランス）――作家、哲学者

ローレンス・デイリー Lawrence Daly（イギリス）――労働運動指導者、政治家

デーヴ・デリンジャーDave Dellinger（アメリカ）――平和運動家、ジャーナリスト

アイザック・ドイッチャー Isaac Deutscher（イギリス）――ジャーナリスト、歴史家

アマド・ヘルナンデス Amado Hernandes（フィリピン）――桂冠詩人、フィリピン民主労働党議長

メルバ・フェルナンデス Merba Fernandes（キューバ）――キューバ革命の指導者

マームッド・カスリ Mahmud Ali Kasuri（パキスタン）――法律家、弁護士、パンジャブ、ボンベイおよびロンドン大学で法律を学んだ

カール・オグレスビー Carl Oglesby（アメリカ）――アメリカの平和活動家、元ＳＤＳ会長

ペーター・ヴァイス Peter Weiss（スウェーデン）――劇作家

ローラン・シュワルツ Lawrent Schwartz（フランス）――パリ大学数学教授
コープランド・コックス Copeland Cox（アメリカ）――黒人解放運動指導者
森川金寿（日本）――昭和一一年弁護士となっていらいつねに反体制の側に立って国家権力の国民への不当な圧迫と闘ってきた
ギュンター・アンデルス Gunther Anders（オーストリア）――一九三三年ナチ政府を逃れてフランス、アメリカに亡命
ウォルフガンク・アーベントロート Wolfgang Abendroth（西ドイツ）――法律学者

国際法廷の日程については、［ベトナムにおける戦争犯罪調査日本委員会編 1967: 16–17］、［ベトナムにおける戦争犯罪調査日本委員会編 1968: 11–14］を参照。

(57) ラルフ・シェーンマン(Ralph Schoenman)は、現在はイスラエル批判の著書『シオニズムの隠された歴史』(1988)で知られる。プリンストン大学出のユダヤ系アメリカ人で、ラッセルの著作の熱狂的な読者だった。一九六〇年七月に初めてラッセルを訪ね(そのとき二四歳)、頭脳の冴えを認められてたちまち夫妻の愛顧を得る。百人委員会を解散して全世界的規模のラッセル平和財団なるものをつくるようラッセルを説得したのは彼であり、ラッセルの側近かつ財団の中心人物として活躍、ラッセルの推薦状・斡旋・書簡によって精力的に各国首脳部と会い、ラッセルの名のもとに独自の活動を行なう。ラッセル以外の財団メンバーはシェーンマンのやり方に批判的であり、「ラッセル法廷」でも彼はサルトルらと対立し、巷では「母国アメリカを憎悪することに情熱を傾ける男」「悪意にみちたあやつり人形師」「過激派」などと表された(*Ramparts*, May, 1967)。

ラッセル自叙伝は最後までシェーンマンの働きへの讃辞と謝辞で貫かれている。が、死の二ヵ月前に書いた私的文書［Clark, R. W. 1975: 640–651］においてラッセルは、自分の名で世界数十カ国のラッセル財団支部へ向けて出されていた連絡の大半が「ラルフが自分の承諾をへないで行なった」恣意的指示にすぎなかったとし、彼との絶縁を宣言した(のちシェーンマンはラッセル平和財団を追放される)。シェーンマンは、最晩年のラッセルを不名誉な極左行動に走らせた元凶と評されているが、重要なことは彼が単なる「悪意あるあやつり人形師」だったのではなく、心からラッセルを尊敬崇拝していたということである([Schoenman 1967］参照)。ドン・キホーテとサンチョ・パンサの関係にもまさる、現代的にして興味深い関係をラッセル―シェーンマンに見出すことができる。

(58) 帽子屋へのなぞらえは、ラッセル晩年になるまで続けられた。図は、『ザ・レポーター』誌一九六七年一月号。

一方ラッセルをドン・キホーテと見立てたマンガが見当たらないのは不思議である。

なおラッセルは、自分の娘の小さいとき、彼女を相手によく「アリス苛め」を行なった(あたかも外界から受ける彼自身の困惑を家庭内で紛らすかのように)。キャサリン・テートは、父親がしばしば仕掛けたマッド・ティーパーティー流の悪ふざけが、彼女の心にいかに破壊的・永続的な刻印を残したかを、恨みを込めて叙述している［Tait 1975: 28–30, 175］。

(59) アメリカからの干渉については、［岩松 1968: 295–296］を参照。ジョンソン米大統領と、法廷開催国スウェーデンの首相エルランデルとの通信については、たとえば『朝日新聞』一九六七年五月三、八、九、一〇日などを参照。コスイギンの反応については、『タイムズ』六六年八月一八日などを参照。

(60) ラッセルがソクラテスにたとえられるのは、通常、一九四〇年のニューヨークでのB・ラッセル事件の場合である。本文74—75頁参照。ただ、あの場合も一八年と同じく、ラッセルは抗戦した。

(61) ラッセル出獄後、一二月九日に英国全土の核基地と米軍基地への五万人の坐り込みデモが行なわれたが、それについてラッセルはこう書いている。

「私は、参加することはできなかったとはいえそのデモを激励していたのであるから、有罪を宣告された人々と同じ罪があると切に思った。そしてやっと法廷で証言することを許されたとき、その旨を陳述した。他にも同様に感じた人がたくさんいた。そこで私たちは裁判の後で、私たちが有罪であることを申し立てるためにキャノン・ストリート警察署に大勢で押しかけた。予期していたように、私たちの申し立ては、丁寧にうけつけられはしたけれどもそれ以上何らの注意も払われなかった」［1969a: 121］。

この後ただちに百人委員会はトラファルガー広場で集会を開き、ラッセルは吹雪をついて演説をした。

(62) 〈背徳としての論理〉にすでにさかしま性があったことに注意。ただあれは意図的・意味論的なさかしまであり、こちらは立場となすこととの間の非意図的・語用論的さかしまということになろう。第4節でこのことを整理して考察する。

(63) *Time, The Weekly Fiction Magazine* ［Feinberg & Kasrils 1983: 295］なお『タイム』同号の表紙には、ラッセルを帽子屋および白兎の喇叭吹き(J・テニエル画)に見立てた漫画が誂えられている。

(64) ここでは、前章で見た教師(121頁)やキャサリンの小市民的困惑とは正反対の(やはり市民的)心理が強調されうるだろう。矛盾を孕んだ道化的市民空間。

(65) J・L・オースティン他の「言語行為論」を待たずとも、ラッセル自身の情緒主義説からこれは帰結する。129頁に引用のラッセル『宗教と科学』[1935]の一節を参照。

(66) ①黄金時代=ビクトリア時代、これに対しもちろん、鉄の時代=二〇世紀、と対応する。ただ、ビクトリア時代の何もかもがラッセルの理想だったのではない(むしろ『結婚と道徳』などでは、ビクトリア朝的偽善を打破せんとした)。かの時代がラッセルにとって理想だったのは、その現実態ゆえではなく、可能態ゆえであった([1956: 45, 55] 参照)。
②騎士=哲学者、『ドン・キホーテ』続編第一章のドン・キホーテの言葉、「いま見られる武人の多くは(中略)価高き織物の衣ずれの音をさせるだけでな、(中略)遍歴の騎士がなせしごとく、足をあぶみから離さず、槍にもたれたまゝ、いわゆる睡魔を追いはらうにのみ努める(中略)そのような大丈夫はもはや一人も居りませぬて」[セルバンテス 1615a: 69–70]と、ラッセルが現代オクスフォード哲学について述べた攻撃的エッセイ『通常の語法』礼讃」[1956: 154–159]とを比べよ。
⑤霊水=経験主義論理、われわれは前に、(死んだ)機知を槍や鎧兜に見立てたが、こちらの対はもっと超自然的・根源的である。『ドン・キホーテ』正編第一七章で、受難して傷を負ったドン・キホーテが(材料を手当たりしだいに混ぜ合わせたひとりぎめの)「フィエラブラスの霊薬」を作って試したところ見事に身体が回復する。サンチョはそれを見てやはり傷だらけの身体を癒そうとその霊水を飲むが、主人とは逆に七転八倒の苦しみを味わう。「そのさまを見たので、ドン・キホーテがいった。『わしはな、サンチョ、おまえのその苦しみがすべて帯甲の騎士でないところから来たと思えるて。この霊水は、騎士ならぬ者の役に立たぬらしいこと、思い当たるふしがあるのじゃ』」[セルバンテス 1605b: 38]。
同様に、一般人にとって、ラッセル流の論理分析の哲学は、苦すぎる霊水である。サンチョおよび世界の平和運動家にとって幸いなことに、サンチョ苦悶のエピソードの後、『ドン・キホーテ』の物語に霊水は二度と現われず、ラッセルが大衆に向かって専門的哲学を説くことは、平和運動に関する限り、不要であった。
⑥幻術師=政府首脳、『ドン・キホーテ』正編第二五章「幻術師は物を好きなように変え、また、われ〳〵を助けたいか邪魔したいかにしたがって変える」[セルバンテス

1605b: 171]、あるいは正編第五二章「それがしはな、よこしまな幻術師の力がいかに強くとも、心たゞしい別の幻術師がこれを破りえぬほどではないことを、われらの主なる神に期待するものでな」[セルバンテス 1605c: 318]。

同様に、ラッセルにとっても、彼の理想を妨害する政治家と助ける政治家とが存在した。キューバ危機下、ケネディに対する「慢性精神錯乱症」「武装した狂人」という評言[1963: 63]と、フルシチョフに対する「世界の権力者中ただひとり正気の頭脳の持ち主」[1963: 9]、「彼の健全さと度量の広さ(中略)をいくら賞揚しても十分賞讃しきれない」[1963: 65]という賛辞とを比べよ。

第7章 啓発された利己心・聖なる利己心

(67) 祝祭にふさわしい異形のもの=道化としての子ども。子どもが応じたことによって、ラッセルは道化として真に世界に溶け込むことができた。老人が応ずるならばこの融合効果はさらに著しい。一九六一年のトラファルガー広場での坐り込みデモについて、ラッセルは、一人の病気の老人が(死のすこし前に)参加してくれたことを感動と賞賛をもって書き記している[1969a: 118]。

第8章 ファウストとしてのラッセル

(68) 八〇歳の誕生日にラッセルは、自分の人生の「内的失敗」として次のように述べている。

「私は、プラトン的な永遠の世界への多少とも宗教的な信仰から出発したが、そこでは数学が神曲天国篇の最後の歌におけるような美をもって輝いていた。だが永遠の世界など問題にならず、数学は単に同じことを違った言葉で言う技術にすぎないという結論に到達した」[1956: 56]。

(69) ラッセル自身の幻滅と虚脱感をメタフォリカルに表現していると思われるのが、一九一二年に書いた小説『ジョン・フォースティスの困惑』[1972a: 17–43]の中で主人公の物理学者が人生の意味を求めて彷徨する姿である。

(70) 注意しておいた方がよいと思うが、ここのアイディアは、第6章第3節、147頁のあたりで述べたことの逆——ヒューマニズムに従属するかそれを従属させるかという点で——を、しかし実際上・外見上は同一たることを述べたことになる。

(71) 第1章22頁に引用した伊井敬の言、とくに「彼は共産化された露西亜を探つて来たと云ふよりも寧彼自身の発見をして来たのである」を思い出されたい。これをそのまま読めばラッセルのファウスト性、「人にそう発見させた」と読めばドン・キホーテ性を洞察予知した言ということになる。あの言い方自体、続く伊井の文が示すように実はアイロニーであって、ラッセルが発見したのではなく（ラッセルはあくまでロシアについて発見をなしたと信じている）、他者が（伊井が）ラッセルの正体を発見したということを敢えて反転させてあのように表現したのであった。このたった一行の皮肉において、当時の日本がすでにラッセルの言動の二様の自己反射性をともに看破していた（むろん半無意識に）ことが確かに示されている。

(72) 中国・日本から帰国した直後のラッセルの印象を、ビアトリス・ウェッブは「メフィストフェレス的ウィットに富む堕天使」と書き記している［Wood 1957: 143］。

(73) アルフレート・ペーター・フリードリヒ・フォン・ティルピッツ（Alfred Peter Friedrich von Tirpitz（1849–1930）——ドイツ海軍の建設者、第一次大戦中ドイツ大洋艦隊の積極的行使と無制限潜水艦作戦開始を主張した。

(74) ドン・キホーテに言及した記述であれば、ラッセルは、祖父ジョン・ラッセル卿を回想した文の中でこう書いている。「公の生活では彼はしばしば冷酷さを非難されたが、家庭ではこの上なく温かく、愛情に富み、親切だった。彼は子ども好きで、私に音をたてるなとか、その他老人が子どもに言いがちな威圧的なことを言ったのを一度も覚えていない。（中略）原文のドン・キホーテを読みながら、椅子の中でよく身体をゆすって笑っていた」［1956: 110–111］。

　現実政治で力を揮った元宰相は、栄えある政治貴族の家系のわずか二代後、目の前の小さな孫が、歴代一族中最も有名な人物となりながら、政治に関しては一種のドン・キホーテとなりそれきりラッセル家の政治力は跡を断つ、ということを夢想だにしなかったに違いない。

(75) ③神＝人類社会、人間の理性を信じたラッセル。賢明な人類社会のシステムが滅亡を回避する——神の恩寵が結局メフィストフェレスの企てを成功させなかったように（次章末尾と関連）。

④⑤メフィストフェレス＝戦争、地獄＝核戦争（メフィストフェレスはむしろ核戦略になぞらえられるか）、悪魔とともに享楽しているうちに破滅に老い込まれ（う）る。ラッセル生前は地獄を見ずにすんだ。しかし、彼は〈聖なる利己心〉で世界と一体化しているから、いつ何どき起こるやもしれぬ核戦争は、ファウストが地獄を味わうように、故ラッセルが自ら地上で味わうことができる。

⑥ファウストは「憂愁」に息をかけられて盲目となる。ラッセルはビキニショックによって機知の死を被る。二人とも、真の人類への奉仕はそこから始まる。

⑦賭の言葉＝世界政府樹立、真にラッセルが満足するとき。『ファウスト』を読んでわれわれが一抹の不満を覚えるのは、ファウストが世界政府樹立に匹敵する画期的な何事かを為し遂げずして賭の言葉を発することにある。ツルゲーネフ「ファウスト論」中、「老年のゲーテがこの悲劇のために工夫した寓意的な、冷たい、こじつけの解決」［ツルゲーネフ 1859: 67］、「彼（ゲーテ）の工夫した「和解」は何と貧しく、平凡なものであろう！」［1859: 85］という感想は、さしあたりファウストの和解的救済のことを言っているが、賭の言葉（の必然性の欠如）の方に真の原因があるだろう。

なお、ラッセルとファウストの奇しき類比を確認する意味で最後にもう一つ、女性について。第一次大戦前後から現れた女性たちをグレートヒェン、ヘーレナになぞらえうることはすでに述べた。ファウストは最後に「永遠なる女性」（かつてのグレートヒェン）の贖罪をうける（「女性において現われている没我的な永遠なる愛が男性を救うという思想はゲーテが生涯もちつづけたのである」［ゲーテ 1833: 542（訳注）］が、それと、ラッセル自叙伝冒頭のエディス夫人への献辞「……あなたを知って……私は安らぎを得ている……」とを比較されたい。

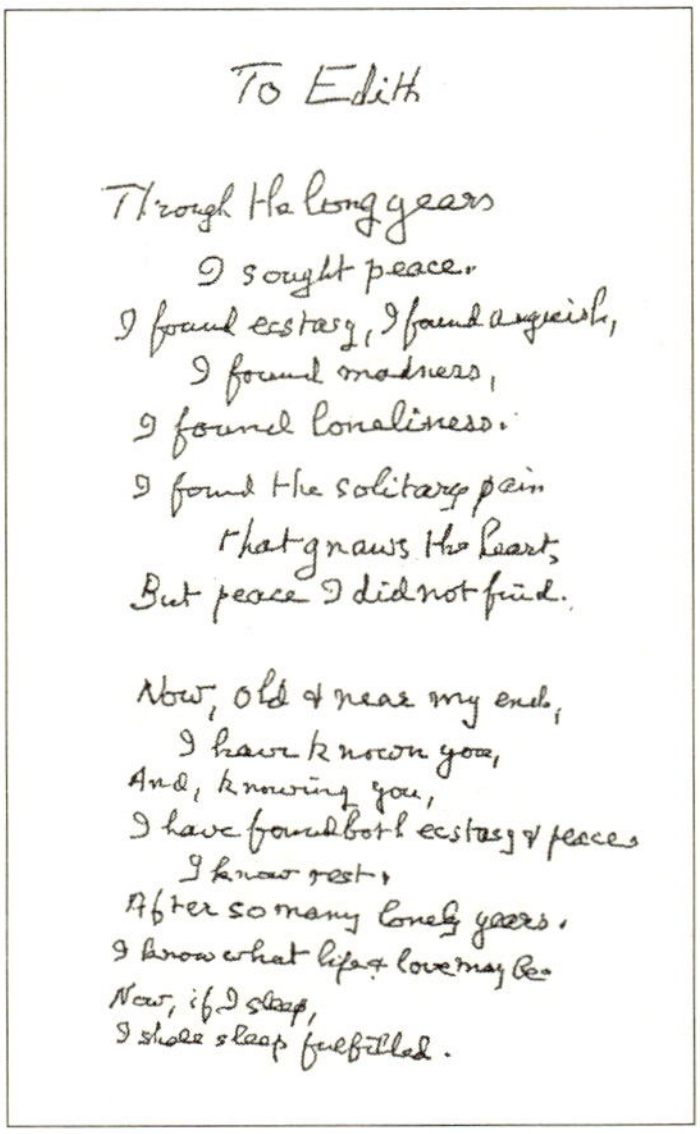
To Edith

Through the long years
I sought peace.
I found ecstasy, I found anguish,
I found madness,
I found loneliness.
I found the solitary pain
that gnaws the heart,
But peace I did not find.

Now, old & near my end,
I have known you,
And, knowing you,
I have found both ecstasy & peace,
I know rest,
After so many lonely years.
I know what life & love may be.
Now, if I sleep,
I shall sleep fulfilled.

第9章　滅亡のイメージ

(76) ラッセルとシュバイツァーとの関係——彼らの間の深い共感と立場環境の相違——については、ラッセル－シュワイツァー往復書簡集（四二通）（International Studies of Philosophy, vol.12 (1980)）が参考になる（［シュワイツァー日本友の会 1982: 12-61］）。なお、シュワイツァー日本友の会は、二〇〇一年「シュバイツァー日本友の会」に名称変更。

(77)「私はこの報道に接し、電撃を受けたような激しい衝撃を身に感じた。それは、このような着想が、日本人には考え及ばないところだったからである。（中略）日本人の惰性的な思考方法からすれば、公権力を有しない一哲学者が、世界最大の強国の元首をはじめとする権力者たちの犯罪に対する「裁判」を行うなどということは、思いもよらぬ発想であった。しかし、ラッセルは現実にそのような計画の実行に着手しているのである」[家永 1966: 50]。人の意表を突くこの裁判こそ、憤激にもとづく説得のために動因された「死んだ機知」の典型例であるということに改めて気づいておきたい。

(78) この考え方の、もう少し思想的な形をした根拠を探れば、[1959c: 271][1957: 17]などに見出される。また、ラッセル思想を受け継ぐ[ポパー 1957: 3–7]を参照。

(79) そこで襲われたファウスト的幻想の描出が「現代の物理学」という小文として残っている[1968: 158–159]。

(80) ラッセルは一九五四年、アメリカのSF作家レイ・ブラッドベリの訪問をうけている。ブラッドベリは二つの惑星の滅亡を美的に叙述した名作『火星年代記』(1950)(小笠原豊樹訳、新版、早川書房、二〇一〇年)の著者。ラッセルのいかなる年譜にも記されていない出来事だが、案外ラッセルの想像力に重要な影響を及ぼしていることが考えられる。

(81) 初版の金糸本をラッセルから送られた長崎大学助教授の岩松繁俊の著[岩松 1968: 17–20]に、ラッセルがこの小品を作った心理の忖度がなされている。

(82) 『郊外の悪魔』にはA・スコットがマグリット風の幻想的な絵をつけ、『著名人の悪夢』にはC・W・スチュアートがドーミエ張りの奇怪な挿絵を描いている。スチュアートに対しラッセルが細部にわたって注文をつけたことは書簡からはっきりしており[1969a: 90]、これによって、第4章で問題となった『善良な市民のアルファベット』の絵へのラッセルの意思の介入も、かなりの程度で存在したのではないかと推測される。

(83) そもそも、ラッセル専門の論理学は構造《ストラクチャー》の同型性のみ・関係のみに着目し要素の肌理《テクスチャー》は無視する学問である。テクスチャラルな執拗な思弁は、ラッセルの弟子ウィトゲンシュタインにこそあった。ウィトゲンシュタインの哲学＝事象をあるがままに見る肌理的《テクスチャラル》な注視―苦悩。ラッセルの哲学＝あるがままの自然には不満で論理を摑み出してくる構造的《ストラクチャラル》な再構成―開拓精神。肌理《テクスチャー》は日常常識の世界、構造《ストラクチャー》は科学論理の世界を形成するとも言えよう。ラッセルのウィトゲンシュタイン批判「常識に屈した」[1959b: 214]、およびウィトゲンシュタインのラッセル批判「問題の喪失」[Wittgenstein 1967: 456]は、両者の相違を端的に語っている。

(84) [Beardsly, 1958: 524–543]を参照。「美的経験」を他の経験から区別する特質が何であるかに注目することより得られた知見。しかし、美的対象と美的経験との同型対応の問題が残る。ある対象がこの三つの条件を高度に備えておれば、それはその通りの経験を生ぜしめるのか、という対応の問題は難しい(白い画面の一隅に竹の葉が一枚描かれているだけといった水墨画のような、不統一で単純な対象が、見る者には統一された複雑な情緒をかもし出すかもしれない)。ただ、ここでわれわれがやろうとしているように「世界」を美的対象と見る場合、そう見る者が誰であれ自身が世界の一部であるという事情がある。つまり、美的対象と美的経験は重なるわけであり、図らずもビアズリーの理論の難点が回避されてしまう。

(85) 210頁の表2、神＝人類社会の対応(注75③)参照。転じて、われわれがこの章で、世界＝一つの美的対象と捉え論じえたのは、世界＝神の作品というメタファーからである、とここで解釈し直してもよい。

第10章　戦後日本とラッセル

(86) 一例を挙げておく。一九六六年二月二四日、第五一回国会予算委員会第二分科会での小林進の発言。「(前略)これによると「イギリスの著名な哲学者バートランド・ラッセル卿」、こうなれば、いかに知能のない私もこの名前は知っておりますし、日本国民はだれでも知っているでしょう。このラッセル卿は「さる一月一四日声明を発表し(後略)」

http://kokkai.ndl.go.jp/SENTAKU/syugiin/051/0522/05102240522001c.html

(87) 「バートランド・ラッセル平和財団」の実践活動を基礎づけるために、研究と調査を担当するのが「大西洋平和財団」である。[岩松 1968: 第三章] 参照。

(88) 学生、教師、その他一般市民より成る団体、「支持者協議会ニュース」を発行。詳細は不明。

(89) 来日したクリストファー・ファーレー(ラッセル財団理事)の要請のもと、吉野源三郎の選んだ思想家・学者によるラッセル支持団体、「ニュースレター」発行。ロンドンの「財団報告」には、この「日本協力委員会」が「ラッセル平和財団日本支部」として記されている。代表は、南原繁、大内兵衛、湯川秀樹、朝永振一郎、谷川徹三、上代たの。以上六名に加えさらに一七名の拠金によって発足。

(90) 初代会長・笠信太郎(一九六八年四月まで)、二代目会長・谷川徹三。

(91) 岩松繁俊による設立経緯は以下のとおり。「ラッセル平和財団からおくられてくるこの種の貴重な資料を、なるべく詳細正確に伝達するため、「ラッセル平和財団日本資料センター」を設立することとした。一九六六年九月一日、わずかの私費を投じて、この日本資料センターは発足したのである。／ラッセル財団との連絡、資料の翻訳、印刷交渉、会計、発送、発信・受信の記録、発送先の開拓、宛名書き、封筒いれ、糊づけ、投函というあらゆる仕事を、わたしとそれを援助する妻とのふたりだけで担当しているので、この仕事は精神的にも肉体的にも非常に労多いことであった。／僅かの私費をもとにはじめたこの仕事は、ごく少数のひとからはいわれのない反感をもってむかえられたが、平和を愛好し、アメリカのヴェトナム侵略戦争をこころから憂慮するきわめて多数のひとからは精神的ならびに財政的に非常にあたたかい支持をもってむかえられた」[岩松 1968: 156–157]。

岩松は、一九六二年から原水爆禁止長崎協議会理事、原水爆禁止長崎県民会議事務局長などを務めてきたが、この「資料センター」は並行して独力で運営した。

(92) 森川金寿《きんじゅ》は次のように書いている。

「「東京法廷」(「ベトナムにおけるアメリカの戦争犯罪と、日本政府、財界の協力・加担を裁く東京法廷」)は、このような時期に八月二八日から三日間東京九段の千代田公会堂で開催され、連日ほとんど満員であったことは、国民のベトナム戦争への関心の深さを思わせた。法廷には南北ベトナム戦犯調査委員会、解放民族戦線ハノイ代表からのメッセージや、ラッセル、サルトル、シュワルツ、デディエ、バッソーらからのメッセージもよせられた。またラッセル法廷を代表し、アメリカのニーランヅ教授が、またフランスからはフランシス・カーン博士、スエーデンからジョン・タックマン博士らが参加した。外務省は八月一四日の幹部会でこの法廷集会に「外国人の参加は認めぬ」との方針をきめたとつたえられたがとくに紛争はなかった。東京法廷「メンバー」には末川博立命館大学総長、大西良慶清水寺管主ら三〇人があたり、その他多数の科学者、法律家、知識人の協力をえた。なお沖縄からの代表(阿波根昌鴻《あはごんしょうこう》、吉沢弘明)は、渡航許可がおりないため、ついに「米民政府の前で『法廷』を開く」とおどかして、ぎりぎりになって渡航を許可されたとのことであった」[森川 1971: 105]。

法廷の詳細は、その記録である[ベトナムにおけるアメリカの戦争犯罪調査日本委員会 1967]参照。「東京法廷」は、一一月のコペンハーゲンでの「ラッセル法廷」でも高く評価され、森川が初日冒頭に「東京法廷からの挨拶」を要望された。

(93) [1968: 192–193]を参照。またラッセルは、一九六三年、ちょうど四〇年前にタゴールと会ったとき彼の「神秘的風采」から悪い印象を受けたことを述べている[1969c: 188–189]。

(94) ソ連は概して西側よりもラッセルの活動を真剣に受け止めている。[岩松 1968: 208–209]参照。また、ドン・キホーテを単に愚かな道化としては捉えない評言がロシアから現われている([ドストエフスキー 1868][ツルゲーネフ 1859])ことをも考え合わせたい。

(95) 日本―ラッセルの美的対応ということが漠然とだが広く認知されていることの一例として、[Chomsky 1971: Introduction ix] を参照。

なお、東洋独自の現代状況突破という意味では、東洋文明の歴史的主流たる中国が日本以上にラッセルと呼応しうるかもしれない。ラッセル来華時および戦後の毛沢東とラッセルとの関係については、[新島 1970: 306–308, 319–320, 329–330] を参照。また、中印紛争における中国側の行動へのラッセルの絶賛を参照。「突然(中略)中国政府は一方的に停戦し、かつ(中略)自国軍隊の撤退を始める旨が公表された。(中略)私は、戦勝側の軍隊が、自国政府の命令によりかかる仕方で停止した他のいかなる実例も思いあたらない。(中略)全世界が中国のこの行動に拍手を送るべきであると、私には思われた」[1963:107–108]。

「中国のこの行動」は、非ファウスト的な、まさしくアジア的原理にもとづいたものだったかもしれない。ただ、核兵器への象徴的立場は中国には見出しにくい。

(96) 前章で見たようにラッセルにとってキノコ雲のイメージが重要であったことと、次の岩松繁俊の言葉とを比較せよ。

「原爆の絵(あるいは写真)といえば、みなキノコ雲を描く。それほどに、このときできた雲の形は有名である。しかし、この雲も遠くのひとがみた雲である。その雲の真下にいた私たちにとって、キノコの形をした雲は存在しない。(中略)光の球が猛烈な閃光できらめいた。(中略)あたりはまもなく暗くなり、みるみるうちに闇となった」(「一九四五年八月九日の私の体験」[岩松 1982: 32])。

(97) 注57参照。この噂は、後に述べるシェーンマンのヘルシンキ演説にすでに発している。

(98) この傾向は一般向けの書だけでなく、学術的なラッセル研究論文にも忍びこんでいる。たとえば、[金子 1974: 261] など。

(99) 老荘との比較以外で注目すべき評として、[湯川 1963: 127–131] で湯川は、哲学界で色褪せつつあるラッセル哲学が科学者の間にはなぜ多くの傾倒者を保っているのかを解き明かしている。

(100) [市井 1980: 65–67] における示唆があってから、[野坂 1982, 1984] のような長編が現われ始めた。なお、ラッセルが『西洋哲学史』のニーチェの章で、ニーチェと仏陀とを対話させた戯曲を書き仏陀の慈悲の精神に軍配を上げるということをしているが、その箇所が従来日本の幾人かの思想家の興味を惹いてきている([中村 1966: 71] [梅原 1976: 31] など)。ただそれらは、ラッセルのような最も西洋的な哲学者さえ、東洋思想を大きく視野に入れざるをえない時局に今や至っている、という一般的事態の確認にすぎない。

(101) 発行状況は左の通り。

(102) シェーンマンの演説は次の八項目の決議案を含んでいた。要請の対象は八項目とも「全ての国」。(1)ベトナム人民の自己決定の原則を要求すること。(2)アメリカとの外交関係を断絶すること。(3)アメリカ市民へのビザを拒否すること。(4)解放民族戦線を南ベトナムの政府として承認すること。(5)自国の港をアメリカの船舶にたいして封鎖すること。(6)領空をアメリカの航空機にたいして閉鎖すること。(7)経済的制裁をアメリカに加えること。(8)アメリカがベトナムで行なっている戦争犯罪を非難すること。[岩松 1975: 65] 参照。

(103) 一一月二六日に「公開質問書」が発信された。その内容については、[岩松 1975: 66, 82-85] を参照。

(104) ただし、平和運動の「連帯」と「統一」との違いについては、[岩松 1982: 第七章] を参照。

通号（no.）	発行年月日	発行頻度（回／年）
1	1966.8.19	5回
2	1966.9.13	
3	1966.10.12	
4	1966.12.3	
5	1966.12.12	
6	1967.1.12	7回
7	1967.2.13	
8	1967.3.22	
9	1967.4.10	
10	1967.6.19	
11	1967.8.9	
12	1967.11.30	
13	1968.4.8	5回
14	1968.8.6	
15	1968.9.5	
16	1968.9.14	
17	1968.11.15	
18	1969.1.17	4回
19	1969.3.18	
20	1969.6.30	
21	1969.8.31	
22	1970.1.7	4回
【1970年2月2日 ラッセル死去】		
23	1970.2.5	
24	1970.5.4	
25	1970.9.15	
26	1971.3.31	2回
27	1971.10.15	
28	1972.7.27	1回
29	1973.2.20	1回
30	1974.1.15	1回
31	1975.3.6	2回
32	1975.12.2	
【3年以上のブランク】		
33	1979.1.31	1回
34	1980.6.1	1回
【以後、休刊】		

「ラッセル平和財団日本資料センター」資料発行状況［松下 1984］

あとがき――フクシマのあとで

本書のサブタイトルを見て「?」と思われたかもしれません。

「私は如何にして水爆を愛するのをやめたか」?

「私」とは、ラッセルのことか? 「愛するのをやめた」とは、愛したことがあったということか? ラッセルが水爆を?

このサブタイトルは、スタンリー・キューブリック監督の映画『博士の異常な愛情』のサブタイトル「私は如何にして心配するのを止めて水爆を愛するようになったか」をもじったものですが、もちろん、ラッセルが本当に水爆を愛したのでなければ、このようなサブタイトルは使えません。

ラッセルは反核平和運動の指導者だったではないか。そのラッセルが水爆を愛した?

はい。ほんの一年弱のあいだですが。ただそれ以前の三年以上の間、原爆を愛した期間というのもありました。それなりに合理的な理由によって。そう、確かにラッセルの人生には、核兵器に人類存続の希望を託した一時期があったのです。

水爆を愛するのをキッパリやめて十年ほどたったとき、ラッセルは核戦争を描いた『博士の異常な愛情』を鑑賞しました。芸術作品が戦争を描写する仕方については活動家らしい厳しい目を持っていたラッセルですが、この映画については微妙ながら好意的な評価を遺しました。その言葉は本書でも引用したとおりです。

ラッセルは、状況に煽られるまま揺れに揺れ、ときには悪魔に魂を売り渡したとも見える自分の反戦平和運動が、コミカルな側面を持つという自覚をたえず噛みしめていたのかもしれません。それゆえに、『博士の異常な愛情』のようなアイロニーを肯定し、スタンリー・クレイマー監督『渚にて』のようなひたすらシリアスな終末描写をかえって有害だと感じることになったのかもしれません。

本書を仕上げたいま、私は、さまざまな戦争映画や滅亡テーマの映画について、「ラッセルだったらどう評価しただろうか」ということを切実に知りたくなっています。スティーブン・スピルバーグ監督『シンドラーのリスト』をラッセルはどう評しただろう。片渕須直監督の『この世界の片隅に』をどう見ただろう。ラース・フォン・トリアー監督『メランコリア』のような、戦争と無関係の人類滅亡映画はどう評価しただろうか。もちろん映画に限らず、現実世界で進行中のさまざまなトピックについて、現存の知識人百人の多言よりも、ラッセルの一言を聞いてみたいと切に思うのは、私だけではないでしょう。

本書のアプローチが示したように、ラッセルの人生そのものが濃密な映画、あるいは文芸的芸術作品と言えるものでした。それゆえに「美的アプローチ」でその人物像に迫ったわけですが、第1章と最終章を「日本とのかかわり」でまとめたのは、まさに「この一手」でした。我ながら美的必然のおもむくところだったのです。

私は『戦争論理学――あの原爆投下を考える62問』(二見書房、二〇〇八年)という本で、アジア太平洋戦争の終わり方が途方もなく「美的」だった、という解釈を示したことがあります。一億玉砕イデオロギーに自ら縛られて戦争をやめられなくなっていた大日本帝国が、〈原爆投下〉〈ソ連参戦〉という二大事件のシンクロによって絶好の降伏の口実を手にするという、劇的なファインチューニング(微調整)の幕引き。そう、〈ソ連参戦〉という実質的かつ地上的な破局と、〈原爆投下〉という象徴的かつ超自然的な弁明とが、同時に日本支配層に与えられ、天皇の天声を呼び出しました。徹底抗戦派の名誉を保ちつつ国民にパラダイム転換を納得させたあの、ほとんど御都合主義的な微調整展開を、おぞましくも「美的」と呼ばずしてなんと形容できるでしょう。ヨーロッパ戦域のように漫然たる通常戦争による亡国の非美的大惨劇を被ることがなかったがゆえにこそ、日本はまだ近隣諸国とギクシャクしているのでは、といった事情も合わせて、アジア太平洋戦域は「美的」なのでした。

幸か不幸か現代史においてそんな美的ポジションを授けられた日本という国が、超西欧的なバートランド・ラッセルという美的人格とどう切り結んだかを、戦前・戦後の二点観測によって、核兵器を背景に考察する。これこそは、日本人の誰かが必ず、一定以上の密度をもって実行せねばならない仕事である。そう私は考えました。その成果が本書です。

さて、バートランド・ラッセルの「反核運動」は、反—核兵器—運動でした。そしてその基盤は、「反戦」という常識的な思考でした。

現在の「反核運動」は、ラッセル存命の時期に比べて、かなり多義的になっています。

核兵器保有国の数は約二倍になってしまい、「大国」とは言えない国々が大量破壊兵器を管理する時代に突入して一世代以上経過しました。しかも、国どうしがミサイルを向け合う基本的な構図に加えて、国家対テロリストという新しい構図に重点が移りつつあるとも言えます。さらに「反核」は、「アンチ核兵器」だけでなく、「アンチ原子力発電」という色合いも深めています。

このように、「反戦」の枠に収まらない事情が重なった「現在の反核運動」は、ラッセルが先導したような直截明快な運動としては成り立たなくなったと言えるでしょう。核兵器と原子力発電とでは、倫理的・経済的な意味合いが全く異なっており、一方に賛成して他方に反対する、という立場が容易に成り立つだろうからです。

原発についてラッセルが言及したことはありますが、価値判断をしている言葉は、残念ながら見つけることができませんでした。チェルノブイリやフクシマの原発事故について、ラッセルだったらどう主張したでしょうか？　核兵器のような悪意に支えられたシステムではないことを理由に、科学主義者らしく「テクノロジーを徹底させることで切り抜けよ、前向きに行け」と論じたような気もしますが……。あるいは、過失、事故、テロリストによる放射性廃棄物の簒奪などという可能性を念頭に、やはり核兵器と同じく、原子力発電にも反対を唱えた可能性は高いとも思われます。

六ヶ所村の高レベル放射性廃棄物貯蔵管理センターを視察したことがありますが、そのとき私は、原子力発電は巨大なパラドクスだと感じました。再処理済み燃料の滓である高レベル放射性廃棄物、〈絶対にもう要らない、きっぱり無くしてしまいたいもの〉であるからこそ、この上なく丁寧に扱い、保管せねばならない、というパラドクス……。廃棄物はガラス＋ステンレスのカプセルに個別封入され、どんな貴重な宝石も聖杯も芸術作品も扱われたことのないような厳重さで、何項目もの難しい測定・検査を経て、コンクリート壁の奥の貯蔵ピットに収納されます。安定した地層中の永久処分場所が見つかるまで、多数の恐るべきカプセルが最高級の丁重な扱いで貯蔵されていきます。

忌まわしい猛毒物質が、自らを否定するためにこそ自らの肯定的尊重を強要するという逆説は、外形的にまさしくラッセルのパラドクス――〈自らを収容しないものだけをすべて収容する集合〉にまつわる史上最凶のパラドクス――を連想させます。高レベル放射性廃棄物の貯蔵状況は、各種の論理パラドクスをこれでもかと世に送り出し自らもパラドクスに満ちた人生を全うしたラッセルの自意識を刺激し、さぞ鮮烈な反応を惹起したことでしょう。

人文知と数理科学の双方を背負って〈人類文明〉への愛と執着をはばかりなく叫び散らしたラッセルのような巨人は、今日の知識人には残念ながら一人もいません。バートランド・ラッセルという現象が記憶され続けるべきなのは、人類文明の自己認識上の要請とも言えるでしょう。

さて、最後にきて肝心なことを打ち明けることにします。本書はその大部分が、一九八三年から一九八四年にかけて書かれました。思えば八四年はソ連や東ドイツなどがロサンゼルスオリンピックをボイコットした年。まだ東西冷戦の時代です。序章＋五部一〇章、計三八節という構成も、論の展開そのものも、当時組み立てた通りになっています。もちろん、加筆修正を行ないました。注の多くを本文に統合し、情報を追加し、全体として「いまこの現在」の視点からラッセルを振り返る論考へと一新させました。ただし、冷戦のさなかに執筆したそれなりの緊迫感を保存するため、八四年当時にアクセス可能だった資料だけを今回も用いるという〈メディア規制〉を基本方針としつつです(八四年以降の情報を必要な限りで書き入れた箇所もいくつかありますが)。

初稿脱稿時(一九八四年)から出版時(二〇一九年)に至る間に、世界も日本も大きく変わったことは言うまでもありません。八六年にチェルノブイリ原発事故、八九年にベルリンの壁が崩壊、九一年にソ連が崩壊。その他、国内外でテロ、震災、原発事故が発生しました。それらのあおりでパグウォッシュ会議がノーベル平和賞を受賞し(一九九五年)、創設者ラッセルの名が改めて脚光を浴びたこともありました。

それにしても三五年経ってみて、核戦争の危険が減ったように思われないのは驚くべきことです。ラッセルの著作を読み直し、その姿を見つめ直す意義もまた薄れていないことが痛感されます。

三五年の間にはまた、ラッセルに関する文献が国内外でたくさん出版されました。私自身の著書『ラッセルのパラドクス――世界を読み換える哲学』(岩波書店、二〇〇五年)と論文 "Bertrand Russell and Japan" *Britain and Japan: Biographical Portraits Vol.VII* (Hugh Cortazzi ed., Global Oriental Ltd)(二〇一〇年)を含め、その数は膨大です。ここでは、人間ラッセルを理解するのに必須の大著を一つだけ紹介しておきましょう。Ray Monk著の*Bertrand Russell: The Spirit of Solitude 1872-1921*（一九九六年）と*Bertrand Russell: The Ghost of Madness 1921-1970*（二〇〇一年）の二部作です。

このラッセル伝に先立って著者モンクは、ウィトゲンシュタインの評伝*Ludwig Wittgenstein: The Duty of Genius*（『ウィトゲンシュタイン〈1〉〈2〉――天才の責務』みすず書房一九九四年、原著一九九一年）を上梓していました。二つの評伝はいずれも偶像破壊的な内容だったのですが、評判はなぜか正反対。ウィトゲンシュタイン伝の方は好評だったのに、作品として量・質ともにはるかに優るラッセル伝の方は、さんざんな酷評を浴びたのです。人間的欠陥を暴き立てる筆致が、ラッセルについてだけ、米英人の間にごうごうたる非難を呼び起こしたのでした。

「エクセントリックな異色哲学者」に決まってるウィトゲンシュタインに対し、ラッセルはなんといっても「平和を愛した哲人」であり「人物として偉大」なはずだ――そんな受容環境が見てとれます。日本でも両者のイメージは似たようなものかもしれませんが、英語圏ではバートランド・ラッセルは紛れもなく、冒すべからざる愛と知のヒーローなのです。

本書は、モンクの本のように網羅的事実を駆使した偶像破壊的評伝というわけではなく、「ラッセルその人を素材としたファウンドアートの鑑賞」に特化した論考です。大正・昭和日本という特殊な視点から〈改めて今〉ラッセルを読み解くアスペクト変換をお試しあれ……と。読者は、ラッセルをめぐる膨大な事実が、本書的視点の延長でさらにどう見えてくるか、モンクの本をはじめ、種々のラッセル伝を繙いてみられるとよいでしょう。

ラッセルに関する諸事実といえば、日本語の情報源として、〈ラッセル研究者及びラッセル・ファンのためのポータルサイト〉http://russell-j.com/index.htm があります。ラッセル書誌が充実し、歴史的事実も満載されています。サイト管理人の松下彰良さんには初稿作成時からお世話になり、本書制作においても、参考文献表と口絵キャプションの作成などに協力していただきました。心から感謝を申し上げます。

遡って、感謝すべき方々の名は尽きません。本書の初稿を読んでコメントをくださった、東京大学総合文化研究科比較文学比較文化研究室の先生方――私の指導教官・川本皓嗣先生をはじめ、芳賀徹、平川祐弘、亀井俊介、杖下隆英、伊東俊太郎、橋口稔の各先生に改めてお礼を申し上げます。

私の手書き原稿は、先生方がいくつかの出版社に御紹介くださったこともあり、幾人かの編集者が長期にわたって興味を持続させてくれることになりました。とくに東京書籍の藤田六郎さんは、初稿を電子データ化してくださり、それをもとに今回、学芸みらい社の小島直人さんから正式に出版を提案していただけました。時代が移り変わっても初稿の意義は失われていないと認めてくれた小島さんには、感謝および敬服の言葉が見つかりません。

平成から令和に移る時期の加筆修正によって再生を遂げた本書が、人間と文明を愛し案ずる人々の意識と共振し続けられんことを。

二〇一九年六月　三浦俊彦

［引用・参考文献］ ※【　】内は補足事項

オーデン、ウィスタン・ヒュー 1962『染物屋の手』中桐雅夫訳、晶文社、1973年

Ayer, Alfred Jules. 1972. *Russell,* Fontana Modern Masters.〔アルフレッド J. エイヤー『ラッセル』吉田夏彦訳、岩波現代選書、1980年〕

Beardsley, Monroe Curtis. 1958. *Aesthetics: Problems in the Philosophy of Criticism.* Harcourt Brace & World.

Bergson, Henri. 1900. *Le rire.* Quadrige.〔アンリ・ベルクソン『笑い』林達夫訳、岩波文庫、1938年〕

バートランド・ラッセル平和財団日本資料センター 1966〜1980 岩松繁俊（編集発行）「日本資料センター資料」no.1〜34

バートランド・ラッセル研究者及びラッセル・ファンのためのポータルサイト https://russell-j.com/index.htm

Blake, William. ca. 1793. *The Marriage of Heaven and Hell.* Norton.

ボヘンスキー、ジョゼフ・マリア 1947『現代のヨーロッパ哲学』桝田啓三訳、岩波書店、1956年

Brenan, Gerald. 1975. *Personal Record 1920-1972.* Alfred A. Knopf.

セルバンテス、ミゲル・デ 1605a『ドン・キホーテ 正篇一』永田寛定訳、岩波文庫、1948年

――― 1605b『ドン・キホーテ 正篇二』永田寛定訳、岩波文庫、1949年

――― 1605c『ドン・キホーテ 正篇三』永田寛定訳、岩波文庫、1951年

――― 1615a『ドン・キホーテ 続篇一』永田寛定訳、岩波文庫、1953年

――― 1615b『ドン・キホーテ 続篇二』永田寛定訳、岩波文庫、1975年

――― 1615c『ドン・キホーテ 続篇三』高橋正武訳、岩波文庫、1977年

Chomsky, Noam. 1971. *Problems of Knowledge and Freedom: the Russell Lectures.* Vintage Books a division of Random House.【ペーパーバック版を参照。The two lectures included in this book were originally pub. in slightly different form in the Cambridge Review, in 1971】

Clark, Cecil Henry Douglas. 1958. *Christianity and Bertrand Russell,* Lutterworth Press.〔C. H. ダグラス・クラーク『再び宗教は必要か』相川高秋訳、荒地出版社、1969年〕

Clark, Ronald William. 1975. *The Life of Bertrand Russell.* Jonathan Cape.

Coates, Ken (ed.) 1972. *Essays on Socialist Humanism: In Honour of the Centenary of Bertrand Russell, 1872-1970.* Spokesman Books.〔『社会主義ヒューマニズム――バートランド・ラッセル生誕百年記念論文集』日本バートランド・ラッセル協会訳、1975年〕

ドストエフスキー、フョードル 1868『ドストエーフスキイ全集 17 書簡（中）』米川正夫訳、河出書房新社、1970年

Feinberg, Barry and Kasrils, Ronald. 1973. *Bertrand Russell's America: His Transatlantic Travels and Writings. Vol. 1: 1896-1945.* G. Allen & Unwin.【本書の前半部分は編著者によるラッセルに関する記述で、後半はラッセルのアメリカ関係のエッセイを収録】

―――. 1983. *Bertrand Russell's America: His Transatlantic Travels and Writings. Vol. 2: 1945-1970.* South End Press.【本書の前半部分は編著者によるラッセルに関する記述で後半はラッセルのアメリカ関係のエッセイを収録】

福田恆存 1961「現代の悪魔」『紳士読本』11月号（『福田恆存著作集 6』新潮社、1966年）

――――― 1962「平和か自由か」『自由』2月号（『福田恆存著作集 6』新潮社、1966年）
福田徳三 1919「解放の社会政策」『解放』6月号
――――― 1920『暗雲録』、大鐙閣
フロイト、ジグムント 1932「何故の戦争か」〔『フロイド選集 8 宗教論―幻想の未来』土田正徳・吉田正己訳、日本教文社、1954年〕
ゲーテ、ヨハン・ヴォルフガング・フォン 1808『ファウスト』第一部、相良守峯訳、岩波文庫、1958年
――――― 1833『ファウスト』第二部、相良守峯訳、岩波文庫、1958年
Greenspan, Louis. 1978. *The Incompatible Prophecies: An Essay on Science and Liberty in the Political Writings of Bertrand Russell.* Mosaic Press.〔ルイス・グリーンスパン『科学と自由――ラッセルの予言』野村博訳、世界思想社、1982年〕
長谷川万次郎（長谷川如是閑）1922「ラッセルの社会思想と支那」長谷川如是閑『現代社会批判』、弘文堂
日高一輝 1970『人間バートランド・ラッセル――素顔の人間像』、講談社
――――― 1974『ラッセル：恋愛と結婚』、河出書房新社
Hook, Sidney. 1959. *Political Power and Personal Freedom.* Criterion books.
―――――. 1960a. *Bertrand Russell's Political Fantasies, New Leaders.*
―――――. 1960b. *Second Thoughts on Peace and Freedom, New Leader,* 11 April 1960, cit. from Bertrand Russell's America vol. 2.
市井三郎 1980『ラッセル』『人類の知的遺産 66』、講談社
家永三郎 1966「「関特演」の違法性」『歴史学研究』第317号、青木書店
家坂和之 1980『日本人の人種観』、弘文堂
伊井　敬（近藤栄蔵）1921「ベルトランド・ラッセルの正体」『社会主義』3月号
生田長江・本間久雄 1920「ラッセル」生田・本間『社会改造の八大思想家』、東京堂
石橋湛山 1920「ラッセルの露国観」『小評論』10月7日号（再録：『石橋湛山全集 3』）
石澤久五郎 1922「ラッセル、モネー及びパルメリーの社会改造論」『実生活』no. 64（1922年1月）
岩松繁俊 1968『20世紀の良心――バートランド・ラッセルの思想と行動』、理論社
――――― 1975『平和への告発――B. ラッセル卿、その戦争絶滅への思想と行動』（新装版）、精文館
――――― 1982『反核と戦争責任――「被害者」日本と「加害者」日本』、三一書房
Young, Robert（Japan Chronicle）. 1921. *Japan Chronicle Weekly Edition* 7. 28, 9. 4
金子光男 1974『ラッセル倫理思想研究』、酒井書店
川野　洋 1972『芸術情報の理論』、新曜社
キルケゴール、セーレン 1841『イロニーの概念 上』『キルケゴール著作集 20』飯島宗享・福島保夫訳、白水社、1966年／『イロニーの概念 下』『キルケゴール著作集 21』飯島宗享・福島保夫・鈴木正明訳、白水社、1967年
北沢新次郎 1921「ラッセル及び其一行」『改造』9月号
桑木彧雄 1921「文明は寧ろ一様性」『改造』9月号
桑木嚴翼 1921「鋭角的人物」『改造』9月号
ラ・ロシュフコー 1664『箴言集』二宮フサ訳、岩波文庫、1989年
Lewis, John. 1968. *Bertrand Russell: Philosopher and Humanist.* International Publishers.〔J. ルイス『バートランド・ラッセル――哲学者とヒューマニスト』中尾隆司訳、ミネルヴァ書房、1971年〕
Lindeman, Edward G. 1944. "Russell's Concise Social Philosophy", *The Philosophy of Bertrand Russell,* P. A. Schilpp. (ed.)
Martin, Kingsley 1968. *Editor.* Hutchinson.
松下彰良 1975-1984『日本バートランド・ラッセル書誌（1974年12月）』私家版（1975年）、及び第3版（1984

年）予備版。最新版は「バートランド・ラッセル研究者及びラッセル・ファンのためのポータルサイト」https://russell-j.com/index.htm
宮島信三郎・相田隆太郎 1922「ラッセルの社会改造論」宮島・相田『改造十二講』、新潮社
Moore, Harry T. (ed.) 1948. *D. H. Lawrence's Letter to Bertrand Russell.* Gotham Book Mart.
森川金寿 1977『ベトナムにおけるアメリカ戦争犯罪の記録』、三一書房
室伏高信 1919「福田博士とベルトランド・ラッセル」『中央公論』臨時増刊労働問題号
――― 1921「ラッセル評伝」『改造』1月号
中村　元 1960『比較思想論』、岩波書店
中沢臨川 1919「ベルトランド・ラッセルの立場」『中央公論』9月号
日本バートランド・ラッセル協会 1965-1975『日本バートランド・ラッセル協会会報』No.1-23、日本バートランド・ラッセル協会【アマゾンのKindleですべて入手可能】
新島淳良 1970「バートランド・ラッセルと中国」ラッセル『中国の問題』牧野力訳、理想社
西田幾多郎 1921「学者としてのラッセル」『改造』9月号
野阪滋男 1982「福澤諭吉とB・ラッセル（1）」『茨城大学人文学部紀要－社会科学』第15号
――― 1984「福澤諭吉とB・ラッセル（2）」（未完）『茨城大学人文学部紀要－社会科学』第17号
奥井復太郎 1920「ラッセルの思想とウィリアム・ジェームス（1），（2）」『三田学会雑誌』8・9月号
大江健三郎 1965『厳粛な綱渡り 上』、文春文庫
――― 1970『核時代の想像力』、新潮選書
大蔵宏之 1964「水爆戦争に勝利はない――心からの平和主義者ラッセル」『世界100人の物語全集』、集英社
大島正徳 1921「バートランド・ラッセルの哲学に就いて1・2」『哲学雑誌』7・8月号
大杉　栄 1921「苦笑のラッセル」『改造』9月号
ポパー、カール 1957.『歴史主義の貧困』久野収・市井三郎訳、中央公論社、1961年
魯迅 1925「灯下漫筆」『魯迅選集 5』松枝茂夫訳、岩波書店、1964年
Russell, Bertrand. 1900. *A Critical Exposition of the Philosophy of Leibniz.* 1st ed. Cambridge U. P.〔『ライプニッツの哲学』細川薫訳、弘文堂、1959年〕
――― . 1902. "A Free Man's Worship." *Independent Review.* Repr. in *Why I am not a Christian and Other Essays on Religion and Related Subjects.*
――― . 1905. "On Denoting", *Mind.* 14（56）: 479-493.〔①「指示について」（坂本百大編『現代哲学基本論文集Ⅰ』）、清水義夫訳、勁草書房、1986年、47-78頁／②「表示について」（松坂陽一編『言語哲学重要論文集』）、松阪陽一訳、春秋社、2013年〕
――― . 1910. *Principia Mathematica, vol.1.* Cambridge U. P.〔『プリンキピア・マテマティカ序論』岡本賢吾・戸田山和久・加地大介訳、哲学書房、1988年〕
――― . 1912a. *The Problems of Philosophy.* Oxford U. P.〔『哲学入門』、高村夏輝訳、ちくま学芸文庫、2005年〕
――― . 1912b. *Principia Mathematica, vol. 2.* Cambridge U. P.
――― . 1912c. "The Perplexities of John Forstice". In: *The Collected Stories of B. Russell.*
――― . 1913. *Principia Mathematica, vol. 3.* Cambridge U. P.
――― . 1914. *Our Knowledge of the External World,* Open Court.〔①『外部世界はいかにして知られうるか』石本新訳、中央公論社、1971年／②山元一郎責任編『世界の名著 70 ラッセル ウィトゲンシュタイン ホワイトヘッド』、石本新訳、中公バックス、1980年〕
――― . 1916. *Principles of Social Reconstruction.* G. Allen & Unwin.〔『社会改造の原理』（『世界の大思想 26 ラッセル』）市井三郎訳、河出書房新社、1969年〕
――― . 1917a. *Political Ideals 1st American ed.* Century.〔「ラッセルの『政治理想』（1）・（2）」『国家学会雑

誌』1919年11・12月号、関正雄訳〕
――――. 1917b. *Justice in War Time.* 2nd ed. Open Court.〔『戦時の正義』松本悟朗訳、日本評論社、1920年〕
――――. 1918. *Roads to Freedom. 1st ed.*〔『自由への道』栗原孟男訳、角川文庫、1953年〕【米国版タイトル：Proposed Roads to Freedom】
――――. 1920a. "Impressions of Bolshevik Russia"〔「ラッセル教授労農ロシア視察記」『我等』10月号及び『解放』10月号〕
――――. 1920b. *The Practice and Theory of Bolshevism.* 1st ed. G. Allen & Unwin.〔『ロシア共産主義』河合秀和訳、みすず書房、2007年〕
――――. 1922. *The Problem of China.* G. Allen & Unwin.〔『中国の問題』牧野力訳、理想社、1970年〕
――――. 1923. *The Prospect of Industrial Civilization.*〔『産業文明の前途』塚越菊治訳、早稲田大学出版部、1928年〕【1922年に改造社発行の雑誌『改造』に先行して一部掲載され、『愛国心の功過』(改造社、1922年)として出版】
――――. 1927a. *The Analysis of Matter.* Brace & Company, inc.
――――. 1927b. "Why I am not a Christian", Watts. Repr. in: *Why I am not a Christian and Other Essays on Religion and Related Subjects,* 1957.
――――. 1928. *Sceptical Essays.* G. Allen & Unwin.〔『懐疑論集』東宮隆訳、みすず書房、1963年〕
――――. 1929. *Marriage and Morals.* G. Allen & Unwin.〔『ラッセル結婚論』安藤貞雄訳、岩波文庫、1996年〕【1963年に出された原著の第3刷では、問題となる表現が修正されている】
――――. 1930. *The Conquest of Happiness.* G. Allen & Unwin.〔『ラッセル幸福論』安藤貞雄訳、岩波文庫、1991年〕
――――. 1932. *Education and the Social Order.* G. Allen & Unwin.〔『教育と社会体制』(『世界教育学選集 8』)、鈴木祥蔵訳、明治図書、1983年〕
――――. 1935. *Religion and Science,* Oxford U. P.〔『宗教から科学へ』津田元一郎訳、荒地出版社、1979年〕
――――. 1938. *Power : A New Social Analysis.* G. Allen & Unwin.〔『権力――その歴史と心理』(『バートランド・ラッセル著作集 5』) 東宮隆訳、みすず書房、1959年〕
――――. 1940. *An Inquiry into Meaning and Truth.* G. Allen & Unwin.〔『意味と真偽性――言語哲学的研究』毛利可信訳、文化評論出版、1973年〕
――――. 1945. *A History of Western Philosophy.* Simon & Schuster.〔『西洋哲学史 1・2・3』市井三郎訳、みすず書房、1970年〕
――――. 1948a. *Human Knowledge : Its Scope and Limits.* G. Allen & Unwin.〔『人間の知識 I・II』(『バートランド・ラッセル著作集 9・10』) 鎮目恭夫訳、みすず書房、1960年〕
――――. 1948b. *United Empire,* Jan-Feb.
――――. 1948c. "International Government" *New Commonwealth,* v. 9, Jan. 1948.
――――. 1948d. *Times (London),* 30 Nov.【Reynold's News, 21 Nov. 1948 に掲載されたラッセル批判(「哲学する狼」)に対するラッセルの弁明】
――――. 1949. "Atomic energy and the problems of Europe" *19th Century and After,* v. 146; Jan. 1949.
――――. 1950. *Unpopular Essays.* G. Allen & Unwin.〔『人類の将来――反俗評論集』山田英世・市井三郎訳、理想社、1958年〕
――――. 1951a. *New Hopes for a Changing World.* G. Allen & Unwin.〔『原子時代に住みて――変りゆく世界への新しい希望』赤井米吉訳、理想社、1953年〕
――――. 1951b. *The Impact of Science on Society.* Columbia U. P.
――――. 1952a. *The Impact of Science on Society, enlarged ed.* G. Allen and Unwin.〔『科学は社会を震撼した』堀秀彦訳、角川新書、1956年〕

――――. 1952b. "Interview: Bertrand Russell weighs the chance of war". *Look,* 17 June 1952.
――――. 1953a. *The Good Citizen's Alphabet,* Gaberbocchus.
――――. 1953b. *Satan in the Suburbs.* Bodley Head.〔『ラッセル短篇集』内山敏訳、中央公論社、1954年〕
――――. 1954a. *Nightmares of Eminent Persons and Other Stories.* Bodley Head.
――――. 1954b. *Human Society in Ethics and Politics.* G. Allen & Unwin.〔『ヒューマン・ソサエティ――倫理学から政治学へ』勝部真長・長谷川鑛平訳、玉川大学出版部、1981年〕
――――. 1956. *Portraits from Memory, and Other Essays.* G. Allen & Unwin.〔『自伝的回想』(『バートランド・ラッセル著作集 1』) 中村秀吉訳、みすず書房、1959年〕
――――. 1957a. *Understanding History and Other Essays.* Philosophical Library.
――――. 1957b. *Why I am not a Christian and Other Essays on Religion and Related Subjects,.* G. Allen & Unwin.〔『宗教は必要か』大竹勝訳、荒地出版社、1968年〕
――――. 1958. *The Vital Letters of Russell, Krushchev, Dulles, with an introduction by Kingsley Martin.* Macgibbon & Kee.
――――. 1959a. *Common Sense and Nuclear Warfare.* G. Allen & Unwin.〔『常識と核戦争――原水爆戦争はいかにして防ぐか』飯島宗亨訳、理想社、1959年〕
――――. 1959b. *My Philosophical Development.* G. Allen & Unwin.〔『私の哲学の発展』野田又夫訳、みすず書房、1997年〕
――――. 1959c. *Wisdom of the West.* Crescent Books.〔『西洋の知恵――図説・西洋哲学思想史 上・下』東宮隆訳、社会思想社、1968年〕
――――. 1960. *Bertrand Russell Speaks His Mind.* World Publishing Company.〔『ラッセルは語る』東宮隆訳、みすず書房、1976年〕【Greenwoodから出された初版のリプリント版を参照】
――――. 1961a. *Has Man a Future?* G. Allen & Unwin.〔『人類に未来はあるか』日高一輝訳、理想社、1962年〕
――――. 1961b. "On Civil Disobeidience", 15 April 1961.
――――. 1962. *History of the World in Epitome.* Gaberbocchus.
――――. 1963. *Unarmed Victory.* G. Allen & Unwin.〔『武器なき勝利』牧野力訳、理想社、1962年〕
――――. 1967a. *War Crimes in Vietnam.* G. Allen & Unwin.〔『ヴェトナムの戦争犯罪』日高一輝訳、河出書房、1967年〕
――――. 1967b. *The Autobiography of B. Russell. Vol. 1.* G. Allen & Unwin.〔『ラッセル自叙伝 I』日高一輝訳、理想社、1968年〕
――――. 1968. *The Autobiography of B. Russell. Vol. 2.* G. Allen & Unwin.〔『ラッセル自叙伝 II』日高一輝訳、理想社、1971年〕
――――. 1969a. *The Autobiography of B. Russell. Vol. 3.* G. Allen & Unwin.〔『ラッセル自叙伝 III』日高一輝訳、理想社、1973年〕
――――. 1969b. Kasrils, Ronald and Feinberg, Barry (eds.) *Dear Bertrand Russell: Selection of His Correspondence with the General Public 1950-1968.* G. Allen & Unwin.〔R・カスリルズ & B・フェインベルグ編『拝啓バートランド・ラッセル様――市民との往復書簡集　宗教からセックスまで』日高一輝訳、講談社、1970年〕
――――. 1970. *The Good Citizen's Alphabet & History of the World in Epitome.* Gaberbocchus.
――――. 1972. *The Collected Stories of Bertrand Russell,* Simon and Schuster.
――――. 1973. Feinberg, Barry and Kasrils, & Ronald (ed.) *Bertrand Russell's America: His Transatlantic Travels and Writings. Vol.1: 1896-1945.* G.Allen & Unwin.
――――. 1983a. Feinberg, Barry and Kasrils, & Ronald (ed.) *Bertrand Russell's America: His Transatlantic Travels and Writings. Vol.2: 1945-1970.* South End Press.
――――. 1983b. *The Collected Papers of Bertrand Russell. Vol. 1.* G. Allen & Unwin.

Russell, Dora. 1975. *The Tamarisk Tree : My Quest for Liberty and Love.* Elek /Pemberton.〔ドラ・ラッセル『タマリスクの木――ドラ・ラッセル自叙伝』山内碧訳、リブロポート、1984年〕
The Russell-Einstein Manifesto https://pugwash.org/1955/07/09/statement-manifesto/
笠信太郎 1967「ラッセルと如是閑」『日本バートランド・ラッセル協会会報 7』、日本バートランド・ラッセル協会
堺　利彦 1920a「お上品学者ラッセル」『社会主義』11月号（『堺利彦全集 5』法律文化社、1980年）
――― 1920b「―――――」『―――』12月号（同）
Schoenman, Ralph (ed.) 1967. *Bertrand Russell, philosopher of the century,* Little Brown.
Schilpp, Paul Arthur (ed.) 1944. *The Philosophy of Bertrand Russell,* 1st ed. Northwestern University Press.
シュワイツァー日本友の会 1982「ラッセル－シュワイツァー往復書簡集（42通）」『シュワイツァー研究』第11号【*International Studies of Philosophy, vol. 12*（1980）】
塩谷太郎 1971『ラッセル』、潮出版社（ポケット偉人伝第7巻）
Strachey, Lytton. 1918. *Eminent Victorians* : Cardinal, Florence Nightingale, Dr. Arnold, General Gordon.〔リットン・ストレイチー『ヴィクトリア朝偉人伝』中野康司訳、みすず書房、2008年〕
ストレムベリイ、シェル 1970「バートランド・ラッセルに対するノーベル文学賞授与の選考経過」『ノーベル賞文学全集 22 ラッセル／チャーチル』北川五郎訳、主婦の友社 1972年
杉森孝次郎 1920a「ラッセルとその主張の批判的解剖 上」『太陽』1月号
――― 1920b「ラッセルとその主張の批判的解剖 下」『太陽』2月号
鈴木悌二 1966「The Good Citizen's Alphabet」『日本バートランド・ラッセル協会会報』3号
Tait, Katharine. 1975. *My Father Bertrand Russell.* Harcourt Brace Jovanovich.〔キャサリン・テート『最愛の人わが父ラッセル』巻正平訳、社会思想社、1976年〕
高橋里見 1915「ラッセルのベルグソン哲学の批評」『法華』2月号（『高橋里美全集 7』、福村出版、1973年）
高橋康也 1977a『道化の文学――ルネサンスの栄光』、中公新書
――― 1977b『ノンセンス大全』、晶文社
Times (London). 1970. Obituaries to Bertrand Russell. Feb. 4.
土田杏村 1921a「ラッセル氏に就いて」『文化』5月号
――― 1921b「ラッセルの哲学」『改造』7月号
――― 1921c「ラッセル氏と露国及び日本を語る」『改造』9月号
トゥルニエ、ミッシェル 1984「核時代の文学 2」榊原晃三訳、『朝日新聞』夕刊、3月6日
ツルゲーネフ、イワン・セルゲーエヴィチ 1859『ハムレットとドン・キホーテ　他二篇』河野与一・柴田治三郎訳、岩波文庫、1955年
上木敏郎 1970『土田杏村著作目録草稿』『成蹊論叢』第9号別刷
鵜飼信成 1940「ラッセル事件――米国における大学の自由（上）（中）（下）」『帝国大学新聞』no. 814（6月3日）～816（6月17日）
梅原　猛 1976『日本文化論』、講談社
ベトナムにおける戦争犯罪調査日本委員会（編）1967a『ラッセル法廷――ベトナムにおける戦争犯罪の記録』、人文書院
――― 1967b『ジェノサイド――民族みなごろし戦争　ベトナムにおけるアメリカの戦争犯罪と日本の協力・加担を告発する東京法廷』、人文書院
――― 1968『続ラッセル法廷――戦争犯罪国際法廷最終判決の記録』、人文書院
Vietnam Solidarity Campaign. 1996a. *Vietnam Solidarity Bulletin* ,vol. 1, No. 5.
―――. 1996b. *Vietnam Solidarity Bulletin,* vol. 1, No. 7.
Wittgenstein, Ludwig. 1967. *Zettel.* Blackwell.〔ルートウィヒ・ウィトゲンシュタイン『断片』（『ウィトゲンシュタ

イン全集 9』）黒田亘・菅豊彦訳、大修館書店、1975年〕
Wood, Alan. 1957. *Bertrand Russell : the Passionate Sceptic.* G. Allen & Unwin.〔アラン・ウッド『バートランド・ラッセル――情熱の懐疑家』碧海純一訳、みすず書房、1963年〕
山口昌男 1975『道化の民俗学』、新潮社
山本実彦 1934『小閑集』、改造社
横関愛造 1956『思い出の作家たち』、法政大学出版局
――― 1965「日本に来たラッセル卿」『日本バートランド・ラッセル協会会報 2』
吉田静致 1921「ラッセルの愛国心論をよみて」『東京朝日新聞』2月13、14、15日
湯浅泰雄 1982『東洋文化の深層――心理学と倫理学の間』、名著刊行会
湯川秀樹 1963『本の中の世界』、岩波新書
――― 1973「ラッセルと世界平和」『日本バートランド・ラッセル協会会報 22』
由良君美 1967「平和論をめぐるラッセル、ロレンス、ヒューム」『日本バートランド・ラッセル協会会報 9』
――― 1970「ラッセル卿のために」『理想』9月号

［著者紹介］

三浦俊彦（みうら・としひこ）

1959年長野県生まれ。東京大学文学部美学芸術学専修課程卒業。89年、同大学院比較文学比較文化専門課程単位取得退学。現在、東京大学大学院人文社会系研究科・文学部／美学芸術学研究室教授。専門は美学・形而上学。著書に『ラッセルのパラドクス』『シンクロナイズド・』（以上、岩波書店）、『論理パラドクス——論証力を磨く99問』『戦争論理学——あの原爆投下を考える62問』『改訂版 可能世界の哲学』（以上、二見書房）、『虚構世界の存在論』（勁草書房）、『論理学入門』（NHK出版）、『天才児のための論理思考入門』（河出書房新社）、『本当にわかる論理学』（日本実業出版社）、『多宇宙と輪廻転生』『下半身の論理学』（以上、青土社）、『エンドレスエイトの驚愕——ハルヒ@人間原理を考える』（春秋社）など。

バートランド・ラッセル 反核の論理学者
私は如何にして水爆を愛するのをやめたか

GAKUGEI MIRAISHA

2019年8月5日　初版発行

著　者　三浦俊彦
発行者　小島直人
発行所　株式会社 学芸みらい社
〒162-0833 東京都新宿区箪笥町31 箪笥町SKビル3F
電話番号：03-5227-1266
http://www.gakugeimirai.jp/
E-mail：info@gakugeimirai.jp
印刷所・製本所　藤原印刷株式会社
装　幀　芦澤泰偉
本文デザイン　吉久隆志・古川美佐（エディプレッション）

ISBN978-4-909783-13-4 C0010